正义的刻度

李志刚 熊秉元 著

中信出版集团 | 北京

图书在版编目(CIP)数据

正义的刻度 / 李志刚，熊秉元著 . -- 北京：中信出版社，2025.1. -- ISBN 978-7-5217-6776-6
Ⅰ. D90-056
中国国家版本馆 CIP 数据核字第 2024BW2189 号

正义的刻度

著者：李志刚　熊秉元
出版发行：中信出版集团股份有限公司
（北京市朝阳区东三环北路 27 号嘉铭中心　邮编　100020）

承印者：北京通州皇家印刷厂

开本：880mm×1230mm 1/32　　印张：13.75　　字数：368 千字
版次：2025 年 1 月第 1 版　　印次：2025 年 1 月第 1 次印刷
书号：ISBN 978-7-5217-6776-6
定价：79.00 元

版权所有·侵权必究
如有印刷、装订问题，本公司负责调换。
服务热线：400-600-8099
投稿邮箱：author@citicpub.com

目录

前　言　十个法学问题　　　　　　　　　　　　　　VII
导　读　法律经济学：为何学、如何用　　　　　　　XI

专题一
如何实现正义：法律思维里的方法论

第一讲　"为了正义，天崩地裂"吗　　　　　　　　　003
第二讲　性善还是性恶：拿证据来　　　　　　　　　006
第三讲　性骚扰罚则的选择：先了解社会，再了解法律　009
第四讲　借刀杀人，刀当何罪：规范式思维与结果式思维　012

专题二
像经济学家那样思考：经济学方法论基础

第一讲　理论框架：方法论的个体论　　　　　　　　019
第二讲　人的特质：理性与自利　　　　　　　　　　022
第三讲　人的行为决策：降低成本　　　　　　　　　033
第四讲　供求定律：仅应用于经济学吗　　　　　　　045

第五讲	"均衡"的世界	055
第六讲	制度与制度变迁	068
第七讲	论战桑德尔：经济分析仅限于市场吗	081
第八讲	信息经济学与法律	087

专题三
经济分析的主要方法

第一讲	"成本效益"分析法	101
第二讲	"基准点"分析法	112
第三讲	"时间轴"分析法	128
第四讲	"向前看"与"向后看"分析法	136
第五讲	"最小防范成本原则"分析法	147

专题四
正义与效率：法学和经济学的联结

第一讲	财富最大化	165
第二讲	谁在赋予正义内涵	169
第三讲	正义使者的面貌	175
第四讲	正义与效率：经济学视角	178
第五讲	法理学与经济学	187
第六讲	"公地悲剧"	202
第七讲	共同生活的逻辑	211
第八讲	水面下的冰山：法治问题的深层解读	214

专题五
民法与民事案件的经济分析

第一讲　高速公路上的铁块：侵权还是违约　　219

第二讲　牛黄案：谁的故事可信　　223

第三讲　景区事故案中的风险负担：道德绑架只是开始　　226

第四讲　"红头苍蝇做证案"：法官如何思考　　229

第五讲　损害赔偿：参考坐标与不同语境　　232

第六讲　网约车与反垄断：屠龙少年是否终成恶龙　　238

专题六
权利的经济分析

第一讲　权利的来源：政治哲学与规范式思维　　249

第二讲　权利的形成：经济学与实证式思维　　261

第三讲　手机是城堡吗：隐私的经济分析　　270

第四讲　个人利益与公共利益：法律逻辑和经济分析　　274

专题七
刑法与刑事案件的经济分析

第一讲　刑法与信息经济学　　283

第二讲　无罪推定原则如何操作　　285

第三讲　"张扣扣案"的经济分析　　289

第四讲　护民难还是护渔难　　294

第五讲　是抢劫还是家庭纠纷　　298

第六讲　行善者责任的界限　　302

专题八
道德的经济分析

第一讲	道德的来源	307
第二讲	道德与法律	314
第三讲	命与价：道德评判与法律裁判	321
第四讲	死刑应该被废止吗	327

专题九
伦理的经济分析

第一讲	伦理与社会	335
第二讲	伦理关系和时代的巨轮	342
第三讲	家庭变迁和法律的联结	345
第四讲	伦理变化对法律的影响	351
第五讲	伦理关系和社会资本	355
第六讲	黑手党和社会资本	360
第七讲	孝的过去与未来	364
第八讲	身体发肤，受之父母：孝与法律	367

专题十
因果关系的经济分析

第一讲	大千世界里的原因和结果	373
第二讲	因果关系的历史名案	376
第三讲	因果关系"摸象"：责任和过失	379
第四讲	是车撞人，还是人撞车	383
第五讲	明察秋毫：法学里的因果关系	386

第六讲	因果关系和法律的帝国	391
第七讲	成本效益和因果关系	393
第八讲	因果关系的案例分析	397

终 章

第一讲	再度回首来时路：终场盘点	411
第二讲	法律经济学的说服力	414
第三讲	终点和起点：法学和经济学的结晶	417

前言
十个法学问题

本书主要是为三类读者朋友而写：第一类，是法学界的朋友，包括法学院的师生、实务界的法官、检察官、律师等法律人；第二类，是经济学界的朋友，他们希望了解经济学的分析方法，以及如何把经济学运用到法学这个领域；第三类，是对社会科学有兴趣，对抽象思考和智识活动有好奇心的朋友。不论是哪一类背景的朋友，在阅读本书之前，不妨先在脑海里琢磨一下，自己对这本书的期望是什么，随着本书的进展，可以阶段性地检视书中的内容是不是达到了自己的期望。

"法律经济学"是运用经济分析的框架探讨法学问题。因此，很明显，内容有两个重点：经济分析和法学问题。而且，我希望通过各种资料，能够慢慢地雕塑读者朋友，在分析问题的时候，形成抽象思考的能力。全书内容和目前法学院里的上课材料，有很大的不同。以下，我们将提出十个问题，或许能够稍稍地反映全书的风格和走向。对于这十个问题，读者朋友不妨自问：我的答案是什么，而理由又是什么。

问题一：众所周知，道德和法律的关系非常密切，可是，追根溯源，道德是由何而来的呢？

问题二：延续前一个问题，道德和法律都很重要，那么，在这二者之间，到底是先有道德，还是先有法律？

问题三：在历史上，关于性善和性恶，曾经有过激烈的争论，断断续续，持续了好几百年，那么，到底是人之初，性本善，还是人之初，性本恶呢？对于这个问题，有没有明确而且令人心服口服的答案呢？

问题四：在法学界，有一句话广为人知："法律必须被信仰，否则形同虚设。"仔细想想，这句话成立吗？还有，这句话是从美国法律学者哈罗德·伯尔曼（Harold J. Berman）的作品翻译而来的，那么先不论这句话是不是成立，伯尔曼的原意真的如此吗？

问题五：在成文法系，民法里界定了两种基本权利——物权和债权。可是，在判例法系社会里，并没有区分物权和债权，司法体系一样正常运作；在经济分析里，也只会区分买方和卖方，也没有物权和债权。那么，为什么民法里要区分物权和债权呢？

问题六：除了民法的物权和债权，法律里还有很多其他的权利，譬如工作权、生存权、姓名权、商标权等。可是，如果追本溯源，权利到底是由何而来的？

问题七：无论中外法学界，对于"天赋人权"的学说都耳熟能详，朗朗上口。简单地说，天赋人权是指上天赋予了人们的权利。可是，什么是"上天"呢？谁又能够代表"上天"，赋予人们权利呢？"天赋人权"说，真的有说服力吗？

问题八：关于一个人的自由，英国哲学家密尔（J. S. Mill）有一句话广为人知："一个人的自由，以不侵犯他人的自由为自由。"这句话听起来明快有力，可是在实际的操作上，根据这句话，能够有效地界定自由的界限吗？

问题九：西方有一句谚语，也常被司法界的人士所引用——"法律，是最低限度的道德"，可是，这句话的实质内涵到底是什么？在真实世界里，这句话成立吗？

问题十：诺贝尔奖经济学奖得主罗纳德·科斯（Ronald Coase），在1960年发表了论文《社会成本问题》（The Problem of Social Cost）。在经济学和法学的文献里，这篇论文都是被引用次数最多的，科斯定理也因此而诞生。那么，科斯定理的意义到底是什么？为什么科斯定理会在法学界造成很大的影响呢？

这十个问题，在法学理论和智识上，都是重要而且有趣的。各位读者朋友，在这里不妨暂停一下，回过头来再读一次，并记下对每个问题的想法。然后，三不五时把问题再放到脑海里，反复琢磨。随着阅读的深入，我们将陆续探讨这十个问题。兼听而聪，兼视而明，各位读者不妨对照一下，自己的想法和本书所提供的分析，是不是有明显的差别？对于几乎必然有的差别，自己是不是又能顺藤摸瓜，在分析和思考上能够更上一层楼？

在内容上，本书有几点特色，值得稍稍说明。

特色一，一般法学院的法理学或法学绪编，介绍的是西方哲学和各个法学流派，学生听得云里雾里，不知西东，也不知所云。相形之下，我们将建构一个非常简单明确的理论框架，再以这个框架来分析法学问题。这个理论框架，能够呼应各位读者的生活经验，而不是抽象的道德哲学，也不是空中楼阁。

特色二，大多数的法学院，会强调法律条文，教学重点也是法律条文。可是，条文背后的道理，却往往简单带过，甚至略过不谈。相对而言，在引述法律时，我们一定交代清楚：法律背后的道理是什么，法理何在？法律条文当然重要，但是法律背后的原理原则，更不应该忽视。我们希望，知其然，也要知其所以然。

特色三，在书里，我们将介绍很多案例；中外的案例，都将是我们论证说明的材料。而且，对于著名案件或是突发的热点事件，我们也会正面探讨。本书所做的分析，刚好可以和一般媒体、法律学者所做的分析，彼此对照。著名的"小悦悦事件""南京彭宇案""电梯内劝阻吸烟案"等，都将在后文一一分析。

由经济分析探讨法学，也就是"法律经济学"，目前法学界还有许多人是持保留、怀疑，甚至是敌对的态度。在此，不妨提供一点事实，供大家参考。我曾经两度受邀，到吉林大学法学院讲授"法律经济学"的密集课程，每次累计 24 个学时，为期一个月，对象是 40 位硕士生和博士生。吉林大学法学院有很强的法理学传统。学生们对于法律经济学的"入侵"，当然不仅仅是"不友善"三个字所能概括的。在课程结束的时候，我问法学界这些优秀的年轻朋友两个问题。第一个问题：学了这门课，认为对于国家司法考试有帮助的，请举手！40 位研究生里，大概有六七位举手。第二个问题：在法学院里把经济学当作必修课，认为是一个好主意的，请举手！40 位研究生里，除一位以外，全部举手。39/40，是 97.5%，这可以说是非常高的支持率。而且，在课后的心得报告里，不止一位博士生提到："一个月里所学到的，要超过 7 年法学教育所学的。"各位读者不妨想想，在短短的一个月里，面对经济分析，接受传统法学教育的法学生，由怀疑敌视，到挣扎犹豫，最后是欣然接受、喜不自胜。为什么会有这么大的转变呢？原因很简单：在他们的工具箱里，多了一套强而有力的工具；在智识上，他们也享受到经济分析所带来的惊奇和喜悦。

欢迎各位读者有备而来，有的放矢；盍兴乎来，与我们同行。

熊秉元

导读
法律经济学：为何学、如何用

要不要学点儿经济学的思维和方法？怎么学？学了怎么用？这可能是法律人接触、畏惧或者是抗拒经济学以及法律经济学必然的三问。

通常看来，像我这种本硕博学的都是法律专业的法律人，似乎是法律业界的科班，容易有法律专业、法律思维的"领地意识"，不一定愿意倾听和接受法律经济学的知识、思维和方法。不过，因为我在本科阶段学过一年经济学的基础课，经济学的思维和方法几乎是和法律同步建立的，所以不仅没有对经济学的天然排斥或者畏惧，倒是在内心当中，会对二者有潜在的比较。

在过去二十多年的工作中，我先后经历了法官、公司律师、高校法学教师、仲裁员等不同的法律职业，再来看、学、用法律经济学的时候，对法律思维和经济分析又有了更多的思考和体会。一句话概括就是，经济分析的方法可学、能用、好用，对法律人而言，可以多一种非常有力的思维工具和论证工具。

本书就是为了帮助法律人了解、学习和运用法律经济学的分析方法而写。核心介绍四个问题：经济学的方法论基础、法律经济学的具体分析方法、用经济学的视角来认识法律（制度），以及如何用经济分析的方法来论证疑难案件（具体法律问题）。其中，前两个部分主要解决为何要学法律经济学的问题，后两个部分主要解决法律经济学的运用问题。

在正式进入本书的正文内容之前，有必要向法律人澄清两个流行甚广的对经济学的误解。

误解之一：不懂高等数学，就无法学习经济学。

对经济学的这种流行甚广的误读，阻遏了法律人学习经济学的兴趣和行动。事实并非如此。

新制度经济学的开山鼻祖、诺贝尔经济学奖得主科斯的多数论文里，并没有微积分、线性代数的内容，经常只有几道简单的算术，但他仍以对制度、交易成本的洞见，开辟了经济学的一个新领域、新学派。在法学界和法律经济学界享有盛誉的美国联邦上诉法院法官查理德·波斯纳（Richard Posner）所著的《法律的经济分析》（Economic Analysis of Law），被奉为法律经济学的经典文献，但其中也并未充斥高等数学。实际上，高等数学仅仅是经济学的表达和论证工具之一，甚至不是主要的、决定性的论证和表达工具，更不是经济学本身。因此，不懂高等数学，也可以学习和应用经济分析的方法。关键是学习和掌握经济学的思维和方法。本书的专题二正是致力于这一点，以澄清误解、对经济学"祛魅"，尽可能用简洁生动的语言，阐释经济学的基本假设和方法论基础，而不是用高等数学中繁复的数学公式，拒法律人于千里之外。

误解之二：经济学追求的目标就是财富最大化。

传统观念认为，"君子喻于义，小人喻于利"。在不少人看来，法律人以维护公平正义为价值追求，经济学似乎天天在琢磨如何"赚更多的钱"，高下立分。事实并非如此。

经济学要解决的核心问题是"如何在资源有限的前提下实现效用的较优配置"。注意，是"效用"，而不是"财富"。所以，高污染的企业虽然可以赚更多的钱，但如果环保是我们更为珍视的效用，那么在行为决策上，多建高污染的企业来赚钱，就不是一个理性的选择。因此，经济学又被称为"选择"的学问。更严格地说，经济学是在尊重人性（理性、自利）前提下的行为选择的学问。而法律人追求的公平正义，在同一个案件中，不同的当事人、法官，同为追求公平正义，同样言之凿凿，却有完全不同的立场。此时，该如何评价和取舍呢？哪一方的"公平正义"更加公平正义呢？实际上，不同的方案选择，涉及不同的制度安排。如何评价和选择，需要一把尺子。但公平正义作为一种高度抽象的价值追求，很难有确切的刻度。此时，对"效用"的比较和选择，可能是一把可供借鉴的尺子。

澄清这两个流传甚广的对经济学的误解，旨在说明，经济学可学、可用。更为重要的是，不应基于对几个经济学概念的望文生义而形成对经济学的前见或者偏见。本书的目标之一，就是希望借由若干具体案例材料，让读者能够慢慢体会，经济分析的核心不是高等数学，也不是几个专有名词，而是希望读者知道这些专有名词背后的思维方式和意义，帮助大家了解世界、思考法律问题。

那么，经济分析对法律、法学和司法裁判有何功用，法律人又如何运用这个工具呢？

法律人的主要思维模式是用法律规范解决纠纷，表现为通过大前提（规范）与小前提（个案事实）的涵摄，得出结论的逻辑推理。所以，法律人的学习模式围绕对法律规范的学习和法律推理的运用展开。这里面有几个方面容易被忽视。

一是，法律为什么这样规定？答案可能是：一国的法律规定是从他国移植过来的。那么，他国为何这样规定？比如，关于财产权利为什么要区分为物权和债权这个问题，最终可能追溯到罗马法，但罗马法为什么要这么规定？这个问题其实已经不是法律问题了。法律人逻辑三段论的思维模式回答不了，需要从法理上回答。但"法理"是什么？法理能从法律、法律学中找到答案吗？不能。而经济分析可以从行为选择、制度形成的角度，对此做出合理解释。本书就此有专门的论述，由此管中窥豹，可见一斑。概言之，法律的经济分析，是通过经济分析的方法，理解法律规范背后的制度安排缘由，理解法律规定背后的所以然，而不仅仅是"背法条"。

二是，抽象法律概念的充实。比如，侵权行为中的因果关系有无。针对同一事实，观点可能截然相反。到底有没有"法律上的因果关系"，可能形成循环论证，无法互相说服。此时，经济分析的视角，可能给出更有说服力的不同答案。

三是，法律漏洞的填补或者法律续造。基于成文法的滞后性，现实生活中出现了法律并未规定的情形，此时，何种制度安排更优，本身并非一个纯粹的逻辑推演问题，而必然带有价值选择和价值判断。比如，网约车与传统出租车行业的竞争与冲击，法律如何评判？这也不仅仅是一个逻辑三段论的推理问题，还是一个要解决何种制度安排更好的问题，而这正是经济分析的主题。

四是，从更广阔的意义上看，法律、道德、伦理都是一种制度安排。制度何以形成、何以运行，需要我们有更广阔的视野，而不局限于"法条运用"。经济分析带领我们从更深层次来理解法律和社会。

本书的另一目的在于，将经济学从高高在上的神坛，拉回到具体的个案分析，使得经济分析工具不再是令人望而却步的玄学，而成为疑难案件的论证工具。

所谓疑难案件，实际上是法律规定不明，或者法律没有规定的案件。法官可能要扮演"立法者"的角色，通过个案裁判，细化或者发展法律规则。此时，三段论的逻辑推理也走到了尽头，需要引入新的分析工具，解释为何做出此种裁判选择。而经济分析的核心，不是画图、套用高等数学的公式，而是选择一个基准点，比较不同的制度安排（或者行为选择），据以做出效用较优的方案选择。

本书选择了"电梯内劝阻吸烟案""张扣扣案"等一系列在法律界争议很大的案件，从经济分析的视角，做了分析和解读。法律人可以掬酌、比较与法律三段论推理之间的差异，体会经济分析之于司法裁判的意义。

在结构上，本书在介绍经济学的基本思维方式和方法的基础上，先以一些民事案件为例，帮助读者体会经济思维在案例分析中的运用，继而对权利等基本法律概念进行经济分析和解读；接着以刑事案件为例，呈现经济分析的价值；最后再转入对道德、伦理、因果关系等基本概念和范畴的经济分析，帮助读者看到不一样的法律和社会。

概言之，尺有所短，寸有所长。本书将带领我们通过经济分析的视角，突破法律思维的盲点，理解法律制度背后的深层（经济）逻辑，并在疑难复杂的法律问题和案件纠纷中，对法律制度进行更优的续造，实现看得见的、可比较和度量的公平正义。

放宽视野，无论是法学，还是经济学，都是在理解和尊重人性的前提下，帮助我们做出更好的制度选择和行为决策。法律经济学是送给法律人的一个更有力的分析和论证工具，这也是本书的目的所在。

李志刚

专题一

如何实现正义
——法律思维里的方法论

第一讲
"为了正义,天崩地裂"吗

西方法谚云:"为了正义,可以天崩地裂!"各位读者不妨想一想,让证据来说话,在真实世界里,这句话成立吗?要回答这个问题,不妨回顾一下法学家波斯纳的生平和言行。

美国著名法律学者理查德·波斯纳教授曾经担任美国第七巡回法院的首席法官,著作等身。在耶鲁大学就读本科阶段,波斯纳主修英美文学,之后到哈佛大学法学院攻读硕士学位,以年级第一的成绩毕业。在校期间,他曾经担任《哈佛法学评论》的主编。而后,他先后在斯坦福大学、芝加哥大学法学院任教。在芝加哥大学,他认识了乔治·施蒂格勒(George Stigler)、米尔顿·弗里德曼(Milton Friedman)和科斯等杰出的经济学者。慢慢地,他发现经济分析很有趣,也很有说服力。他一边教法律,一边自学经济学;然后,再利用经济分析,探讨法学问题。1973年,他出版了《法律的经济分析》,这本书系统地介绍了法律经济学的主要内容。

这本开创性的著作已经成为经典,而后经过多次增修改版。对于法律经济学的蓬勃发展,波斯纳的这本书和其他的诸多论述,都有着重要的影响。1991年,美国法律和经济学会在举行年会时,表彰了四位奠定法律经济学基础的学者,波斯纳就是其中之一。另外三位,包括诺贝尔经济学奖得主科斯。在波斯纳的这部巨作里,刚开始没有多久,他就写出了很有趣、很令人惊讶,也很有启发性的一句话:"对公平正义的追求,不能无视代价。"

对于法学而言,这句话的含义至少可以做几种阐释。首先,正义其实也有刻度。虽然不像1、2、3、4、5一样精确,但是也有高低之分。有粗糙的正义,也有精致的正义;有原始的正义,只讲究实质上的正义,也有现代文明社会的正义,特别强调程序的正义。其次,不同刻度的正义,要耗用不同的资源。例如,每个十字路口都有一个交通警察指挥交通,与十字路口只有信号灯没有交通警察相比,耗用的人力、物力不同,得到的交通秩序当然也不一致。因此,既然正义有刻度,而不同的刻度要耗用不同程度的资源,那么对一个社会而言,就值得有意识地自问:希望追求哪种刻度的正义,又愿意负荷哪种刻度的正义?

事实上,波斯纳的观点还可以做进一步引申:对公平正义的追求,固然不能无视代价;对于其他任何价值的追求(包括家庭、事业、亲子关系、健康、美貌等),也不能无视代价。因为,对于任何价值的追求,都要耗用人力、物力、精神或体力。各位读者,不妨稍稍琢磨一下:这句话是否成立,有没有例外?对于哪一种价值的追求,可以不计代价?

再进一步,比较波斯纳的名言和一开始我们所提到的法律谚语,还有额外的趣味和深意。"对公平正义的追求,不能无视代价",是一种平实的描述,符合我们对真实世界的认知,这种说法可以说是"名词"。而"为了公平正义,可以天崩地裂",是一种期许而已,在真实世界里并不是如此,这种说法可以说只是一种"形容词"。在文学戏曲里,最好多用形容词,可以激起读者或观众的情怀,引起共鸣。然而,在讨论社会科学和公共政策时,最好心平气和、就事论事,少用形容词,多用名词。举一个例子:知名歌手伍佰创作了很多叫好又叫座的歌曲。其中一首歌的歌名为《爱你一万年》,这首歌很受欢迎。可是,和海枯石烂、地老天荒一样,《爱你一万年》不是事实,也就是说不是名词,而是形容词。然而，如果这个歌名不是《爱你一万年》，而是《爱你三五年》，倒可能是事实，更符合真实世界里的实际情况，但是不好听。因此，最好井水不犯河水，名词和形容词，各有各的施展空间。

回到波斯纳身上，还有一点值得阐明。波斯纳是法学科班出身。然而，他接触经济分析之后，没有排斥，反而接纳融合，并且将之发扬光大。以经济分析探讨法律，基本上改变了整体法学的风貌。这种开放的胸怀，可能和他的学习背景有关。在读法学院之前，他主修英美文学，接触的是法学之外的另一门学科。相形之下，至少在目前的法学界，很多人对经济分析持怀疑、排斥、乃至敌视的态度。这些人往往从本科到研究生的专业都是法学，除法学之外，没有接触过其他的学科和其他的角度。他们坚持：法学可以自给自足，无须外而求也。可是，如果没有平实而认真地接触其他的学科，怎么就可以对法学自矜自是呢？如果一个人从小在西湖边长大，他便宣称西湖是世界上最漂亮的湖，而相对另一个人，看过了济南的大明湖、武汉的东湖、南京的玄武湖，后者再说西湖确实很美，不是更有说服力吗？

简单小结

这一讲的基础是波斯纳的名言："对公平正义的追求，不能无视代价！"抽象来看，这是论述分析时，所采取的"实质"立场。而下面将多次强调的，"让证据说话"，抽象来看，是论述分析时采取的方式或程序。在全书一开始，开宗明义，先明确地揭示方法论的立场。在程序上，"让证据说话"；在实质上，"对公平正义的追求，不能无视代价"。

第二讲
性善还是性恶：拿证据来

几百年来，人们一直在争论："人性本善，还是人性本恶？"直到今天，这个引人深思的问题，在哲学、教育学和思想史等学科里，仍是课堂里讨论的主题。对于"法律经济学"这门课而言，在继续处理实质问题之前，不妨以这个老幼皆知的争议为例，阐明这门课在方法论上的立场。

关于人性本善或人性本恶，论战双方各有所据。众所周知，儒家是主张"人性本善"的，而最有名的论证之一，是孟子的名言："今人乍见孺子将入于井，皆有怵惕恻隐之心。"既然人同此心，心同此理，因此，人性本善。

孟子善于养浩然正气，所举的例子掷地有声，令人振奋。然而，让我们心平气和地仔细琢磨，孟子的论证有说服力吗？第一，人性本善或人性本恶，是指人的"本性"是善或是恶。既然是本性，也就是在出生那一刹那，就已经决定了。可是，在出生那一刹那，以及往后至少几个月的时间里，人只是一堆血肉，只会啼哭、扭动、进食、睡眠。试问，如何来判断当时人性是善还是恶？第二，孟子的论证是，一般人看到儿童掉落井中，会有恻隐之心。可是，这已经是有知识和判断能力的人，知道儿童落井的后果；这样的人已经成长，并经过了社会化的学习阶段，有一定的心智能力。以人在这种状态下的反应,来论证人出生时是性善或性恶,说得过去吗?可见,人性本善或人性本恶,根本是一个伪命题,因为无从判断。中国历史上的饱学之士,就此问题争论了几百年,其实只是浪费心思气力。

对于法律经济学而言,这门学科的第一个重要启示,就是:让证据说话,而不是让你的激素、信念或直觉来说话。对于法学这个有高贵光荣传统的学科,证据非常重要。特别是在司法实务的审判过程中,更是讲求证据。然而,非常可惜,在许多法学论述里,往往是"我认为如何、我觉得如何、我相信如何",而不是让证据说话。如西方谚语所言:"为了正义,可以天崩地裂!"试问,这是信念还是事实?

回到性善性恶的争议上,为了让我们的思维更严谨一些,其实还可以再往前推进。具体而言,孟子说道,幼童坠井,人皆有怵惕恻隐之心。这句话到底成立不成立?不妨让证据来说话。

2011年,在广东,一个两岁多的女童悦悦在路边玩耍,被车撞倒。18个成人先后路过,都没有人伸出援手。最后,小悦悦伤重不治。

不妨再让证据说话:2017年4月21日晚间20时许,在河南驻马店一道斑马线前,一位白衣女子被车撞倒,她挣扎着想站起来。交通信号灯变换后,车辆照常行驶,路人照常通行,没有人停下来帮忙,也没有人拦住过往的车辆。结果,一辆车疾驶而至,二次碾轧白衣女子,导致她伤重而逝。

可见,孟子的"皆有怵惕恻隐之心",只是他的信念,如果让证据说话,真实世界并不是如此。当然,有些人可能会提出异议,孟子的立场——"人皆有怵惕恻隐之心"是对的。在"小悦悦事件"和"白衣女子事件"中,旁人还是有恻隐之心的,只不过考虑到其他的因素(譬如,不愿意惹麻烦等),没有人伸出援手,没有付诸行动,如此而已。这种说法,相信很多人是人同此心、心同此理,确实有说服力。然而,这同时也反映了:孟子等历代大师所争论的人性本善或人性本恶,其实并不重要。人会根据具体情境，调整自己的行为。因此，在分析人的行为时，另有一种立场："人，是环境的动物"，可能更有说服力。《荀子》里写道："蓬生麻中，不扶而直；白沙在涅，与之俱黑。"也就是说，环境才是重要的影响因素，人与自然皆是如此。

关于人性的争论，我们应兼听则明，不妨以一本世界名著作为对照。《自私的基因》(*The Extended Selfish Gene*)是理查德·道金斯（Richard Dawkins）的代表作之一，于1976年首次出版，之后多次增订。这本书影响深远，曾被读者票选为"历来最重要的科学类著作"，超越达尔文的《进化论》和牛顿的《自然哲学的数学原理》。在这本书中，道金斯就根据大自然里的诸多事实，归纳出他的见解。第一，基因复制自己的动力，是解释生物最基本的原理。第二，基因和基因所寄存的生物体（载体）或这个生物体所依恃的群体，利益不一定会一致。基因的利益，是最根本、最基础的驱动力。

同时，道金斯也特别说明：书名"自私的基因"，其实不完全精确。全书所强调的只是"基因（会、企图、希望）复制自己"，这是对事实的描述，没有任何价值判断的成分。用"自私"来描述基因的行为，也许更符合一般人的想象，适用于教学时的说明，如此而已。也就是说，道金斯的论证，是采用大自然里大量的证据，而不是根据他的揣测或是想象。

简单小结

这一讲的重点：我们借着对"人性本善或人性本恶"的争论，说明了让证据说话的重要性。在本书里，无论是分析或论证，我都将坚守这个原则，让证据来说话！换一种说法，就是希望：我们所发展出的理论有凭有据，而不是在流沙上面建高塔。

第三讲
性骚扰罚则的选择：先了解社会，再了解法律

2018年上半年起，性骚扰事件不断爆发，引起广泛的关注。西方的"Me Too"（我也是受害人），更成为世界性的标志。这一讲里，我们就以"Me Too"运动为例，对法学和经济分析的观点做对照和比较，希望能呈现出这两个学科在观察和分析视角上的差别，而后再引出重要的启示，作为下一讲的背景。

先考虑两个情境：第一个情境，A部门的领导对其部门下属进行了性骚扰；第二个情境，A部门的领导对B部门的下属进行了性骚扰。这两种情境里，性骚扰的构成要件都符合，那么在起诉和判刑时，法官对于这两个案件的判罚是否应一样重？如果不一样，是同部门的性骚扰应判得比较重，还是不同部门的性骚扰应判得比较重呢？

在多个培训的场合里，面对法官、检察官、律师等朋友们，我（无特别标识，本书后续内容中的"我"，均指熊秉元）请教他们的判断是什么。有趣的是，三种不同的判决结果，都有人支持。2014年1—6月，我在澳门大学法学院访学任教。当我讲到这个问题时，刚好有几位澳门的警官在旁听。其中一位警官表示，不同部门的性骚扰要判得重一些。我问他原因，他说："如果A部门的领导会去骚扰B部门的下属，那么他也可能去骚扰C部门、D部门……一直到Z部门的下属。社会

危害性比较大，所以要判得重些。"

由法学的观点看来，另外两个选项也有道理：既然都符合构成要件，那么根据三段论，都是违法行为，所以，判一样重，合情合理；或者，同部门的领导性骚扰自己的下属，有利用职权之嫌，根据双方特殊的权利义务关系，应该判得重些。可见，三种观点都各有所据。相比之下，由经济分析着眼的话，又该如何判断呢？更重要的是，理由何在？

这两种性骚扰的重点在于上下级的关系和部门差别。

我们不妨由下属的角度来考虑。如果 A 部门的领导对其下属说："今天下班后别走，我们一起吃晚餐，晚餐之后讨论公事。"依目前职场的情况，这名下属能轻易拒绝吗？大概不能。如果下属一再婉拒，有可能轻则被调岗，重则被解职。相对而言，如果 A 部门的领导对 B 部门的下属说："今天下班后别走，我们一起吃晚餐，晚餐之后讨论公事。"B 部门的下属的回应可以很简单："讨论公事是好事，但是你最好和我的上级一起讨论，因为他和你是同一个级别的。"也就是，让证据说话可证：要避免被同部门领导性骚扰，比较困难。因此，领导对同部门下属的性骚扰，在法律上值得加重惩罚。

对于这种分析，有些读者可能还有疑虑。我们不妨以一个真实的事件作为佐证，再次让证据说话。武汉某高校的王姓教授对自己的一位研究生进行长期精神折磨，包括要求学生在微信群里，"坦坦荡荡地说出：爸，我永远爱你"。这位学生的妈妈后来察觉到儿子情绪低落，于是一大早就到校园里开导儿子。结果，年轻人大概觉得压力太大，无力挣脱。2018 年 3 月 26 日，这个年轻人就在自己妈妈的眼前，从宿舍的楼顶跳楼自杀。试问，如果不是自己指导的研究生，王姓教授会不会要学生"坦坦荡荡地说出：爸，我永远爱你"？

回到一开始我们所描述的两种情境：同部门的上下级和不同部门的上下级。当我们利用经济分析面对这个问题时，不是从构成要件或特殊权利义务关系着眼，而要先琢磨一下，在真实世界里，这两种情况到底有什么不同？差别何在？又有什么不同的含义？再形成法律上的判断。由此，我们可以归纳出方法论上的一个重要的启示，也是法律经济学的基本立场：先了解社会，再了解法律。如果对社会都不了解，如何有效地认知、解释和运用法律？

此外，虽然同是上下级间的性骚扰，但是发生在同部门和不同部门之间，法律上就值得考虑差别。这也隐含了一点有趣、精致且很有启发性的观察：法律条文只是一个点（"性骚扰"只是三个字），但是真实世界可能是一条线段、一个平面或一个几何体。如何由这个法律上的点，联结到真实世界的线段、平面或几何体，就要看自己的数据库里，资料够不够丰富，也要看自己的工具箱里的工具够不够用。

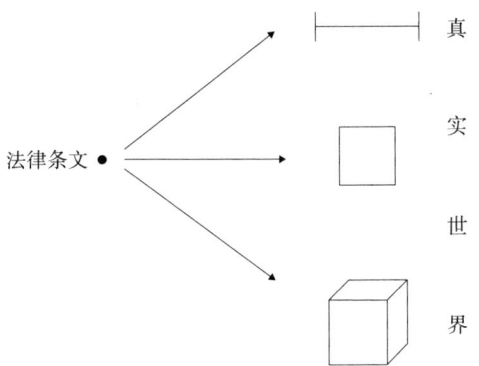

图1-1 法律与真实世界的关系

简单小结

借着"Me Too"运动问题，这一讲希望能稍微反映法学和经济分析的差别：第一，先了解社会，再了解法律；第二，法律条文只是一个点，而真实世界可能是一条线段、一个平面或一个几何体。

第四讲
借刀杀人，刀当何罪：规范式思维与结果式思维

　　大致而言，大千世界里，太阳底下没有新鲜事，不过，也总有极少数事件是光怪陆离、匪夷所思的。法律受到各种条件的限制，通常只能纲举目张，做原则性的规定。一旦碰到特殊情况，在法律条文和"聊斋志异"式的情节之间，我们就需要做一些联结。一方面，我们把法律条文进一步抽象化，然后试着类推适用；另一方面，我们也试着把一些特殊的案例抽象化，归纳出几个重要的环节，然后分别处理。

　　这一讲里，我们就试着探讨一个特殊案例：

　　　　一位富商被绑架，被胁迫勒毙一无辜女子。绑匪全程录像后，还富商自由，令其回家筹赎款一亿元。富商报警，警察一举擒获绑匪。

　　毫无疑问，绑匪涉及一连串罪名：掳人勒赎、恐吓、教唆杀人等。但是，富商呢？受胁迫下致人死亡，是否有罪？或者，身不由己，在特殊情况下，适用"紧急避险"是否可以免责？这不是教科书或试卷的模拟题，而是真实世界里的情节。司法如何处理，即使不能面面俱到，也能差强人意？

哈佛大学名师迈克尔·桑德尔（M. Sandel），在公开课"公正"里提到：面对抉择时，一般人有两种思维模式。根据信念，对就是对，错就是错，这是规范式思维（categorical reasoning）。另一种，根据结果取舍，有好的结果就做，反之就不做，这是结果式思维（consequentialist reasoning）。桑德尔举的例子，也十分扣人心弦：要不要把桥上的身材魁梧的人推下去挡住电车，从而挽救轨道上的五个人？

然而，在富商被迫杀人的案例里，桑德尔的划分却帮助有限。原因很简单：根据规范式思维或结果式思维，都不容易判断富商到底有罪或无罪。再深刻一点解读，我们便可以体会真正的曲折所在：无论是规范式思维还是结果式思维，都不会凭空出现；这是人类长期进化过程中，基于生存和繁衍的考验，逐渐孕育而出的特质。面对日常生活的绝大多数情况，粗略的类别（好坏对错、是非善恶等）足以因应。对于复杂或涉及道德两难的情境，这些简单粗略的分类就派不上用场。

道德哲学有时而穷，怎么办？也许，摸着石头过河的务实态度，才是"能抓老鼠的好猫"……

具体而言，富商被迫杀人，可以划分成两部分，然后分别处理。

首先，是"杀人"的部分。现代文明社会里，除合法的任务（战争、执行死刑）之外，"杀人是不对的"已经成为普适价值。因此，富商杀人，违反了文明社会众谋金同的尺度，行为逾矩，应当受到惩罚。而且，这么做除符合一般人的价值观之外，更重要的，是让富商有机会洗涤心灵，重新开始，重新做人。

每个人可以自问：即使在被逼迫的情形下，把一个活生生的人勒毙，心理上过得去、晚上睡得着觉吗？因此，在"杀人"这部分，处罚富商，让他有机会为自己的罪行付出代价，是帮助了他。惩罚过后，他能够面对自己，也能够面对别人。否则，因为"紧急避险"而得到无罪开释，即使法律上无罪，难道他心里能不带罪愆，平静度日？

其次，是"被迫"的部分。在暴力胁迫下做出的举止，表明富商本身就是受害者，如果再加惩处，等于是无辜被折磨凌虐两次。人同此心，心同此理：设身处地，谁没有同情怜悯的同理心。因此，值得特别处理。

因为，一方面，根据规范式思维，对就是对，错就是错。富商杀人，是两种成分都有。杀人是错的，但他是受了胁迫，若不动手，自己可能被杀。两种因素混在一起，很难简单地归类为对或错。另一方面，根据结果式思维，结果好就做，不好就不做。富商的情况，又兼有两种成分。富商在受到胁迫之下，先设法存活，这说得过去，只是，杀人这一结果不好。在两种成分都有的情况下，我们要判断到底"受胁迫下杀人"的结果是好或是坏，并不容易。

对于各种不同的情境，规范式思维和结果式思维的做法，确实能够降低思考的成本，有助于处理生活里的大小问题。然而，思维方式也是一种工具，而工具也可能有使不上力的情况。富商受胁迫下杀人，就是一个难以简单处理的情境。这是一种两段式的处理方式：第一段，把"杀人"和"胁迫"分开，分别考虑相关的因素；第二段，再把"杀人"和"胁迫"放在一起，综合考量。这种方式就隐含了对规范式思维和结果式思维的灵活运用。在第一段的分析中，"杀人"和"胁迫"分开处理时，二者在规范上的意义，其实很清楚。第二段的分析，把"杀人"和"胁迫"放在一起，同时考虑富商和无辜被杀的女子的处境，这又用到了结果式思维。选择一种组合式的处理方式，对富商和被害的女子（及其家属）而言，都是说得过去的做法。也就是说，不是从对错上考虑，而是斟酌哪一种做法会有比较好的结果。还有另一点：被害女子的家属，可以同时向富商及绑匪要求民事赔偿；富商也可以向绑匪要求民事赔偿，包括他对被害女子所付出的赔偿金，以及他自己身心受煎熬的精神损害。这一点相对简单，但也值得一提。

最后，是把"杀人"和"胁迫"放在一起，同时考虑：被迫杀人有罪，但是判缓刑，让富商可以继续从事生产性活动，有益于社会。同时，让富商承担民事责任，优厚赔偿无辜丧生女子的家属。一言以蔽之，这种处理，不是各打五十大板，而是在面对不幸事件善后时，尽可能降低损害程度，缩小波及的范围。

借刀杀人，刀的责任大小，当然要看刀的角色是什么。在这个案例里，刀的处境还相对简单。试想：如果绑匪先绑了某人，再把后者恨之入骨的宿敌绑来；而后，要后者动手行凶，再录像勒索。这时候，借刀杀人的主角，到底是绑匪还是被迫杀人者？谁又是刀？恐怕就不是三言两语所能道尽了。

专题二

像经济学家那样思考
——经济学方法论基础

第一讲
理论框架：方法论的个体论

从这一讲起，我们将循序渐进，搭建一套能有效处理法学问题的分析框架。先介绍经济分析的基本概念，然后利用这些概念来处理法学问题；接着，回到经济分析的建构上，介绍一些分析概念，再运用到法学问题上。来回驰骋，在经济分析和法学问题之间，逐步建立起自然而然的联结。

在这个节点上，读者不妨按下暂停键，花一两分钟时间想一想：根据自己的学科或生活经验，有没有一套简单明确的理论框架，能够分析社会现象？而且，能进一步分析法学问题？

几年前，一位哈佛大学法学院的讲座教授，明确表示："在传统法学里，没有理论！"法学背景的读者，可能会立刻拍案而起，准备群起而攻之。可是，哈佛大学法学院的讲座教授是法学界的科班人士，是精英中的精英。对于他的说法，读者不妨试着找出答案，他为什么会这么说呢？

就一个完整的理论而言，通常是由简至繁，有分析的基本单位。在物理和化学里，分析的基本单位是原子或分子；在生物学和医学里，分析的基本单位是细胞；在国际关系学里，分析的基本单位是国家、族群或组织。相较之下，在社会科学里，分析的基本单位是个人，是活生生、有血有肉、和你我一般的人。以个人作为分析的基本单位，在理论上有一个专有名词——方法论的个体论（methodological individualism）。对于这个方法论上的立场，诺贝尔经济学奖得主詹姆斯·布坎南（James Buchanan）曾经有很多论述，发人深省。

把"个人"当作分析的基本单位，有几个理由。

首先，社会现象看起来繁复多变，令人目不暇接，可追根究底，是由许多个人的行为汇集而成。而且，旁观者可以观察、描述或记录个人的行为。相形之下，个人的内心世界就比较难分析、描述和记录。个人，是一个中性且有点模糊的名词。幼儿的行为值得分析，老人的行为也值得分析。在建立分析框架的开始，可以用一个比较有弹性的立场出发：个人，是指不分性别、年龄、肤色、国籍的个体，跨越时空，就如你我一般，是一个活生生的人。

其次，在市场活动里，会分为消费者和生产者（也就是买方和卖方）；在法学里，诉讼双方分别是原告和被告。可是，经济活动和司法诉讼只是社会现象的一部分，相较之下，个人可以是生产者或消费者、原告或被告、选民或候选人、家长或子女。个人，是一个包含性更广的概念。

再次，1960年后，经济学家带着自己的工具箱（也就是经济分析的架构和相关概念），开始进入其他社会科学，包括法学、政治学、社会学、历史学等，四处耕耘，并且都有了相当的成果。如果经济分析只能用来探讨经济活动，显然不容易在其他领域大显身手。方法论上的个体论，把个人当作分析的基本单位，就可以挣脱狭隘的经济活动，而水到渠成地分析其他社会现象。

还有，个人有血有肉，有喜怒哀乐，也有利弊得失的考量。对于男女老少是如此，对于社会科学研究者而言，当然也是如此。因此，以个人为经济分析的基本单位去建构理论，再用来解释社会现象，在每一个环节上，研究者都可以设身处地地考量，由自己个人的经验来判断，理论是不是有解释力。《中庸》里有一句话，"道不远人"，是指道理或规则不会脱离有血有肉的正常人。列一个对比，大家就更容易体会：当生物学家研究细胞时，必须仔细观察细胞的实际行动，因为生物学家自己不是细胞本身，无法体会细胞的内在选择。但相比之下，社会科学研究者分析的社会现象，是由人的行为所构成，因此，可以从自己的角度，分析各种社会现象形成的原因，从而得出合理的解释。

最后，布坎南多次强调，方法论上的个体论，其实有非常积极和正面的意义。个人，是分析社会现象的基本单位，这同时也意味着，个人是价值的起点和终点。经过漫长的发展，尊重个人已经逐渐成为普适价值，而一切的一切，最后的目标还是在实现个人的价值。国家主权、民族尊严等，目的还是为了平凡的个人。国家的存在和强盛，不是为了某个抽象的东西，而是为了组成国家的老百姓，也就是个人。"皮之不存，毛将焉附"，听起来有一定道理。但是，可以换一个角度想，如果是一张无法长毛的皮，那么，要这张皮又有何用？国家在哭泣，不是有一个东西叫作"国家"正在掉眼泪，而是这个国家里的老百姓都在掉眼泪。

简单小结

这一讲里有两个重点。第一，分析社会现象，可以建构一个具有一般性的分析框架，而这个分析框架的起点，是一个分析的基本单位。第二，在社会科学里，经济学已经发展出完整的分析框架。分析的基本单位，是有血有肉的个人，而不是更小的原子或分子，也不是更大的家庭、政党、宗教、社区等。

第二讲
人的特质：理性与自利

经济学分析社会现象的理论架构的基础，也就是分析的基本单位，是个人。

个人，通常是一个有点模糊、涵盖面很广的概念。个人的性别、年龄、肤色、国籍是如何，个人的身高、体重、智商、情商又是如何？对生理学家而言，可能表现在生理结构，如骨骼、血液、肌肉组织等；对心理学家而言，可能一部分偏重在人格结构和成长经验等方面。不同的学科对于人的观察，有不同的重点。就经济学者而言，他们经过长期的琢磨，归纳出人的几点特质，以这几点特质，来充实"个人"这个分析的基本单位。

具体而言，经济学家认为，人有两个特质——理性和自利。这两个概念，都是由英文翻译而来的，所以我们需要做适当的解释。

理性

人是理性的。其实意思很简单，指的是：人，是一种能且会思索的生物。当然，很多人会觉得不可思议，人不只是理性的，人也是感性的，而经济学家的想法似乎太简单了。对于这种合情合理的质疑，我们需要稍稍解释一番。首先，先说明什么是不理性。理性是指人能且会思索，不理性刚好相反，指的是人不能且不会思索。有两种人可以说是不理性的：一种是待在精神病院里的人，他们也能思索，可是思索的方式和内容与一般人不一样；另一种是喝醉酒的人，基本上丧失了思索的能力，只剩下纯粹感官上、生物性的反射动作。这两类人不能思索，也不会思索，是不理性的。

其次，和理性相对，通常会想到感性。人有七情六欲、喜怒哀乐，当然也是感性的生物。那我们不妨用一个简单的例子，说明人们是如何运用情绪的。各位读者，请你回想一下，自己上一次动怒、生气、发飙是在什么场合，发怒的对象又是谁？借箸代筹，我们可以简单地将其分为两类：第一类，你发泄和动怒的对象是自己的配偶、父母、子女、同事、朋友、下属，或是超市的收银员、餐馆的服务生，等等；第二类，你上一次生气的对象，是自己的博导、硕导、直属上司，来视察的高级领导，或是应试工作时的面试官，等等。

请问，有多少人动怒的对象属于第二类？大概很少，几乎没有。可见，人不会随便生气。随便生气的通常有两种人：第一种，小孩子，恃宠而骄，有恃无恐；第二种，老小孩，年纪大的人易怒，原因之一是年纪大了，别人奈何不了。因此，由这个简单的事例可以看出，"人不是感性的动物，人是理性的动物"，因为情绪受到理性的驾驭和节制。人类的理性可能超过一般人的想象。

我在吉林大学集中授课时，曾问过学生们这个同样的问题。结果，一位博士生说："我上次生气的对象，是我的博导！"我听了非常惊讶，进一步问他："你上一次生气的对象是你的博导，你是怎样生气的？"他说："我生闷气！"生闷气，自己难受，但是成本可以负荷；不生闷气，对博导发飙，可以逞一时之快，但是结果殊难预料。

18世纪英国哲学家大卫·休谟（David Hume）的《人性论》（*A Treatise of Human Nature*）一书中有一句话广为流传："理智是情感之奴。"（Reason is the slave of the passions.）言下之意，人的理性和思维

能力其实很脆弱，只是听命和臣服于情绪的奴隶而已。对于人的理性，休谟的评价显然不高。然而，以事实说话，人在年幼时，会不分时地哭闹；随着社会化的过程，长大之后，在成年人的社会里，很少有人会不分场合地任意哭闹。

美国康奈尔大学经济学家罗伯特·弗兰克（Robert Frank）教授，在1988年出版了《理智驾驭下的情绪》（Passions within Reason）。这个书名，显然是针对休谟的名言有的放矢。根据多年的观察和实验，弗兰克对于情绪的特质，有很深入、很有启发性的见解。

譬如，懊恼和悔恨的情绪，看起来是对已经发生的事的情绪上的反应。对于不愉快的事，人可以有情绪上的宣泄，是一种释放和出口。然而，懊恼和悔恨的情绪，其实还有很正面的意义。对于已经发生、不愉快的事，人不是立刻忘掉，而是在情绪上有明显的起伏。懊恼和悔恨的情绪，可以延长人脑对这部分记忆所留存的时间。以此为鉴，人希望将来能避免再有类似的、不愉快的经验。因此，人的这种行为，看起来是为了过去，其实是为了未来。情绪，可以看成是人这个生物体身上的"配件"之一。从工具和功能的角度，我们可以对情绪有不同的体认。

小结一下：第一，人，是分析社会现象的基本单位。在经济学家眼中，个人具有理性和自利这两点特质。第二，理性，指的是人是一种能且会思索的生物。人不是情绪的奴隶，人也不是感性的动物，人是理性的动物，情绪受到理性的驾驭和节制。

关于理性这个概念，在主流经济学里，会用一些数学的公设来界定。但是，对于法学而言，只要扣紧基本和重要的解释就可以。理性是指人是一种能且会思索的生物，但能思索、会思索，这只反映了人的思维和判断能力，并不表示人不会犯错。而且，思维判断的能力显然受到很多因素的影响。小学生的思维能力，当然和中学生不同；初入社会的年轻人，思维能力当然也和久经历练的老江湖、老司机、老船长不同。因此，理性是有刻度的、有高下的，也就是有精致与粗糙之分。

由这个角度，我们就很容易理解法律里的一些规定。众所周知，现代文明社会里，会区分成年人和未成年人，他们在法律上所要承担的责任不同。原因很简单，未成年人的心智还不成熟。心智不成熟，当然和思维判断的能力（也就是"理性的刻度"）有关。同样的道理，经过专家判定的"患有精神疾病的人"，法律上所需要承担的责任也比较轻。患有精神疾病，通常也就表示，在思维判断上，无法达到正常人的水平。还有，在英美普通法里，有一个法原则（doctrines），名为"激情犯罪"，即因为某些原因，使行为者进入（或陷入）情绪上亢奋和激动的状态。在这种情绪下所犯的罪行，通常被处分得比较轻，原因之一也和理性程度有关。

回到理性这个概念上，近20年来，心理学界提出了许多疑问。丹尼尔·卡尼曼教授（Daniel Kahneman）领头做了一连串的实验和测试，得到了很多有趣的成果。卡尼曼也在2002年得到诺贝尔经济学奖的肯定。他测试的主题之一，是让试验的参与者判定，是否赞成某种药品上市。对于其中一组参与者，他的问题是：如果这种新药上市，服用的病人中有80%会不治死亡。对于另一组参与者，他的问题是：如果这种新药上市，服用的病人中有20%能康复。把这两种描述放在一起，一目了然，其实是同一回事；80%的病人不治死亡和能救活20%的病人，结果一样，只是描述的方式不同而已。然而，卡尼曼发现，如果问题是新药能救20%的病人，赞成新药上市的人，会明显超过另一种提问的方式。通过类似的测试，卡尼曼以充分的证据说明，人其实是不理性的。

持平而论，卡尼曼等学者的研究，增强了经济学家对人的了解，使经济学的内容更为丰富，他的贡献毋庸置疑。可是，经济分析和基本理论，并没有受到撼动。他提醒经济学家，人的理性，并不像你们原先设想的那么精致、严谨。换句话说，人的理性可能有很多限制，值得做进一步的探讨，如此而已。

追根究底，"人是理性的"这一观点反映的只是：人具有思索和判断的能力,人是知道好歹的。以这种方式解释理性,就经得起卡尼曼等学者的挑战。而且,更深刻的问题随之而来:如果理论的出发点是,人是不理性的,或者人时而理性时而不理性,那么,自然而然的问题是,如果人是不理性的,我们如何解释"看到红灯,行人会停下来"?如果人时而理性时而不理性,那么,什么时候人是理性的,什么时候人是不理性的?理性与不理性之间的转换,是随机而不可测的,还是有一定规律且可以分析的?因此,相较之下,"人是理性的"这个立场,在概念上简单明了,又有实际现象的支撑。作为分析的前提,明确而有说服力。

关于理性,常常引起人们疑虑的是:这是一个主观的概念,还是一个客观的概念?对于主观和客观之分,这里刚好可以澄清一下。"情人眼里出西施",是一句常用的谚语。这个谚语所表达的,到底是主观还是客观的概念呢?直觉上看,似乎是主观的,然而,我们稍稍思索,却可以有不同的体会。

这句谚语至少在三层意义上含有客观的成分。首先,人人皆知,西施是指美人,和东施不同。既然大家的认知相同,显然就意味着存在某种客观性。其次,"情人"这两个字显然意味着,两人之间,彼此承认对方和自己的感情。如果只有一方存在爱慕之情,就是单相思,双方就不会是情人。因此,情人表示彼此承认身份,在两人之间就有某种客观性。最后,在中文世界里,一说"情人眼里出西施",大家都清楚这句话的意思。所以,这句话的含义,也有相当的客观性。就理性而言,每个人的判断各有不同,因此,在本质上是一个主观的概念。但人与人之间,有一些判断是相同的。大家交集的部分就是客观的。譬如,大家都认为闯红灯是不好的,不该闯红灯就是一种客观的价值取舍。理性也是如此:通过彼此交集的部分,可以分析自己和他人的行为,以及由个人行为汇集而成的社会现象。

简单小结

第一，人是理性的，并不意味着人不会犯错。由理性的角度，我们很容易理解，法律里关于未成年人、患有精神疾病的人、激情犯罪等的规定；第二，卡尼曼对理性的质疑，丰富了经济学的内涵，使人们对于理性的体会更为深刻；第三，理性的本质是主观的价值判断，但是人与人之间彼此的交集，就形成了人与人之间客观的价值判断。

自利

自利，是指人总是希望自己过得比较好，希望住的房子能大一些，开的车能好一些，每个月的收入能多一些，选水果时也总会拣大的、漂亮的、甜的买。

关于自利，我们不妨澄清两点。首先，在性质上，自利到底是一个应然的概念，还是一个实然的概念？应然，是指应该如何。譬如，老师应该认真教学、传道解惑。实然，是指实际上如何。譬如，实际上，有的老师不认真、不敬业。应然，是对事物有价值判断；实然，是对事实的描述，不涉及价值判断。根据实然和应然的差别，自利是一个实然的概念，而不是应然的概念。也就是说，在经济学者的眼中，人实际上是自利的，而不是人应该或不应该自利。

其次，自利和利他并不冲突。市场里的摊贩笑脸迎人，亲切问候，是因为他们希望客人满意，经常光顾。此举看起来是对别人好，其实出发点还是自利。当然，这也意味着自利和利他可以并存。稍微精细一点，我们可以把自利看成一个光谱，光谱上有很多不同的点，如红橙黄绿青蓝紫。在自利的光谱上，也有很多不同的点。光谱的一个极端，是处处为他人着想，燃烧自己照亮别人。譬如，特蕾莎修女（Mother Teresa）、史怀哲医生（Albert Schweitzer），以及圣雄甘地（Mohandas Karamchand Gandhi）。靠近光谱的另一个极端，是全然照顾自己的利益。拔一毛以利天下，不为也。这个极端可以用自私来描述。在这两个极端之间，有很多其他的可能性，隐含不同程度的利他，但无论是哪一个位置的点，本质上都有自利的成分。因为，即使是史怀哲医生或圣雄甘地，他们在利他的同时，也有浓厚的自利成分。他们认为，自己是在从事一项伟大而神圣的工作，理应得到别人的礼遇甚至膜拜。在这两位的传记里，读者都可以看到：史怀哲医生很以自我为中心，听不进别人的意见；圣雄甘地，专心在不合作运动，以及建国的伟大使命和事业里，对家人其实不太关心，和自己儿子的关系尤其冷淡。所以，在利他的同时，还是有自利的成分，因为自己可以在心理上有成就感。追求和满足自己的成就感，正是不折不扣的自利。而且，我们可以稍稍思考一下，绝大多数人，在绝大多数的时候，基本上是比较接近"极端自利"（也就是自私）这一端的。先照顾好自己、自己的家小，行有余力，才会把心思花在别人身上。

自私 ——————————————————— 利他

图 2-1 自利的光谱

因此，看到自己的子女身陷火海，很多父母会奋不顾身地冲进去救孩子，即使牺牲自己也义无反顾。原因很简单，因为那是自己的子女。如果是别人的子女身陷火海，愿意冲进火海救人的，恐怕寥寥无几。

举个例子。2011 年，几个高中女生在放学之后去逛街。经过一个银行时，里面冲出一个人，后面跟着几个人高喊："抢劫，抢银行！"这几个高中女生竟然"不知天高地厚"地去追这个抢匪，居然把这个抢匪扑倒在地。后面的人一拥而上，逮住抢匪送到派出所。警察了解情况后，通知了女生的家长。其中一位女生的妈妈，得知自己的女儿在派出所，匆匆忙忙地赶过来。警察向家长说明情况，说将会发公文给学校，好好表扬这些女生。这位妈妈听完之后，立刻上前一步，用力扇了自己女儿一巴掌。这个妈妈的举动也很容易理解，自己只有一个宝贝女儿，辛辛苦苦呵护长大，她竟然不顾自己的安危。万一有闪失，怎么办？

对于"人是自利的"这种立场，不少人觉得不能接受，他们认为除自己的利益之外，人"应该"是利他的。社会的基础，应该是利他而不是自利。这个合情合理的质疑，我们应该认真对待，所以有两点值得提出，也有助于我们了解经济分析的性质。

第一，前面已经说明，人是自利的，是一种实然的立场，而不是应然的立场，也就是说，人实际上是如此，而不是人应该或不应该如此。实然是中性的一种描述，而应然涉及了价值判断。

第二，社会科学的出发点，最好是立基于事实，而不是立基于一种假想的状态。经济分析的特色之一，就是采取实然的态度，就事论事，把人当人看。以真实的、有血有肉的、有七情六欲、爱恨情仇的人，作为分析的起点。人应该利他，是一种应然的立场，涉及价值判断。鼓励社会大众利他，是宗教家、道德哲学家的立场和使命。对社会科学研究者而言，了解社会、解释社会现象是首要任务，而寻求改善，试着使社会变得更好，则是之后的事。

对于"人是自利的"这个立场，如果您还有怀疑的话，不妨问自己两个简单的问题，再琢磨一下答案。第一个问题：在单位里，如果有一个很好的升迁机会，你和一个同事在各方面的条件都平分秋色，那么，你希望谁升迁呢？我们大概率希望是自己。第二个问题：同样有一个升迁的机会，同事在各方面的条件都比自己略好，那么，自己希望谁能升迁呢？对大部分人而言，可能还是希望自己能够得到垂青。可是，如果差距不止一点，而是好了10%、20%、30%……自己又如何想呢？对于这个问题，恐怕答案就不是那么清楚了。

简单小结

第一，在经济学者的眼中，除理性之外，自利是人的第二个特质。第二，自利是一种实然的描述，即人实际上就是如此。第三，自利和利他并不冲突，表面上利他的行为，背后都有自利的成分。

理性和自利的由来

关于自利,我们不妨以一个常用的格言开始阐述。"夏虫不可语冰"几乎老少皆知,可这句成语的意义到底为何?常见的解释有两种。第一种解释,只生活在夏天的虫子,没有在冬天里过日子的经验,所以不知道冰的模样。第二种解释,是讽刺别人见解狭隘,和坐井观天、夜郎自大的意思相通。

除了这两种解释,其实还可以有第三种解释:只生活在夏天的虫子,因为不会面对冬天,所以无须准备冬天里生活所需要的配备。它们脑海里不需要有"冰"这个概念,可以省下一点点的空间和能量。第三种解释符合本书主题的精神,也巧妙准确地反映了"自利"的概念。

或许有不少人认为,自利这个概念,对于经济分析也许有意义,但对法学而言,却没有什么关系。其实不然。自利的概念和法学关系很密切,只是在一般法学教育中,人们很少意识到这一点。我们简单举几个例子,便可以看出自利和法律的关联。

首先,无论成文法系还是判例法系,都很重视契约精神或契约自由。只要不违反法律法规和公序良俗,当事人双方可以签订彼此都认可的合同,法院也会支持。追根究底,其中隐含的一层意思是:签约的当事人最知道自己的利益所在,而且会追求自己所认定的利益。其他人(包括政府)无须借箸代筹,替当事人担心。契约自由,已经是民法里最根本、最重要的原则之一。现代文明社会,普遍支持当事人缔约的自由,这正是对自利的肯定和背书。

其次,在民法里,"理性人假设"是指:一个人对其他人的权益,不能任意忽视或侵犯,而是要像一个正常人一样,除了自己的利益,也要注意、尊重和维护其他人的利益。而"善良管理人原则"是指:一个人一旦具有为他人看管、照顾、经营的身份,就有"得注意、应注意、当注意"的责任。这种责任当然比理性人假设所隐含的责任要重一些。无论是理性人假设还是善良管理人原则,都意味着:除了自然而然的自利，也要注意到其他人的权益。自利是行为的基础，也是法律规范的前提。如果人的行为都是自然而然的利他，就不需要由法律来限制"自利"的范围和程度。

最后，对于公益组织、慈善事业和助人行为，逐渐有相关的法律问世。在美国和加拿大，助人行为的法律又被称为《好撒马利亚人法》——这是由《圣经》里的故事而来，故事中，只有撒马利亚人出手相助了受伤的犹太人。这个法律是通过保护助人者，来鼓励更多的人伸出援手。我们逆向思考一下，这正意味着：人的自利是自然而然的，不需要法律的鼓励，有时候还要加以限制。人的利他行为并不是常态，所以才需要通过法律来保护和鼓励。因此，"权利""责任"等名词，在法律条文里几乎随处可见，自利却并不常见。但我们稍微琢磨一下，这其实正表示：人的自利特质无须特别强调。因为，人本来就是如此，法律的结构也是以"人是自利"为前提。

结合这几讲的内容，有两个问题就浮现了：第一，为什么人是理性自利的？第二，经济学者为什么把理性自利当作分析的起点？两个都是好问题，我们稍作解释，便可以更全面地了解"人是理性自利"的立场。

前文曾强调，经济学是一门实证科学，以真实世界的现象为基础。对于人类的进化，人们基本上接受了达尔文的进化论，物竞天择，适者生存。人是一种动物，在其漫长的进化过程中，慢慢地塑造出"理性"和"自利"这两个特质。而且凭借这两个特质，人类目前主宰地球，居于食物链的顶端，可以说是有以致之。如果身为万物之灵的人类，理性和自利的程度较低，很可能就不会处于今天的地位。因此，简单的答案是：人的理性自利是由进化过程而来的。

在经济学发展的初期，经济学者探讨的是经济活动，包括生产、消费、买卖等。慢慢地，理论逐渐严谨，个人成为分析的基本单位。经济学者由观察发现，在生产、消费和买卖等活动里，人们所展现的特性可以归纳出理性和自利这两个特质。人是会思考的，人也会设法追求自己的利益。因此，经济学者是基于人们的实际行为，归纳分析出理性和自利这两种特质。理性和自利的特质，不是天上掉下来的，也不是来自圣人或哲学家的指引。

关于理性和自利，我们不妨以两个小故事来画龙点睛。有一次，朋友邀请我到北京做两场讲座。要去北京，我的脑海里先想到的，不是北京的朋友，不是天坛旁漂亮的树林，也不是故宫里令人发思古之幽情的各种收藏，而是王府井大街上的一家修钢笔的小店。这个店的店主年龄已大，但是坚持营业，因为他怕有人想修钢笔，却无处可去。

诺贝尔经济学奖得主科斯移民美国之后，还一直用他在英国买的一把伞，即便后来伞出了问题，他也舍不得扔掉。终于，他有机会回了英国一趟，就千里迢迢地把这把旧伞带回伦敦，去找那位修伞的老师傅。想一想，一把伞值多少钱？值得一留再留吗？值得把它带上飞机，飞越几千千米，再找到老师傅修好，再带回美国吗？值得吗？人是理性自利的，科斯认为：值得！

简单小结

首先，人是自利的，反映在人的各种行为上。法律的诸多规定，都直接或间接和这个特质有关。其次，理性和自利的特质，是在人类进化的过程中慢慢形成的。最后，由实际观察中，经济学者归纳出理性与自利这两点特质，其不只在经济活动中是如此，在其他活动里也是如此。

第三讲
人的行为决策：降低成本

大不了回湖南老家种田——成本初探

前面几讲，我们介绍了分析社会现象的基本单位是个人，而且经济学者强调的个人具有理性和自利这两个特质。在此基础之上，我们迈出下一步，就能够建构经济分析的理论框架。当然，我们也会时刻把法学问题放在脑海里，会适时地在经济分析和法学之间，做出自然而然的联结。

人是理性自利的，这是主观上的特质。那么，人外在的行为表现又是如何的？这个问题就是这一讲的重点，我们先用一个具体的例子来说明。众所周知，中国地大物博，各地的风土人情各有特色，对于各个地区的人，人们通常会有一些刻板印象，也就是贴标签。对此，很多人都不以为然。

可是，为什么人会给别人贴标签呢？从经济分析的角度看，原因其实很简单，因为贴标签可以大幅降低行为成本。在生活里，很多时候人们只是擦肩而过，一面之缘或点头之交的互动，只要有肤浅的印象就可以。对于一些即使可能会多次交往的人，我们只要刚开始形成初步印象，就能立刻知道该如何互动。而且，有了初步印象（即标签）之后，也有助于我们后面的交往互动。

生活里有一种经验，相信很多读者都有过：一旦你推门走进一家卖昂贵珠宝、钟表、皮包、服饰等的精品店，店员立刻会把你从头到脚快速打量一遍。很明显，这是店员在贴标签，原因也很简单：一方面，店员希望从来客的服饰、仪容等外观上，判断一下成交的可能性，这是潜在的利益；另一方面，特别是对于珠宝或钟表店，店员要判断是否来者不善，有无盗抢的可能性，这是潜在的风险。对于精品店而言，生意的性质是高风险和高收益，所以贴标签非常重要。当然，进来的客人西装革履，也可能只是随便看看；进来的客人土里土气，也可能是不折不扣的土豪，也可能出手阔绰。也就是说，店员有可能会贴错标签。即便如此，下一次再有客人走进店里，店员会设法改进贴标签的技巧，而不是不贴标签。因为，对于精品店而言，对客人形成初步判断（贴标签）太重要了。

在课堂上，曾有一位中学老师和我讨论：在教育理论里，强调不应该对学生贴标签，如果贴上标签（譬如，中低收入家庭的子女、单亲家庭的子女、留守儿童等），很可能在小朋友心理上造成阴影，对其学业有不利的影响。我立刻正面回应："大家公认，历史上最伟大的教育家是孔子。孔子有很多名言，其中之一是'有教无类'，另一句名言是'因材施教'。对于情况不同、学习进度不同的学生，老师能够针对学生的不同情况，因材施教。这不正表示，对于学生的情况，老师应有效地贴标签，然后视情况采取差别待遇吗？因此，在某种意义上，老师对学生'一视同仁'，其实并不是好的老师。能够因材施教，有效地采取差别待遇，才是真正的好老师。也就是，'叩之以小者则小鸣，叩之以大者则大鸣'。"

其实，人不只会给环境里的人、事、物贴标签，人也会给自己贴标签。我们稍稍想想，每个人是不是根据自己的自我形象，决定生活起居里的衣食住行？自我形象，就是自己给自己贴标签。无论是对别人还是对自己，贴标签的理由是一致的，即都是在降低行为成本。因为人是理性自利的，所以会直接或间接地、自觉或不自觉地设法降低自己的行为成本。

除此之外，关于人的行为特质，也可以从"成本可堪负荷"来体认。这个概念，可以借一个有趣的例子来说明。此前我谈到，人不会随便生气，没有人会对自己的博导发脾气。我的老朋友、知名经济学者黄有光教授告诉我："不然！"他有反例。多年前，他在澳大利亚任教时，曾经指导一位留学生。有一次，这位博士生请黄有光过目运算结果。黄教授发现运算有误，结果的正负号颠倒了，他要博士生重算。一个星期之后，博士生告诉黄教授，他已经仔细地反复运算，结果仍一样。黄教授说，再回去算算，把错误找出来。又过了一个星期，博士生再来，结果还是一样。黄教授坚持运算结果有错，要他回去再算。结果，这位博士生崩溃了："明明我是对的，你怎么能一而再再而三地欺负人？大不了，我回湖南老家去种田，不读了！"

黄教授有点意外，连忙安抚他："不是要欺负你，因为你确实有错。再仔细检查检查，不要回老家种田！"结果，博士生终于找到问题所在，确实是自己的错。黄有光教授说："可见，确实有博士生会对自己的博导发脾气。"为了慎重起见，我特别发邮件，询问现在已经在北京大学任教的这位博士生，有没有这回事。他回信："没有这回事，我怎么可能对自己的博导发脾气呢？"

师徒俩的记忆可能不同，但是这个事例刚好说明：第一次、第二次，博士生都没有发作；第三次，他已经想好了退路，大不了回老家种田。想好了退路，就可以发脾气了。因为博士生即使惹怒了博导，他也有退路，成本可堪负荷，所以人不会随便生气，这个结论依然成立。

简单小结

首先，降低行为成本是人类行为的主要驱动力。其次，贴标签可以大幅降低行为成本，而且人不只对环境里的人、事、物贴标签，还会对自己贴标签，出发点一致。再次，人的行为，往往可以用"成本可堪负荷"来解释。最后，无论是降低行为成本还是成本可堪负荷，人的行为和成本密不可分，因为人是理性自利的。

自然形成的秩序——成本再探

前一小节里提到，降低行为成本是人类行为的主要驱动力，而且成本可堪负荷的观念，也会在人的行为背后若隐若现。成本的概念和人的行为密不可分。这一小节里，我们就要进一步阐释成本，而且把成本这个概念和法律联结起来。您将发现，由成本的角度解释法律，往往直截了当，一针见血。

我们先从简单的情况，即由个人开始考虑，然后再循序渐进，考虑群体的情况。在日常生活里，有很多事务是经常出现的，也有很多事务几乎是每天都要面对的。譬如，我们早上起床之后，要洗脸刷牙，穿好衣服，再带着东西去上学或上班。春夏秋冬，日复一日，年复一年。虽然年龄逐渐增长，求学或是工作的内容可能变化，但是生活里有很多情境几乎是一成不变的。

试问，自己早上刷牙洗脸的动作，是不是基本上每天重复？我们刷牙时，是先左右刷，还是先上下刷？牙刷来回上下刷动的次数，是不是每天都差不多？出门之后，我们到学校或工作场所的路线，是不是大致一样？和别人打招呼时的表情、遣词用字，是不是也差不多一样？讲话的腔调、走路的速度、肢体的动作，是不是也每天相去不远？

面对生活里的琐事，一般人通常会将其规则化、常态化。在行为上遵守某些规则，今天如此，明天如此，后天还是如此。背后的原因一点就明：因为把生活里的许多事规则化和常态化，可以降低行为成本。当然，规则化也有潜在的负面问题：每天上下班（学），路线一样，街景一样，毫无变化或新奇可言，枯燥单调。确实如此，如果我们每天尝试走不同的路线，说不定会发现，有新的店面或小吃，会碰上不同的人和事。然而，人是理性自利的，每天变化就表示不确定性增加，万一堵车或绕道，不能及时上班或上学，很可能得不偿失。因此，经过有意识或无意识的权衡取舍，绝大多数的人会让自己生活的一部分规则化，目的就是在降低行为的成本。

规则化也就意味着：每个人都为自己设下了许多大大小小的游戏规则，看起来是画地为牢、自缚手脚，其实是借着规则化，可以省下很多时间和心力。可以把这些心力和时间，放在其他可能更重要的事情上。

规则化对个人而言，是利大于弊；对于群体和人际互动而言，当然也是如此。在人际交往时，人与人之间，不可避免地会有一些摩擦或冲突。由于需要善后，也就会自然而然地发展出一些处理纠纷的规则。在原始的狩猎-采集社会或农业社会里，人类也需要合作而共谋其利。人类彼此沟通的手势、语言、表情、动作，都慢慢有了约定俗成的含义。抽象来看，这些都是大大小小的规则。人与人之间的各种规则，使彼此间的互动更为顺畅，降低了彼此互动的成本。

诺贝尔经济学奖得主道格拉斯·诺思（Douglass North）曾经很直白地表示："生活里的各种规则，未必能解决所有的问题，却能够使生活变得更容易。"因此，对个人而言，会让生活有某种程度的规则化；对群体而言，也会发展出各种形式不一、轻重不同的规则。背后的驱动力是一样的，都是为了降低行为成本。说深一点：规则和法律之间，其实只有一步之遥。由降低行为成本的角度，解释个人的规则和群体的规则，其实就是描述法律出现和形成的过程。规则（法律）的出现，不是来自圣人的教诲，而是理性自利的人，为了降低行为成本自然而然地发展而来。由此可见，规则（法律）和成本之间的关系，其实非常密切。

当然，我们也可以利用另一种方式，来体会规则（法律）和成本之间的关系。具体而言，通过一些法律的规定，我们可以很清楚地感受到成本这一力量的脉络。

借着几个具体的例子，我们可以体会法律和成本的密切关联。比较精确的说法是：因为成本的推动（或限制），法律才会做如此这般的规定。

第一个例子，是关于追诉时效的规定。现代文明社会里，都有类似的规定，尽管具体的内容有差异。对于追诉时效的做法，由成本的角度可以提出有力的说明：一旦时间拉长，案情的细节开始模糊，人证、物证等的精确性就会逐渐流失。而且，随着时间的流逝，在误判可能性上升的同时，惩罚所产生的效果也开始钝化。因此，权衡轻重得失，追诉时效是人为的、有意的切断正义的延伸，其背后主要的原因，正是成本这个因素。

第二个例子，是关于未成年人的规定。在现代文明社会里，都有类似的规定：对成年人和未成年人，法律上采取差别待遇。有意区分的原因是，未成年人在生理和心理（心智）上还不成熟，因此所承担的法律责任与成年人不同。然而，法条上简单明确，实际做法上却不见得容易。目前，各国都以年龄为主要指标，这显然是次佳方案。但是，立法机关权衡轻重得失，生理年龄容易界定，心智成熟度却不容易界定，因此这个以年龄决定的次佳方案，本质是区分的成本使然。

第三个例子，是举证责任倒置。在司法运作里，"谁主张，谁举证"已经是众谋佥同的原则。现代社会里却逐渐出现了一些例外。最明显的例子之一是，公务员若有来路不明的巨额财产，举证说明财产来源的责任不在于检方，而在于当事人。背后的原因还是在于成本：在网络世界和全球金融体系的世界里，由检方来举证的成本往往过高，而由当事人提供信息自清，成本最低。因此，举证责任倒置的关键因素，还是在于成本。以小见大，我们由成本的角度琢磨法律条文，往往能更精确地掌握法律的意义和局限性。

简单小结

第一，对个人而言，降低行为成本，是一种主要的驱动力，而日常生活的规则化就是降低行为成本的结果。第二，对群体而言，降低互动的成本也是主要的驱动力。人际交往所发展出的规则，是降低互动成本的自然而然的结果。第三，规则和法律，在性质上有很大的交集。由成本很容易解释规则的出现，也就意味着，成本和法律的关系很密切。

喜怒哀乐：情绪背后的经济理性

18世纪的哲学家大卫·休谟尝言："理智是情感之奴。"更白话的翻译是："人是情感（情绪）的动物！"

对于喜怒哀乐、爱恨情仇等情感（情绪），历来的哲学家和一般社会大众，无不认为是驾驭人的原始力量。人为情感（情绪）所使唤，理性（理智）居于被支配和奴役的地位。人的景况，真是可悯和可悲。

然而法国人类学家克劳德·列维-施特劳斯（Claude Lévi-Strauss）却提醒世人：原始部落里看来古怪奇特、荒诞不经的仪式，其实都有迹可循。而且，种种行为都反映了他们的世界观，及其背后的共同逻辑。这位大师的见解，在一定程度上改变了学界和世人对原始部落的认知。

当然，原始部落的人的逻辑和现代物理、化学、数学（甚至经济学）等学科所架构的逻辑，显然不太一样。那么，对于喜怒哀乐、爱恨情仇等情感（情绪），现代科学是不是也有新的、不同的解读呢？

行远自迩，我们先从简单的情境开始琢磨。如果人真的是情感（情绪）的动物，那么动物一旦受到环境里的刺激，会直接不假修饰地表达喜怒哀乐。可非常奇怪，每个人都可以自问：被父母、师长责备时，有多少人会回嘴或怒目以对？对于上司或面试官，有多少人会直接宣泄心中的不满？大概不多，除非这个人已打定主意离开。

可见，对于情绪的运用，还是有规则可循。而且，一言以蔽之，喜怒哀乐的逻辑，就是简单的成本效益。对上司、主考官、指导教授、父母发怒，成本高而效益低，因此，不值得这么做，做了不划算。

还有很多人把气往父母、手足身上撒，对于朋友却客气有礼，宁愿得罪家人，也不愿意对朋友稍稍失礼。似乎家人比不上朋友，这又是为什么？

这种现象，所在多有。看起来奇怪，其实一点就明，而且无庸外而求也，就是出于成本效益的考虑：得罪家人，家人还是家人，血总是浓于水，可是，得罪了朋友，朋友可能就不再是朋友，甚至变成敌人。因此，无须掰手指计算就知道，得罪朋友成本高、效益低，得罪家人则相反。人们自然会去彼取此。

可是，另一种心境或情绪，似乎也屡见不鲜：得罪朋友时，不会有罪恶感；做了对不起父母、让父母失望的事，却往往有浓重的罪恶感，怎么回事？这种对比其实也不难解释。传统社会里，家庭要发挥生产、消费、储蓄、保险等功能，一起面对大自然的考验，一起渡过难关。伦理关系紧密，才能够同舟共济。要使亲子关系紧密，最好在观念上发展出支持的对应条件。父慈子孝的观念，就是支持伦常结构的重要条件。

然而，这不是有点矛盾吗？我们可以得罪家人，却不愿意得罪朋友，但对不起父母时又会觉得欷歔神伤，对不起朋友时却没有类似的感受，为什么？我们稍稍琢磨就可以体会，这种表面上的矛盾正反映了人在处理情绪时的精致细微之处。朋友是一时的，父母是永久的。因此，小的利害上，可以以朋友为重，得罪父母或家人；在长远的考虑上，当然还是要维护父母或家人的权益。

由此可见，对于爱恨情仇或喜怒哀乐的运用，人们还是自觉不自觉、有意无意地受到成本效益的影响。精确而具体地说，人不是情感的动物，人是成本效益的动物。理智不是情感的奴隶，相反，情感才是受到理智的驾驭和控制。

事实上，喜怒哀乐的情绪，值得仔细琢磨，而不是哲学家式一厢情愿的认定。追根究底，在大自然的演化过程里，人也经历了漫长的蜕变。喜怒哀乐、爱恨情仇等情绪，都是这个漫长过程的结晶。

在粗浅的程度上，人在生理上有暖饱情欲的需求，一旦需求得到满足，生物体自然发出信号，无须再做探寻。因此，胃里塞满食物之后，人会有饱的感觉；身上有衣物之后，人会有暖的反应。同样的道理，喜怒哀乐等情绪，也是一种生理上的反应，反映了生物体所面对或经历的情境。在河里捕到鱼，人会觉得欣喜；到口的肥肉丢了，人会感到愤怒；这都是生理上自然而然的反应。

更重要的是，这些生理上的反应，除了是生物体的宣泄，还有非常积极的作用。具体而言，每个人的人生都可以看成多回合的博弈。这一回合所发生的事，对未来会产生影响。因此，喜怒爱乐的情绪，是对已经发生的事情的反应。除此之外，对未来也有提醒、警示、刺激、诱发的作用。譬如，我们在学习或工作上达成目标，得到嘉勉，有了喜悦的情绪。这种生理和心理上的状态，会诱发我们后面的行为，希望能带来更多类似的情绪。

在更抽象的层次上，喜怒哀乐等情绪和理性交融，发挥互补和合作的功能，希望能保障和增进生物体的福祉。譬如，讨价还价不成，一气之下掉头而去；左思右想犹豫不决，以血气之勇直接示爱；等等。因此，情绪等于一种规则，指示生物体放弃眼前的道路，转到另一条轨迹上。

原始社会里的仪式与规矩有共同的逻辑，值得以理解之。同样的道理，人类的喜怒哀乐、爱恨情仇等情绪，也有隐藏其下的逻辑，值得以理解之。

经典解读之一：《正义/司法的经济学》

前面几讲分别介绍了分析的基本单位（个人）、何谓理性和自利，以及行为特质（降低行为成本）。在往后进一步建构理论之前，我们不妨先暂停一下。我将回顾和介绍一本书。在后文里，我也将适时介绍其他重要而有趣的书和论文。我这么做有两个原因。一方面，我希望利用不同的材料，从不同的角度，介绍法律经济学。盲人摸象，可以由不同的地方着手。另一方面，我也希望借着这些书和论文，呈现出经济学和法学在智识上的趣味。经济学不是只探讨商品买卖，法学也不是只处理诉讼。两个学科都有可观的智识积累，值得我们深入品味。

我下面将介绍一本经典，书名是《正义/司法的经济学》(The Economics of Justice)，作者是著名的波斯纳教授。全书14章，初版由哈佛大学出版社于1981年出版发行。在性质上，这本书不像他的另一本经典巨作《法律的经济分析》，后者是一本教科书，有完整的分析框架。《正义/司法的经济学》这本书，虽然书名很正统，但是并没有理论框架，也没有对正义提出完整的经济分析，而是作者近些年的论文合集。

一方面，法学历史悠久，而正义又是法学的核心思想和概念。相形之下，由亚当·斯密1776年的《国富论》算起，经济分析也不过才两百多年。这本书把经济学这门年轻的学科和历史悠久的法学结合在一起，而且论述有据，见前人之未见，在知识的拓展上，无疑具有开创性的贡献。

另一方面，在书里，作者引用了很多人类学的研究成果，提出整合性的分析。无论在内容和分析上，都让读者有眼前一亮、视野大开的感受。在智识的启迪和引领上，作者的才慧令人心服口服。在学术研讨会上，一提起波斯纳，在不同国籍、不同学科的学者之间，经常会听到"波斯纳，是我心目中的英雄"这样的赞美。对于学者而言，这种肯定非常特别和难得，而且可以说是实至名归，有以致之。

所以，我将从两方面来阐述这本书，包括内容的意义和在法学方法论上的启示。对我而言，这是温故知新，也希望能和您分享接触经典、一起站在巨人肩膀上看世界的乐趣。

这本书的第六章，章名为"初民社会的一种理论"。对于原始社会，作者根据人类学者所描述的各种事实，提出一个整合性的理论，提纲挈领，一以贯之。在原始社会里，有几点明显的特质：面对大自然，人们所拥有的工具很有限；生存的条件粗糙而原始，生存和繁衍是最迫切的需求；居住的环境简陋而实用。对于生存有威胁的潜在敌人，是残酷的大自然及附近其他的部落；群居生活是常态。在这些主客观条件之下，原始社会自然而然地发展出人际相处的一些规则。

譬如，人类学家发现，原始初民聚集而居，住在茅草或木头所搭盖的矮小而简陋的房子里，交谈时的用语往往客气而礼貌，几乎和现代的外交官一样。为什么呢？波斯纳提出了有趣而合理的解释：这些人相邻而居，房子隔音效果不佳。因此，如果言谈伤害到别人，很可能对方闻声而至，带着武器过来讨公道。人们能够享受无所顾忌地、快乐地讲别人闲话的乐趣，是在开始住土石、水泥房子之后。

这本书的第七章，章名是"初民法律的经济学理论"。在原始社会里，人与人之间少不了摩擦，自然而然就发展出各种律法来善后和因应。波斯纳独具慧眼，从经济分析的角度提出解释。书中有两个例子，可以一窥作者的分析功力。

一是，在原始社会里，一旦发生意外或伤害事件，人们通常采取严格责任，即不问原因，只看结果。而且，秉承着"以牙还牙，以眼还眼"的原则，即使是不小心、纯粹的意外，你伤了我的一只眼，就用你自己的一只眼来弥补。这是质朴、原始的应报逻辑，只有实质正义，而没有程序正义。原因很简单，原始社会资源匮乏，只能负荷简单的正义，程序正义是资源充裕之后才有的奢侈品。

二是，原始社会里通常讲究连带责任，而不是一人做事一人当。如果你伤害了别人，就要血债血偿。不只你要负责，你的血亲也要负连带责任。连带责任的做法至少有两点明显的好处。一方面，个人受到较严密的保护，即如果你侮辱了我，也同时侮辱了我的宗族，他们都会找你算账。另一方面，既然个人的行为会引发连锁反应，那么亲人之间会彼此约束提醒，即不要惹麻烦，免得大家都被卷入是非，都会倒霉。因此，虽然在现代社会里，连带责任（罚及妻孥的连坐法）早已经被抛弃，但在原始社会里，却是当时条件下，利大于弊的游戏规则。

由这两章材料和作者的论述，我们可以得出两点非常重要的启示。第一，这本专著里，先提出对原始社会的分析，在这个基础上，再对原始社会的律法提出解释。在方法论上，这是不折不扣的"先了解社会，再了解法律"。第二，对原始社会的律法，波斯纳不是从道德哲学，而是从经济分析的角度，提出合理的阐释，在法律和经济分析之间，建立起巧妙的联结。我们稍稍思考就可以发现，这个联结法律和经济的桥梁，就是成本的概念。

我们不妨自问：如果能由经济分析解释原始社会的律法，那么对于现代社会的律法，难道不能运用经济分析来解释吗？

第四讲
供求定律：仅应用于经济学吗

在这一讲里，我们将重新回到理论建构的轨迹。前面几讲分别介绍了：分析的基本单位（个人）、何谓理性和自利、行为特质（降低行为成本）。这一讲里，我们会阐明供给和需求的意义，我们由需求定理开始。

需求定理

"双十一"是淘宝于2009年开始举办的活动。厂商们提供各种优惠以鼓励用户消费。当年的销售额为0.5亿元；之后这个数字扶摇直上，短短三年天猫和淘宝的总销售额已经达到191亿元。2017年的总销售额是1 682亿元。销售额大幅攀升的主要原因之一，是在"双十一"当天，淘宝、天猫、京东等主要电商平台上，大大小小的几乎各个商家，都推出了打折促销的优惠活动。平常舍不得买的商品，现在变便宜了，消费者便"剁手"下单，一气呵成。"双十一"促销、销售额大幅上升的现象，正反映了经济学里最基本、最重要的定理之一：需求定理。东西便宜，就多买一些；东西贵了，就少买一些。在价格和数量之间，是一种反向变动的关系：价格上升，购买量下降；价格下降，购买量上升。价量的反向关系，在经济活动里非常明显，普遍成立。节庆时商品大减价,通常就会有不少人买很多东西回家。

这种价量的反向变动关系,解释力非常强。即使看起来违反需求定理的社会现象,经过适当的解释,依然成立。

譬如,股市火热时,有些股票的价量齐扬,即价格上升,交易量也跟着上升。价格和数量,表面上看起来是同方向变动,但是,若我们仔细想想,如果腾讯的股价持续上升,这不就是暗示着:和其他的股票相比,买腾讯的股票更容易赚钱获利吗?也就是说,买腾讯的股票,赚钱获利的机会变便宜了。既然"赚钱的机会"变便宜了,就多买点"赚钱的机会"。因此,不少人买入腾讯,造成价量齐扬的现象。看起来是价格和数量同方向变动,其实在深一层的意义上,还是价量反向变动。只不过,对于价格和数量,要做适当的解释罢了。

由这一点,我们可以把需求定理往前再推一步:价量的反向变动关系,不只适用在商品及劳务上,也可以用来解释人类在其他领域的行为。

有一个非常简单常见的现象:十字路口除了红绿灯,如果还站了交警,那么,违规行驶的车辆和违反信号灯规则过马路的行人必然减少。这表示,有交警在,违规者比较容易被抓住:当违规的价格(成本)上升时,违规就会变少。这正是价量的反向变动,符合需求定理。《法和经济学》一书的两位作者——罗伯特·考特教授(Robert Cooter)和托马斯·尤伦教授(Thomas Ulen)认为:法律可以抽象地看成一种价格。法律越严,表示违法的价格(成本)越高;违法的价格(成本)高,违法的人数就会下降。这种特质,在法律的范围里也普遍成立。因此,由经济理论解释法律便顺理成章。两位作者的阐释也有助于说明,为什么经济学者能够在法学领域自由驰骋,而且攻城略地、成果斐然。原因很简单,因为经济分析掌握了人的行为特质,而需求定理所隐含的价量反向变动关系,具有提纲挈领、纲举目张的作用。也无怪乎,诺贝尔经济学奖得主科斯曾表示:两百年来,经济学里唯一屹立不摇的,就是需求定理!

关于需求定理，可以用一幅非常简单的图来呈现（见图2-2）。横轴是数量，纵轴是价格。由原点往右，数量增加；由原点往上，价格增加。在这幅图上，有一条负斜率的线，由左上方延伸到右下方，这条线可以称为"需求线"（或"需求曲线"）。而价量的反向变动关系，就反映在这条线的负斜率上：价格高，需求量低；价格低，需求量高。

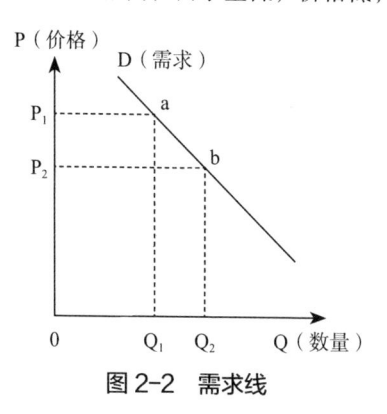

图2-2 需求线

各位在报刊上经常看到经济学学者说："我的分析，是在其他条件不变的前提下才成立。"对于社会大众来说，可能不解：什么是"其他条件不变"呢？这幅图就巧妙地做了说明。图中只有两个因素：价格和数量。价格的高低，会影响到需求量，这是一对一的关系。其他的因素，包括天气、季节、其他商品的价格等，都暂时不考虑，这就是"其他条件不变"。如果其他因素发生变化，这条需求曲线也会随之改变。各位读者不妨想一想：在中秋节来临之前，对月饼的需求会明显增加，那么当"其他条件"改变之后，这条需求线会如何移动？

简单小结

第一，需求定理，是指价格和数量反向变动。价格和数量不只是具体的商品，还可以是其他抽象的价格和数量。第二，把法律看成价格，经济分析就顺理成章地进入了法学的领域。需求定理，也是经济分析进入其他社会科学（包括政治学、社会学）的基础。

供给：由一把"剪刀"开始

上一节，我们介绍了经济学里供给需求分析的第一部分——需求。这一节，我们将介绍第二部分——供给。然后，再把供给和需求放在一起，就是经济分析里很重要的供需理论（或供需模型）。除了说明供需理论在经济学上的意义，我也将阐释供需理论和法学的关系。

核桃，是常见的一种干果。核桃的核很硬，大小又适中，所以有些人放在手里把玩。这也可以当作一种活动，促进筋骨经脉的活络畅通。此类文玩核桃的造型不一，有些很特别，后来就慢慢地形成一个市场。经过一系列炒作，精品文玩核桃的价格一路攀升，文玩核桃的收购价格也就水涨船高。收购方的收购方式不再是论斤论两，而是将整棵核桃树包下来。如果其中出现一两个造型特别的珍品，可能就像中了彩票一般。根据报道，精品文玩核桃的交易价格，由 1999 年的每对几百元，一路涨至 2011 年的每对两万元。品相上乘的甚至可以卖到每对 30 万元。

然后，像炒股一样，没有人接手，价格便崩盘。到了 2014 年，文玩核桃已经跌至每对 100 元左右。这种暴涨暴跌的情况也曾在其他的商品上出现，包括普洱茶、玉石、黄花梨木材等。无论是哪一种商品，这些现象都反映了一个共同的特质，在经济活动里普遍成立：价格上升，供应量会增加；价格下降，供应量会减少。价格和数量之间，是呈同一方向变动。在经济分析里，这就是供给定理，刚好和需求定理彼此呼应。

在图 2-3 中，横轴是数量，纵轴是价格；在右上方的第一象限里，供给线是一条正斜率的线；由左下方开始，向右上方延伸。因为是二维的平面，所以供给线的图形也反映了"其他条件不变"的特质。如果其他条件改变，这条线的位置会相应移动。譬如，您不妨想一想，如果风调雨顺，今年的核桃丰收，那么，和去年相比，今年核桃的供给线，是往右还是往左（平行）移动？

图 2-3 供给曲线

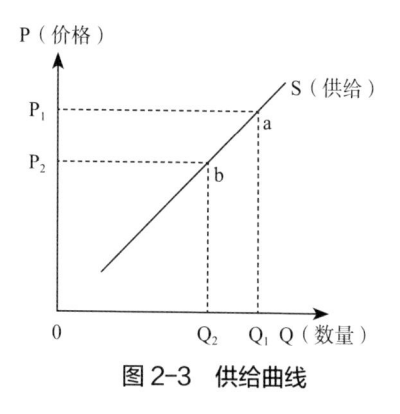

现在，可以把上一节的需求和这一节的供给放在同一幅图上（见图 2-4）。一条线是正斜率，另一条线是负斜率，这两条线刚好像一把剪刀，有一个相交点。在这个相交点上，供给量刚好等于需求量，市场就达到均衡。在这个相交点的上方，供给量大于需求量，即"供过于求"。一旦市场里的某个商品"供过于求"，出现滞销，市场的供给方就有意愿降低价格，以吸引消费者。在这个相交点的下方，需求量大于供给量，即市场里的"供不应求"，有人想买而买不到，价格就有上升的趋势。

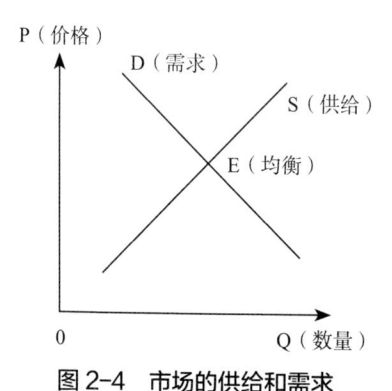

图 2-4　市场的供给和需求

经过供给和需求这两方面的调节，最后市场会自然而然地达到均衡，供给量等于需求量。这个结果不是通过中央计划或人为的控制，而是让供给和需求这两种力量经由互动而自发性的调节。市场机制，常常被经济学家描述为"看不见的手"，即指通过这只无形的手，无声无息、自然而然地解决了供给和需求各自所面对的问题。

关于供给和需求以及供需平衡，我再说明几点，希望您能更深入地体会经济分析的意义。

首先，无论是供给或需求，都要经过一个"加总"的过程。一个人对可口可乐的需求，是这个人的个别需求，而把许多人的需求加在一起（譬如，整个上海市市民对可口可乐的需求），就是市场需求。同样的道理，一个养鸡场提供的鸡蛋，是这个养殖户的个人供给，而所有蛋农提供的鸡蛋加在一起，就是市场供给。由个别的供给和需求，加总之后成为市场的供给和需求；其中隐含着，无论是经济活动或其他的社会现象，还是由"个人"开始。这正呼应了我在本书一开始强调的：分析的基本单位是个人；方法论的个体论，价值的最后落脚点是个人。这些概念，值得我们一直放在脑海里。

其次，在经济活动里，需求和供给分别反映了消费者和生产者、买方和卖方，市场主要是由这两类人所组成。上一节里提到，需求定理除了在经济活动里成立，在人们其他活动的领域里也依然成立。同样的道理，"市场"的概念也不限于经济活动。友情的市场、婚姻的市场等，都暗含了供给和需求，也都隐含了抽象的价格和数量。科斯曾经发表《商品的市场和思想的市场》(The Market for Goods and the Market for Ideas）一文，就是利用市场的概念，解读非经济领域里的现象。经济分析的架构既有广泛的应用范围，又得到了验证。

再次，在经济活动里，消费者和生产者（也就是需求和供给之间），是一对一的对应关系。而且，彼此的利益是直接冲突的。对于二者之间利益的冲突、竞争、切割、划分，经济学家通过严谨而细致的分析研究，有了深刻的认知和体会。有趣的是，在法学里，官司一直是研究的重点，而原告和被告之间，也是一对一的对应关系，而且，彼此的利益也是直接冲突的。经济分析和探讨消费者与生产者的概念和理论，用来分析原告与被告之间的利益如何切割和划分，不仅是理所当然，而且是顺理成章。经济学家能够毫无障碍地进入法学领域且成果丰硕，其重要原因之一就是二者在研究主题上的共通性。消费者与生产者（需求与供给）和原告与被告，在性质上几乎不分轩轾。

简单小结

第一，供给和需求这把"剪刀"是分析经济的重要工具，也可以用来分析非经济领域的现象。第二，供给和需求之间，原告和被告之间，都是一对一的对应关系，彼此的利益直接冲突。二者之间的共通性，有助于我们了解经济学家顺利进入法学的原因。

法律与医护供求：医生可以强制救人吗

这一节里，我们将通过实际的案例，探讨医生这个专业的行业特性，并通过对案例的分析，归纳出一些较抽象的原则，希望有助于您对法理的了解。

首先，我先说一下事情的经过。2019年3月17日，由柳州开往南宁的高铁上，突然有乘客身体出现状况。乘务员赶到其身边了解情况后，就通过列车的广播系统，希望有刚好在车上的医生能够帮忙处理紧急情况。陈医生听到广播之后，立刻赶到乘客所在的车厢。经过她的处理，乘客情况好转。然后，在下一站停车时，乘客被抬离，送医急救。

原本对医生而言，见义勇为的事就此应该画下一个句号。然而，事情却有了转折：高铁乘务员要求医生出示医师资格证，留下住址和联络方式，而且要陈医生写下处理的经过。陈医生——配合，但是心里感到不舒服：自己是见义勇为，主动协助处理紧急状况，怎么却好像是犯了错的人，不仅要出示身份证明，还要留下记录。

这件事通过网络传播之后，铁路有关部门对于此事发布了致歉说明，称出示医师资格证并非规定的程序，而留存联系方式和现场救治情况的意图，主要是为了便于旅客后续能在医院得到更好的救治。只是列车工作人员没有做好沟通解释的工作，造成了误解。广西卫健委通过官方微博称，陈医生这种发扬人道主义和救死扶伤精神，保护人民健康的行为，符合《执业医师法》等相关法规，值得表扬和肯定。根据原卫生部《关于医师执业注册中执业范围的暂行规定》，医师对病人实施紧急医疗救护的，不属超范围执业，希望全区医务工作者要向陈医生学习。这件事就此落幕。通过这个真实的具体案例，我们可以得出很多有意义的信息。

在飞机、火车或船艇上，乘客突然身体不适的情况总会出现。因为这种情况是偶发事件，所以在公共交通上的医护人员，并非常态化的配置。当紧急事件出现时，最重要的，当然是希望同行的乘客里有医护人员能主动提供帮助，并且能协助处理紧急情况。即便医护人员的专业未必刚好是病患所需要的，但比起一般乘客和乘务员，医护人员至少可以做出大致的判断，采取因应的措施。当然，他们也可能会犯错或误判，不过在紧急情况下，有医护人员出现处理，总比没有要好得多。

乘客身体有突发状况，亟待济助，这是"需求"。那么，相对于需求，"供给"会不会出现呢？稍稍思考一下，我们就可以想到：如果这班的飞机或高铁上，乘客里刚好没有医护人员，那么，出状况的乘客只能听天由命、自求多福。然而，如果同机或同列车上有医护人员，即有潜在的"供给"，那么，"供给"会不会出手相助呢？我们再稍稍思考一下，就可以想到：当紧急情况出现时，医疗人员知道自己的身份，而其他人不知道。因此，除非医护人员自愿出面，否则其他人无从强迫或指挥他。

能让医护人员愿意出手相助的，有两个重要的因素：一是基于个人的正义感和专业伦理，自己挺身而出；二是一旦自己挺身而出，不会变成自找麻烦，好事变坏事。也就是说，医护人员出手相助，当然也可能犯错，但是，在这种特殊情况下所犯的错误，值得最大限度的宽容以待。原因很简单，如果在紧急情况下，自己挺身而出，结果被乘务员质疑，甚至万一病患情况没有改善，事后家属追责，甚至要求赔偿，试问：医护人员何必现身，自找麻烦？

事实上，医护人员的这层顾虑，一般社会大众也能感同身受。每个人都会想到：自己也可能突然身体出状况，需要紧急处理。如果附近刚好有医护人员在，愿意现身并无偿相助，那么，万一情况并没有变好（甚至因而变坏），自己也不会去找见义勇为者的麻烦。原因很简单：如果自己以怨报德，以后紧急情况出现，医护人员不愿意现身，倒霉吃亏的还是自己。因此，基于自利的考虑，社会大众在事前会鼓励医护人员出手相救，在事后也会以感激和宽容的态度面对相助者可能的误判。

由这个角度看目前的法律规定，我们可以清楚地看出：乘务员要求医护人员主动相助，要求其出示相关证件，要求书面记录等行为，会有适得其反的效果。如果让医护人员觉得，自己出面可能是自找麻烦，医护人员就不会相助。法律的规定脱离了现实，违背了常情常理，这便是一个明显的例子。

前文所阐释的道理其实很浅显，借着真实世界中另一个案例，我们可以有进一步、更深刻的体会。美国曾出现过一个极其特殊的案例：发生车祸之后，当事人重伤而陷入昏迷，被紧急送到医院后，医生判断，伤者失血过多，必须立刻输血。由于伤者陷于昏迷，无法联系到其家人，因此，医生决定先为其输血，救命要紧。没想到，当事人苏醒之后，反控告医生：自己是某某教派的信徒，基于信仰，反对输血。医生违反自己的意志输血，是明显的侵权行为。

经过审理，法院做出清楚的判决：在这个特殊的案件里，医生面对昏迷的伤者所做的决定，虽然违反了当事人的意志，但在当时的情境下，这是医生基于职业操守情理并符合专业判断的决定。因此，医生无过错。因为，在绝大多数的情况下，昏迷的伤者不会是该教派的信徒。如果问一般民众：当你伤重昏迷，医生未征询你的同意而输血，你同意吗？绝大多数的人，都会点头同意。如果信徒拒绝输血，可以平时随身携带"在任何情况下，都不接受输血"的说明。法院的判决是对医生专业判断的肯定，也是维护了社会上绝大多数民众的权利。

由中外两个案例可以看出，即使在紧急和特殊的情况下，也不适合（不可以）强迫医生；但是，在抢救生命垂危的患者等紧急情况下，不能取得患者或者其近亲属意见的，经医疗机构负责人或者授权的负责人批准，医生可以对病患立即实施相应的医疗措施。两种做法虽然不同，但是背后的道理是一样的，即对于社会大众而言，维护好医生的权利，就是维护好自己的权利。

第五讲
"均衡"的世界

均衡：经济学内外

这一讲里，我将介绍经济分析框架上的另一个重要的环节，即"均衡"的概念。和前面各讲的方式一样，我们将先说明"均衡"这个概念在经济分析上的意义，再试着把"均衡"的概念与法学联结。

在一开始，我们不妨反其道而行，想象一种情况：自己不是身处在和平的国度，而是置身于战乱的国度。烽火连天，朝不保夕，满眼都是百姓流离失所、家破人亡的场景。在这种情况下，保命图存最重要。环境变动不居，未来不确定性增强；法律秩序已经荡然无存，主导的力量是"丛林法则"。对于这种情况，社会科学能发挥的作用很有限，因为局势一直在变化，没有太多的规律性可言。

在一个相对和平的环境里，社会秩序和人际交往呈现出一种规律性。对于这种情况，社会科学就能派得上用场，有很大的施展空间。就经济分析而言，"均衡"的概念，具有关键性的地位。均衡，可以用两个简单的概念来界定："稳定"和"重复出现"。譬如，我们把一个乒乓球往碗里一放，摇晃之后，乒乓球会停在碗底。若我们把碗的一边抬一下，球滚动之后还是会回到碗底。这就是一种"稳定、重复出现"的状态，也就是达到"均衡"。

在前几讲里，我们介绍了供给和需求，并把供给线和需求线画在一幅图上，就出现了一个似剪刀的图。在两条线的交点，供给量等于需求量，供给的价格（卖方要求的价格）刚好等于需求的价格（买方所愿意付的价格）。这时候，市场达到了均衡。如果其他条件不变，这个均衡会延续下去。这是一种稳定的状态，而且会重复出现。

市场里的均衡是由供给和需求这两种力量，在交互运作之后，所达到的状态。我们只要把均衡的意义稍作解释，就可以用来分析经济活动之外、其他的社会现象，包括对法律的解释。如图2-5所示，我们将供给与需求这把"剪刀"换一种表达的方式：在椭圆下方，有两支箭头指向这个椭圆。两支箭头分别代表需求和供给，而椭圆所代表的就是市场。再进一步思考：将椭圆看成任何一种体系，而两支或三四支箭头，是支持这个体系的主要力量。

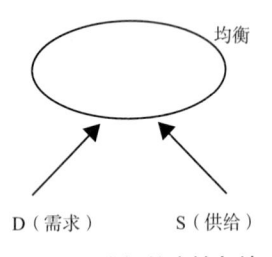

图 2-5　市场的支持条件

若换一种描述的方式：当自己眼前看到任何一种社会现象，如果是稳定且重复出现的，这就是处于一种"均衡"的状态。这时候，我们的脑海里就可以琢磨，支持这个社会现象的主要因素是什么。这是一种逆推法（见图2-6），即看到眼前的现象，逆推回去，试着分析这个现象背后的主要支持因素。在观念上，逆推法非常简单；在应用上，有非常广泛的运用范围。

2014年初，我到澳门大学法学院担任客座教授。之前我也去过几次，但这次开学前，我一到澳门，就发现澳门街头一个非常明显的小变

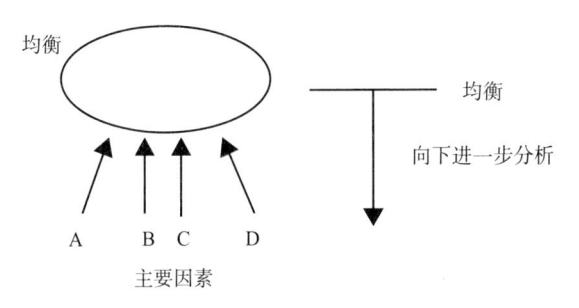

图 2-6　逆推法

化。以前我在澳门市区要过马路时，即使站在斑马线前，过往的车辆也会照常行驶，不会让行。这次大不相同：一旦我走近斑马线，来往的车辆会立刻停下来，让我先过马路，无论在闹市区或郊区，都是如此。我很好奇，为什么短短一两个星期，就有这么大的变化。到底发生了什么事？

学期一开始，我教的是法律经济学课程，30 多位硕、博士生里，有不少是内地甄选并保送的优秀的未来检察官。面对经济分析和经济学者，他们的眼神中自然而然地有诸多怀疑和排斥。我视而不见，正常上课。在介绍经济分析时，我就站上"火线"，描述了一下过斑马线时感受到的明显的变化，然后进一步提出可能的解释。我朗声说道："我猜测，在过去这一两个星期之内，大概连续发生了几次交通事故，且都是发生在斑马线附近，被撞伤的可能都是儿童。在媒体报道之下，引起了大众广泛的注意和同情。在短时间内连续出现事故、儿童受伤、媒体广泛报道，这几个因素共同作用之下，严格执法便产生了立竿见影的效果。"

我立刻点名问了一位当地的研究生："我利用经济分析所做的推测，是不是有某种说服力？"几年之后，我还记得当时他脸上的表情。他露出一种惊讶、不敢置信的表情。然后他表示："确实如此，老师说得都对。只有一点差别，被撞的不是小孩，而都是老人。"这是我第一堂课的牛刀小试，直接测试了经济分析的解释力，效果不错，接下来的课程都进展得很顺利。此后，法学院的年轻学生，对经济分析的排斥感大幅下降。

由这个例子也可以看出，"均衡"的概念不只适用于经济活动中，也可以用来解释其他的社会现象。请您思考一下，虽然我们眼前所看到的情景每天都不一样，但是，抽象一点看，我们所身处的，基本上是一个"均衡"的世界，即稳定、重复出现的世界。我们今天上下班所经过的路线，沿路所看到的情景，和前天、昨天、明天、后天所看到的，其实大同小异。路上和朋友碰面时，我们打招呼的手势、用语、腔调，也相去不远。把范围再稍微扩大一些，一个社会群体所用的语言文字、生活所依循的风俗习惯和思想观念，是不是也符合稳定和重复出现的特性呢？

简单小结

这一讲里有两个重点。第一，在市场里，当供给和需求相交在一点，就达到了均衡；如果没有其他力量干扰，这种状态会保持稳定、重复出现。第二，均衡的概念也适用于其他社会现象。看到稳定、重复出现的现象，我们可以试着进一步分析，支持这个现象的主要因素是什么。

法律里的均衡

上一节里，我介绍了经济分析基本框架的第三个环节——均衡，并且特别强调，均衡这个概念不只能分析经济活动，也可以用来解释其他的社会现象。这一节里，我们再往前推进一步，把均衡这个概念和法律联结起来。让我们循序渐进，先从一个大家熟知的现象开始，再引申到法学问题上。

众所周知，我国幅员辽阔，各个地方都有自己的特色，当然，人们也逐渐形成了一些刻板印象。譬如，上海和武汉都是港埠城市，可是一般人对于上海人和武汉人的印象却不太一样。上海人（至少是在过去影视与文学作品里，外国商人和外籍轮船群集的时代）穿着华丽，重排场和门面，说话八面玲珑。相形之下，对于武汉人，广为人知的说法就是"上有九头鸟，下有湖北佬"。九头鸟表示头脑灵活，想法多，长于考虑。同时，也用来形容武汉人，显然除了肯定头脑灵光，多少有一些"精明""打小算盘"的言外之意。

可是，为什么上海和武汉，两个都是繁华的港埠城市，而市民的性格却有截然不同的特质呢？如果把性格特质看成一种均衡，自然而然的问题是：为何出现两种情况不同的均衡？或者，由均衡再进一步，这两个均衡的支持条件，有何不同？

在往下看之前，我们不妨先停下来思考一下，可能的解释是什么？

均衡的两个特质是稳定和重复出现。既然具有这两个特质，那一定和均衡背后的支持条件有关。针对上海人和武汉人的特质（假设大致上成立），我们不妨想一想两个港埠城市的情况。

我们先从上海开始分析。上海是中国历史上最早对外国开放的城市之一。1843年，清朝允许外国人通商和居住的5个城市（即五口通商），上海就是其中之一。经过长时间的发展，常住上海的外国商人数量不断增加。以当时的经济条件而言，和外商做生意，利润十分丰厚。那时的商人，要想争取做生意的机会，在外表上最好体面华贵，在言语谈吐上最好儒雅大方，在接待安排上也最好阔绰大气。在互不了解的情况下，自己所表现出来的形象非常重要，久而久之，自然就塑造出一种特殊的均衡。看起来是"表面功夫"，其实这种做派有非常重要的作用，一言以蔽之，目的就是争取交易互惠的机会，也就是要兴利，通过利他而自利。

我们再来考虑武汉的情况。武汉被誉为"九省通衢"之地，是长江和汉江这两条重要河流的交汇点，位置的重要性无与伦比。然而，武汉的港埠活动有两个重要的特质：一是参与的人大多是从事体力工作的蓝领；二是船只进进出出，不会久留。商人一旦受骗上当，转头可能骗子和船都已经离港，追索不易。因此，从事买卖交易时，人们必须保护好自身利益。所以，关键就在这一次、眼前的交易中，最好能多为自己争取利益，避免损失。于是，商人脑中的算计与口才，必须尽可能地发挥到极致。长此以往，码头文化的核心特质，不在于兴利，而在于防弊。

两相比较，上海人和武汉人的性格特质不同，就形成了不同的均衡，也与支持条件不同密切相关。有趣的是，这种差别几乎可以直接反映到法学以及不同的司法传统上。众所周知，地中海地区从很早以前（12—13世纪）就有频繁、丰富的经济活动，海上与陆上的商业跨越国界、种族和语言。要享受交易双方互蒙其利的结果，必须能有效地处理商业纠纷。在诸多纠纷中，判定交易的物品是否为赃物就是其一。如果明知是来路不明或有问题的商品，买方还买下，事后买方的权益便不受保护，商品也要退还给原主。然而，在人来人往、舟车四处的环境里，买方要一路追溯至原主可不容易，而且，追溯所耗费的买方的时间和心力，可能超过交易带来的好处。防弊的成本可能大于兴利的效益，因此在这种环境里，就逐渐形成一条众所接受的法律原则：只要买方合情合理地相信，交易的物品来路干净，不是赃物，那他就是一个"善意购买人"，其权益会受到保护。

相形之下，如果不是在沿海城市或陆上的贸易中心，而是在相对封闭、流动性不高的环境里，追溯原主就比较容易。在这种环境里，就应该保护原主的权利，而不是保护"善意购买人"的权利。除弊的重要性超过了兴利的好处，所形成的法律原则，就是买方有责任弄清楚物品的来源是否干净。

开放区域（沿海城市和贸易中心）与封闭区域形成不同的法律原则，上海和武汉都是港埠，却形成了不同的地方性的人格特质。表面上看起来，前者是法律传统的问题，后者是风土人情的问题，但由经济分析的角度抽象来看，却都是"均衡"。因此，我们有两点值得阐明：第一,我们利用"均衡"的概念可以看出,如果某种现象(包括性格特质或法律原则)已经形成,即稳定而重复出现,那么,我们就可以试着捕捉其背后的支持条件或是形成的原因。第二,在法学里,有很多众所周知的法律原则(譬如,买卖不破租赁、善意第三人等),都可以看成"均衡"。我们探讨背后的支持条件,有助于了解这些法律原则的来龙去脉,而且一旦情况变化,也才能够琢磨出适当的因应之道。这就是"知其所以然,也就知其所当然"。

简单小结

第一,以上海人和武汉人的特质,以及欧洲历史上开放地区和封闭地区的法律原则为例,具体说明"均衡"的意义和适用范围。第二,法学里的许多法律原则,都可以由"均衡"的角度重新阐释,可以知得失,也可以知兴替之道。

"买卖不破租赁"背后的均衡

无论成文法系或判例法系,"买卖不破租赁"都是早已稳定且众所周知的法律原则。在《中华人民共和国合同法》(已废止)第229条和《中华人民共和国民法典》(以下简称《民法典》)第725条中,就有明确的规定。然而,对于这个几乎一般大众也熟稔的原则,各位读者真的能说清楚、讲明白吗?这一节里,我就针对这个法律原则,从经济分析的角度做出阐释,或许能由此突显经济分析的特色以及法学所能带来的养分。

在法学院里,对于"买卖不破租赁"的解释简单明确:当房东出售正在出租的房屋时,租户的权益不受影响,租期受到保障。老师和教科书通常强调两点:第一,相对于房东,租户处于经济上的弱势,法律应该保护弱者;第二,若容许因为买卖而终止租赁关系,租户的权益将有如风中之烛,随时可能被侵害。因此,"买卖不破租赁"有如普适价值,能有效地保护承租人的权益。

然而,如果法律不做规定,是不是租户的权益就一定会受到伤害呢?我们不妨思考一下,至少有两种人,即使买卖破了租赁,权益也未必受到伤害。第一种,单身人士,生活简单。第二种,情侣或小家庭,没有子女,对居家生活品质要求不高,家具不多,个人物品也简单,平时以工作为主,回到住处只是为了睡个觉。以上两种人,如果要搬家,半天之内就可以收拾停当,说走就走。

对于他们而言,如果房东卖了房子,房子过户至少要两三个星期,即便租约终止,他们另寻住处并不困难。如果在一开始,房东就表明,"我正准备卖房子,什么时候成交不一定,但一旦成交,咱们之间的租赁合同便要终止。这样租期虽然灵活,但没有保障,所以租金我可以少收,打个折",试问,对这两种租户而言,是不是刚好合适?他们本身不太在乎租约的保障,要搬随时能搬,而且租金还能降下来,有何不好?因此,至少对某些租户而言,"买卖不破租赁"影响不大。买卖即使破了租约,租户的权益也未必受到伤害。

进一步考虑,"买卖不破租赁"对房东权益又有何影响?如果买卖可以破租赁,虽然房东对于房产处置的灵活度有所增加,但能够收到的房租一定减少。原因很简单,如果买卖可以破租赁,租户愿意付的房租一定也相对降低。因此,如果房东承诺:即使房屋卖出,租户的租约也不受影响,到合同期满才终止,那么,租约的稳定性增加,大部分租户自然愿意多付一些。这表示:买卖不破租赁,虽然看起来是保障了租户的权益,但其实房东的权益保障度也因而上升,因为可以得到相对更高的租金。

由此可见,"买卖不破租赁"的约定,无论是对租户还是对房东,都有好处,而且,我以上的分析,不是从弱势与强势、道德优劣着眼,而是就事论事,探索这种做法对双方的影响。由道德上分出弱者和强者,是传统法学教育里常见的做法,在某些问题上,这样做也许有助于形成初步的判断，但是《大学》里有一句话，值得用来提醒我们自己："物有本末，事有终始。知所先后，则近道矣。"这里的"道"，显然不是道德的"道"，而是道理的"道"。

关于"买卖不破租赁"，其实我们还可以再进一步，有更深入而全面的了解。目前一般的介绍和讨论，焦点都放在"破"与"不破"上。然而，追根究底，我认为真正的关键所在，其实不是在"破"与"不破"，而是在"租赁"这两个字。事实上，焦点在于租赁合同的实质内容。根据目前民间的做法，对于一般的公寓或住宅的租约，除一个月的押金及预付一季、半年或一年的租金之外，在解约和违约条款上，通常制式合同都有约定：单方提前解除或终止合同的，须赔偿对方一个月的租金。

该条款表示，租约没有到期，如果房东或租户因为各种原因终止合同，需要赔偿对方一个月的租金。这也就意味着，如果房东把房子卖了，可以立刻中途解约，但要退还未到期租金，再赔偿一个月的租金。彼此租赁关系就此结束，租户还是要搬家。也就是说，依租赁合同内容，只要房东以提前解约的方式处理，实质上几乎不会碰到"买卖不破租赁"的问题。

相形之下，如果是商铺或写字楼等租约，因为涉及店面和写字楼的装潢、对公司招牌和客户的影响等，所以通常租约会较长，而在解除或终止合同的约定上，也会有更具体而严谨的约定。譬如，提前解除租赁合同，除处理租金之外，提出解约的一方对因为提前解约而给对方造成的损失，要负赔偿责任。可见，我们对于"买卖不破租赁"的认知和理解，值得做一些调整。重点可能不在于"破"与"不破"，而在于"租赁"合同的内容。合同的内容会直接影响租赁双方对"破与不破"的选择。若描述得稍微抽象一点，"买卖不破租赁"只是租赁合同的"默认规则"。在一般情况下，可以作为事先签订合同、事后有争议时解释合同的基础。但在实务上，处理具体案件时，要看双方具体的情况,以及租赁标的性质和期限等。

让我们回顾一下前面的论证分析,有一点可以说是最重要的启示,即"先了解社会,再了解法律"。对于"买卖不破租赁"这个众所周知的法律原则,意义到底如何,值得回到真实世界里去理解。以"保护租户、经济上弱势的一方"来解读,是从道德上来认知法律,可能略显简单和片面,也可能会差之毫厘,失之千里,错失了更完整而全面的体会。

简单小结

第一,"买卖不破租赁",看起来是对租户好,其实对房东也好:提高租约的稳定性,可以收相对更高的房租(租户愿意付)。第二,"买卖不破租赁",重点未必在"破与不破"。租赁合同里的终止和违约条款,可能才是重点所在。第三,"买卖不破租赁"这个法律原则,最好不要从道德的角度来解释。我们应琢磨其背后更深层次的原因,才可以有更完整、深入和平实的认知。

分期付款违约怎么判:善念与计算

这一节里,我将以一个具体的案例为起点,在分析之外,我们也试着提炼出一些抽象的见解,并归纳出几点心得。这个案子和美国百货公司的做法有关。

相信各位读者都逛过商场,里面的东西有的贵,有的便宜。价格高的电器和家具等,往往可以分期付款。这种做法是双赢,对消费者和百货公司都好。关于分期付款,美国某家百货公司有两种做法供消费者选择。第一种,如果贷款人分期付款买了好几件家电产品,其中一件逾期,百货公司会发通知提醒贷款人。如果贷款人仍付不出单期款项,百货公司会再通知提醒一次。如果贷款人下期还付不出来,百货公司就会把这件家电回收。第二种,如果其中一件逾期,百货公司就会通知贷款人。贷款人再逾期,百货公司再通知提醒。如果贷款人仍逾期,百货公司就会把所有还没有付完全部款项的家电全部回收。

一位年轻妈妈选择了第二种付款方式，买了不少家电和家具。结果，其中一项逾期，经过百货公司的再三催款，她还是无力支付。百货公司就根据原合同，把她还没有付完全部款项的家电全部回收。这位妈妈觉得很委屈，只有一件逾期，怎么能全部收走呢？她起诉了百货公司，认为其违反了美国消费者保护法和反垄断法。这个案子由美国地方法院开始，一直打到美国联邦最高法院。对于上诉案件，美国联邦最高法院很多是驳回不审的，但这个案子，他们接受了。经过审理，几位年高德劭的大法官最终决议：一件付不出，就全部回收的做法，的确不妥，因此认定百货公司违法。

美国联邦最高法院的裁定，当然就是最终的结果。不过，这个案子值得我们仔细思考。百货公司的第一种做法，可称为"单件回收"，即哪一件付不出按揭，就只回收那一件产品。第二种做法，可称为"全部回收"，即其中任何一件付不出按揭，其他没有付完的产品全部回收。仔细想想，对于百货公司而言，全部回收的第二种做法，比较容易保护自己的债权，经营的风险自然就比较低。既然百货公司经营风险比较低，比较容易保护自己的债权，就理应让利，让消费者也享受到一定好处。而且，利息通常和风险有关，百货公司经营的风险比较低，自然应收较低的利息。因此，全部回收的做法，必然隐含较低的分期利息，付按揭的条件也比较宽松。

既然美国联邦最高法院认定第二种全部回收的做法违法，那么以后只有第一种单件回收的做法。这一做法所引发的一连串的连锁反应也很清楚，即利息变高了，分期付款的条件收紧了，交易金额自然减少。于此，百货公司为节约成本，要雇的员工也随之减少。员工减少，上缴给国家的各种税也自然减少。国家的税收减少，能用来从事公共建设的财政经费（包括国防、治安、交通、环保等）也因而下降。请问，最终谁倒霉了？答案很简单，国家建设的财政经费减少，倒霉的还是社会大众。再进一步，大家都倒霉了，但是哪一种消费者最倒霉？最需要用分期付款方式买东西的正是中低收入群体。

美国联邦最高法院的判决，本意上是希望保护经济上的弱势群体，然而，实际上却伤害了社会大众，而受伤害最大的正是他们最希望保护的经济上的弱势群体。我们不妨记下这句话："通往奴役之路，常由善意铺成。"该名言出自诺贝尔经济学奖得主哈耶克，他的这个提醒，可以说是历久而弥新。

我们再进一步推论。第二种全部回收的做法的利息比较低，分期付款的条件比较宽松，所以，大部分消费者其实都是运用这种方式买较贵的家电等。假设有20万个消费者都选这种方式，享受了低利息，但其中有500个消费者，因当初买的家电数量太多或后来的现金流突然紧张，而无力偿还借款，结果购买的家电被百货公司全部回收。那么，19.95万人得到好处，500个人受到伤害，全部回收的做法值不值得保留呢？

如果问道德哲学家这个问题，他们可能会陷入两难。如果问经济学家，则问题不大。经济学是一门很世俗的学科，经济学家的回应很简单：让证据说话。全部回收的做法所收取的利息比较低，所以估算一下，19.95万人享受到的利益，到底有多少？500个人的家电被回收，他们的损失一定比较大，再估算一下，总共的损失又是多少？因此，在评估是否要保留这种做法时，至少先有一个大致的估算，估算出潜在的利益和损失。这种就事论事的做法，不比道德直觉更可靠、更有说服力吗？

再进一步，美国百货公司的做法似乎很奇怪，怎么会有全部回收的这种做法呢？其实，我们稍微琢磨一下，就可以理解其中的原因：全部回收就等于连带担保，用其他家电作为担保。有了担保品，自然能享有比较低的利息。如果买家无力还款，百货公司把担保品（即其他没有付清按揭的家电）回收，不也合情合理吗？因此，看起来奇怪的做法，一旦了解背后的原因，我们就可以理解了。

最后，如果美国联邦最高法院的大法官对经济活动的性质多了解一些，就可以采取折中的做法，而不是全盘否定。譬如，允许连带担保，但是只限于三件商品。有限度的担保，使得风险能得到控制，消费者既享受到较低的利息，百货公司也比较容易做成生意。这种折中的做法，可以说是多赢。

简单小结

第一，"通往奴役之路，常由善意铺成"，好心未必就能做好事。第二，先了解社会，再了解法律。对社会多了解，对经济活动多了解，有助于我们追求和实现公平正义。

第六讲
制度与制度变迁

从个人行为到制度变迁

到目前为止,我们逐步建立了经济分析的基本框架,介绍了分析的基本单位、行为特质、加总和均衡这三个环节。这一讲的重点,是分析框架的第四个环节——变迁。我们将循序渐进,先说明变迁在经济理论上的意义,再在变迁和法学之间,搭起一座自然的桥梁。

对市场里的经济活动或是任何一种体系,我们在探讨的时候都可以由基础开始。首先,是分析的基本单位;其次,界定这个基本单位的行为特质;再次,这个基本单位和其他的基本单位的互动就是"加总"的过程;最后,当市场或体系趋于稳定,就达到了均衡。

如果到此为止,理论框架虽然严谨,但是并不完整。原因很简单,人有生老病死,文章有起承转合,一年有春夏秋冬,当体系达到均衡之后,万一出现冲击,均衡会如何因应变化?因此,在社会科学里,一个完整的理论必然要包含"变迁"这个环节。关于"变迁",至少有三个概念值得我们注意:第一,造成(或引发)变迁的原因;第二,变迁的过程;第三,变迁过程结束之后的结果(当然,如果一直处于变化的过程里,也是一种比较特殊的结果)。

对于这三个部分,我们可以很简单地归纳出两点原则。第一,对于一个处于均衡的体系而言，引发变迁的因素，或来自体系内，或来自体系外。内在的因素有多种，如：小镇里的私家车越来越多，政府就会在十字路口装设红绿灯。外在因素也有多种，如：麦当劳在某地开设餐厅后，会对当地传统餐饮业带来冲击，对它们的服务、卫生和店内装潢，都有直接或间接的影响。第二，变迁的过程可以是螺旋式、波浪式的，也可以是短期内一次到位或是缓慢变化的。无论如何，当尘埃落定之后，相对于变迁开始之前，新体系可以是往上提升到另一种境界，也可能是原地踏步，正如乒乓球又停在碗底，又或者往下沉沦，甚至走入历史，从此消失。就利益的分配而言，变迁之后新的均衡形成，可能是蒸蒸日上，大家都得到好处，也可能是江河日下，大家都是输家。当然，更常见的情况是，利益重新分配，大家各有输赢。

关于变迁，有几个学理上有趣的概念，值得略作介绍。这不仅有助于您了解社会现象，也有助于您了解法学问题。

第一个概念，是"路径依赖"，它经常被人们提及。体系、制度或人的变化，通常有脉络可循，而且上一个时点上所处的位置，通常会影响下一个时点的移动。比如，接受高等教育的人不大可能在毕业之后去开出租车，虽然也有例外，我就坐过自己教的、台大经济系毕业的学生开的出租车。

第二个概念，是"渐进式变革"。变迁的过程，有的如暴风雨一般，来得快去得快。如，共享单车由野蛮成长到形成单车"坟场"，不过一年不到的时间。不过，大部分的变化都是无声无息、慢慢改变的，特别是典章制度、思想观念、风俗习惯，往往是发生了滴水穿石般的变化。

第三个概念，是"间断平衡"。这一点正如我们在写文章并完成一句话时，标上一个标点，暂时停顿一样。譬如，可乐等冷饮的罐装形式，最早是玻璃瓶，后来是330毫升的铝罐装，再后来是300毫升，最新的小瓶装是250毫升。规格一旦变化，往往就有相当一段时间不会再变动。

第四个概念，是"低度平衡"。变迁的轨迹如果进入一种恶性循环、无从挣脱的状态,就是低度平衡。某些国家重复上演的戏码,政变、暗杀、选举、政变、暗杀,可以看成低度平衡。相对于低度平衡,也有"高度平衡",当然这又是另一番景象了。

就法学而言,"变迁"的概念关系也非常密切。由原始社会中民法与刑法不分的律法,到现代社会中精细的商标法和专利法等,是一个漫长的变迁过程。从过去的连坐法到现代的罪不及妻孥,从有罪推定到无罪推定,可不是"放下屠刀、立地成佛"、说变就变,而是走过了漫漫长路。由"变迁"的角度来认知和阐释法律,我们在前面提到的分析性概念里,有几点特别值得强调。

首先,对成文法系社会而言,一旦法律通过,往往要经过很长一段时间才可能修改,因为修订法律的工程浩大。譬如,《中华人民共和国民事诉讼法》分别在2007年、2012年、2017年、2021年、2023年修订,前后五次修订,中间都隔了几年。在前后五次修订之间,就是一种间断平衡。其次,在五次修改法律之间的几年,随着社会的发展,涌现出的问题(官司),可能是原先法律所没有规定的,也可能是原先的法律已经不再合宜。但是,在修法或制定新的法律之前,法院必须面对各种疑难和棘手的问题。因此,不可避免地,对于原先的法律,法院可能借着各种技巧来处理(譬如,扩大或限缩法律条文的适用范围,由立法精神而不是由条文本身来解释法律等)。还有,上级法院可能借着司法解释,给下级法院提供参考遵循的依据。这些做法都是在微量地改变原先的立法。因此,法律的轨迹,几乎必然是渐进式的改变。最后,法律是维护社会稳定的"长城",所以其必须符合民众的预期,才能发挥作用。司法体系的稳定,是社会发展、长治久安的基础。这表示,法律的蜕变也一定是有路径依赖的,更多的是在原来的轨迹上微调,而不是跳跃式变革。

简单小结

第一,经济分析的基本架构,由"分析的基本单位—行为特质—加总和均衡—变迁"所构成;变迁,是理论架构不可或缺的一环。第二,关于"变迁"的重要概念,包括了路径依赖、渐进式变革、间断平衡和低度平衡。第三,司法体系是社会正常运作的基础。法律的变化,符合路径依赖、渐进式变革和间断平衡的特质。

法律功能的变迁

这一节里,我希望借着一个生动的例子,帮您了解司法体系运作的特质。

20世纪90年代左右,美国的犯罪率突然下降。对于这个现象,犯罪学者和社会学者都很好奇,而且尝试从不同的角度分析,然而,由经济、政治等角度切入,都没有找到确切的因素进行合理解释。芝加哥大学的经济学家史蒂芬·列维特(Steven Levitt)等找到了令人讶异,却令人信服的解释。过去,美国禁止堕胎,但对于中产阶级(以上)的女性,她们有资源找到合适的渠道去堕胎。真正受影响的主要是低收入家庭的女性,她们没有堕胎的条件,便只能生下孩子。这种社会经济地位较弱家庭的孩子,由于成长的环境使然,导致其长大之后受教育程度偏低,情商不高,很容易就生活在社会的底层,进而成为犯罪的渊薮。

自20世纪60年代开始,随着美国女权运动第二次浪潮的沛然而兴,美国妇女的权益逐渐受到重视,进而反映在美国的各种法律里。堕胎合法化,怨偶也可以各奔东西。既然堕胎和离婚变得容易,怨偶就无须彼此捆绑在一起;既然他们彼此分手,就不会再生儿育女;既然他们没有子女,也就不会有下一代在匮乏的物质条件下成长,再落入违法逾矩的恶性循环里。因此,造成20世纪90年代美国犯罪率断崖式下降的其中一个原因,是20年前法律上的调整。

对于这个有趣而重要的发现,可以有很多不同的解读。其中之一是，我们对法律的性质可以有不同的认知。法律的功能，不只是追求公平正义，还有其他的含义；法律对人们行为的影响，也值得我们仔细研究。而且，当时代的巨轮往前滚动时，法律所承担的责任，也在与时俱进地做出阶段性的调整。

具体而言，随着经济的发展，世界各国都出现了一个普遍的趋势：当代社会中涉及原始的暴力案件，比例上已经大幅下降，代之而起的，是经济活动引发的各种欺诈案件。刑事侦查的重点，不再仅仅是跟踪侦查，而是还能运用计算机和电子设备，在网络和电子信息的空间里，与违法者周旋。这意味着，千百年来的刑法（刑事）已经面貌丕变。同样，刑法的内涵，也已迥异于往昔。

从另一种角度着眼，经济活动和网络世界的勃兴，给世界各地的人们都带来了巨大的影响。无论在物质还是精神层面，都极大地扩展了传统的疆域。寻常百姓所能享受的，可能远远超过历史上大部分贵族的待遇。但是，无论经济活动还是网络世界的活动，都需要在法律的框架内来进行。这也就意味着，有了适当的法律框架为基础，人们才能发挥聪明才智，各擅胜场，从而享受自身努力所带来的果实。因此，在各项科技日新月异、经济活动滚雪球式往前推进的过程中，法律的框架以及衍生而出的各种规章制度，主要功能已经不再是除弊，而是兴利。

换句话说，在古代社会里，变化和创新极其有限，法律的重要功能就是维持现有的秩序，除弊的重要性非常清楚。相形之下，在不断向前发展的当代社会里，兴利的重要性已经远远超过了除弊，因此，要避免成为"修水管般的工人"（语出波斯纳对当代法学教育的培育目标的评价），对法学的认知或许可以总结为两点：第一，法律即规则，而规则即工具；第二，法律这套工具的功能，过去以除弊为主，而今后是以兴利为主。

简单小结

第一，美国20世纪90年代犯罪率断崖式的下降，隐含了一个重大启示。对于法律，过去往往着重追求公平正义，然而，有关堕胎和离婚的法律的变化，一定程度上降低了20多年后的社会犯罪率。这也提醒了人们：对于法律，以后值得探索其隐含的激励效果（或诱因）。第二，随着经济的发展，犯罪的内容和形式已经有了很大的变化，刑事工作当然也要与时俱进。涉及刑法的知识也已经有了本质上的改变。第三，古代社会相对是静态的，法律的功能主要是除弊，现今社会是加速变化的，以动态为主。相应的，法律的功能，过去以除弊为主，现在及今后，则以兴利为主。法律学子对于工具箱里的工具，当然要有意识地调整和更新。

夫妻债务责任规则背后的主流价值蜕变

这一节里，我们将经济分析的框架和法律问题相结合。一方面，是由经济分析来解读法律的变迁；另一方面，则是跨越法律变化的表面，而尝试捕捉背后更根本的原因。

关于夫妻债务的责任，《最高人民法院关于审理涉及夫妻债务纠纷案件适用法律有关问题的解释》（法释〔2018〕2号），无疑具有一定里程碑的作用。而且，数十年之后当我们回头看，这个一般社会大众并没有切身感受的文件，意义将更为明朗。当然，这也就意味着：即使在当下，也值得我们试着思考，从更广泛的角度，体会这个文件的意义。

就华人社会而言，回顾近百年的发展轨迹，家庭结构的变化是最主要的值得关注的问题之一。造成变化的原因，有些是政策使然。譬如，1949年中华人民共和国成立之后，政府通过各种方式和手段提升女性的地位；"男女平权"，由口号成为事实，女性撑起了半边天（或更多）。

相形之下，不是由公共政策导致的变化，可能更为缓慢微妙。然而，滴水穿石的效果积累之后，却悄然无声地改变了家庭结构。

总体而言，至少有一种变化，已经不知不觉地成为日常生活里随处可见的景象。过去,典型的家庭是:夫唱妇随,子女围绕,其乐融融。然而,随着城市的形成与职场女性的增加,家庭类型的光谱上,已经由单一的类型演变为至少有以下几种结构类型:第一种,传统的夫妻和子女;第二种,双职无娃的丁克族;第三种,单亲家庭;第四种,单身贵族,可能有宠物陪伴。四种类型的比重容或不同,但对于法律而言,影响却极为深远。

过去,包含夫妻与子女的核心家庭是社会的基石。夫妻有矛盾,身边亲友通常是劝和不劝离。财产的归属和处置也是基于婚姻关系。然而,当四种类型均已在社会中占有一定比例时,法律也不得不与时俱进。劝和不劝离,未必正确,更未必是多数人的主要选项。

更进一步,即使是丁克族,传统配偶之间的相对关系也正在悄然剥离与蜕变。以前,人们大多生活在村落或小镇时,生活和工作紧密相连。夫妻一起在农田里耕耘,固不待言;如果夫妻共同经营店铺,很可能房宅的前半段是店面,后半段就是住家。夫妻一起打拼,既是生活共同体,也是事业共同体。夫妻任何一方对外所答应的事,另一方均要承受,无条件地支持彼此。他们既享受共同财产,也承担共同债务。而且,无论对于商业活动的买方或卖方,这种安排都是互蒙其利、各有所得,因为这样可以大幅降低彼此鉴别和互动的成本。

然而,随着社会的发展、城市的形成、双职的普及,情况已经迥然不同。夫妻很可能从事不同的行业,有着不同的人际网络,也可能分居两地,彼此对各自的工作了解极其有限。也就是说,夫妻可能主要是生活上的伙伴,而不是工作上或事业上的伙伴。换句话说,在工作上或事业上,任何一方所产生的权利义务(债权债务)关系,最好由各自来承担,而不是硬绑在一起。

最高人民法院所发布的这个司法解释,一言以蔽之,就是对夫妻单方签署的对外债务,扬弃了过去"夫妻共同体"的原则,而是改为采用"各自承担"的原则。就目前的生活形态和经济活动而言,这种调整可以说是"追认事实",让法律更贴近社会的脉动,更能发挥兴利除弊的效果。

抽象来看,原有的家庭结构已经有了明显的变化。由一种类型到四种类型,这意味着几千年来华人社会的基础——家庭——已迥异于往昔。而且,这个趋势正朝着一个明确的方向稳定地往前移动:个人将成为最终的价值寄居处,一切的法律与制度,将建立在个人的基础上。古代引以为傲的家庭、伦常等,将逐渐崩解,最后将重点聚焦在个人的身上。

最高人民法院公布的关于夫妻债务的司法解释,与时俱进,呼应社会脉动,并得到了法学和司法界广泛的肯定。然而,调整游戏规则,几乎必然有"双刃剑"的效果。过去,法律上认定,夫妻是共同体,所以共同承担债务,财产登记在谁的名下并不重要。夫妻债务规则修改后,债务各自承担,因此,必然将诱发一些有意的规避行为。比如,夫妻一方在形成债务的同时,把财产转移到另一方的名下,如此一来,一旦有债务纠纷,债务人便可以逃避偿还债务。债务人待事过境迁(比如,蹲了几年牢)之后,再享受先前隐匿的财产。这种做法必然增多,定会增加司法成本和社会成本。

最高人民法院关于夫妻债务的司法解释,看起来是法律问题,其实是涉及面更广的社会问题。

关于夫妻共同债务在解释上的变化,我还可以举一个具体的事例。我的一位朋友是某地级市中级人民法院的法官。他表示,在最高人民法院改变解释之前,夫妻要共同承担债务。可是,他接连处理的几个案子,的确是夫妻各自有事业,那么如果以共同债务来处理,对当事人非常不合理。但法律规定如此,他只好依法判决。这给他造成了巨大的心理压力,每次判决后,他都会连续失眠,甚至心生退意。

最高人民法院的解释出台之后,他觉得如释重负。坐在审判席上,他又找回了当初追求公平正义的情怀,觉得能以微薄之力,把正义的制度再往上提升一点点。他的心路历程,生动而深刻地反映了在社会变迁的过程中,法律所面对的挑战以及应该有的因应之道。

经典解读之二:制度的深层意义

在这一节里,我将介绍第二本经典:《制度、制度变迁与经济绩效》(Institutions, Institutional Change and Economic Performance)。该书是道格拉斯·诺思的集大成之作。

这本书原著出版于1990年,作者于1993年获得诺贝尔经济学奖。在经济学领域里,诺思的主要贡献是利用经济分析的概念解释历史,特别是西方的历史。尽管他对法学的影响并不明显,但我希望借着《制度、制度变迁与经济绩效》一书阐释:诺思的观点其实对法学很有启发性,值得我们关注。而且,诺思的论述基本上不用数学公式和图表,他的文字晓白流畅,对于有一定英语水平的读者而言,可以直接阅读原著,比读译本更容易得其精髓。

我将从两方面说明这本书的特殊之处,特别是在理论上的特色和对法学的意义。第一个特色,这本书是一本概论性质的作品。第1部分第2章的章名是"合作:理论问题"(Cooperation: The Theoretical Problem)。章名看起来不起眼,其实大有学问。请注意,作者用的不是"合作,'一个'理论问题"('A' Theoretical Problem),而是用英文的"The";意思是:合作,就是最核心的理论问题,没有"之一"。可是,为什么呢?为什么诺思会把"合作"放到这么重要、关键、核心的位置呢?根据我几十年来的阅读经验,似乎没有别的经济学者(无论是在经济学原理还是在制度经济学这个领域),把"合作"看成核心问题。那么,诺思的大哉问,到底原因何在?

我想,这应该是作者思考经济分析几十年并反复思考人类历史和社会现象之后的智慧结晶。根据作者的解释,"制度"(institution)就是"游戏规则"(rules of the game)。宪法等是大的制度,人际相处的风俗习惯等是小的制度。无论是大是小，制度就是人们在自己行事和彼此相处时所遵循的游戏规则。游戏规则既然为大家所遵守，就意味着彼此之间有共识、默契，共同支持这套游戏规则。抽象来看，"共同的支持"不就意味着是一种合作吗？

举一个简单的例子：当鲁滨孙和星期五相遇之后，一个人的世界变成两个人的世界。如果彼此相杀，不是你死就是我活，故事自然很快就会结束。可若非如此，而是两个人各自生活，彼此不相往来，或者两个人合作，共同筑屋、捕鱼、狩猎，就会隐含着某种合作；即便彼此不越界，也意味着彼此之间有共同遵守的默契。彼此不越界，是 1+1=2；更积极的合作，是 1+1＞2。因此，诺思纵览人类上下万年历史和社会，得到最根本、最重要的体会就是：人和人之间，如果能跨越彼此相杀这一关，就开辟了共存共荣的可能性。这么看来，诺思把"合作"当成最关键、最核心的理论问题，的确是慧眼独具，而且寓有深意。

这本书的第二个特色，是建立了一个非常简单、清晰、且很有说服力的架构，来描述制度的形成和运作。具体而言，在提出了大哉问之后，诺思利用三个章节的篇幅，描述制度是如何形成和变迁的。章名是"非正式约束"（informal constraint）。他延用波斯纳对原始社会的分析，具体解释：即使是在原始社会里，人和人之间总会有接触和共处（狩猎、御敌等）的机会。因此，会自然而然地形成一些风俗习惯共同遵守。大大小小的非正式约束，包括家庭之内的家规、个人自觉或不自觉的习惯，共同构成了生活的一套规范。人们遵循这套规范，不见得能解决所有的问题，但是可以大幅度地降低行为成本。

随着人类社会的发展，各种形式的组织出现。政府和随之而来的公权力成为普适的潮流和轨迹。公权力界定的各种法令规章，就是"正式约束"（formal constraint）。在发展次序上，通常是先有一些非正式约束，再逐渐确立为正式约束。而且，即使正式约束改变，很多非正式约束还是会延续下去。譬如，华人社会一向有重男轻女的陋习，中华人民共和国成立之后,这种丑陋观念并没有因为法律规定"男女平等"而立刻消失。

无论是正式约束还是非正式约束,如果能够发挥作用,必须有一套奖惩机制可以发挥作用。诺思就处理"实施"(enforcement)的问题。"实施"这两个字,也就是这一章的章名。

从这三章可以看出诺思的用心和功力所在。利用三个简单的概念(非正式约束、正式约束和实施),诺思便勾勒出制度最重要的特质,并且隐含了两个层次:一方面,制度的形成有时间的先后;先有非正式约束,再有正式约束;另一方面,制度能不能发挥作用,得到1+1＞2的结果,实施是关键因素。这三个简单的概念,提供了一个理论的框架。

经济学理论框架的三个层次

这一节的重点是阶段性的回顾:在全面介绍了经济分析的基本架构之后,我们来想一想这个分析框架的意义。还要思考一下,经济分析的优缺点以及与法学的关系。

前面我们介绍了经济分析的基本架构,这个基本架构是由四个环节所组成:分析的基本单位、行为特质、加总和均衡、变迁。就理论而言,这个简洁的框架至少有两点好处。

第一,这四个清晰的环节,具有提纲挈领的作用。当我们面对特定的社会问题时,便可以立刻联想到:要探讨的重点,即问题的关键所在,到底是四个环节中的哪一个环节。然后,针对该环节,像从各个角度打出聚光灯一样,我们希望能够尽可能完整地展现出问题的全貌。

第二,四个环节里的第一和第三个环节,分别是"分析的基本单位"与"加总和均衡"。前者是单独的个体,而后者是经过加总之后所形成的群体。这是从个体到总体、从微观到宏观的汇集过程,突显了两个不同的层次。经济学有两大分支:微观经济学和宏观经济学。由微观到宏观,表示微观是宏观的基础,而宏观是微观的汇集和加总。无论是微观还是宏观，都是基于真实世界的实际现象进行研究；这种特色清楚地说明了经济分析的性质属于实证性理论（a positive theory），而不属于如道德哲学般的规范性理论（a normative theory）。实证性理论的对错，可以设法让证据说话，以真实世界里的材料作为论辩的基础。而规范性理论，如果有了争议，往往在概念的世界里争论不休。两相对照，高下如何，读者不妨自己判断。

在这个理论框架之上，对于经济学本身，我们又该如何评估呢？对于经济分析的反省、批判、争议，学界已经累积了很多材料。我们不妨简单说明一二，先从优点开始。让证据说话，以我30余年阅读、教学和研究的经验（包括接触社会、政治和法律等其他学科的材料），经济学至少有三个明确的优点。第一，理论结构清晰、完整且严谨。在相当程度上，价值中立，不预设立场。而且，理论的适用范围很广，可以极广大，也可以尽精微。大至国际社会，小至家庭或个人，都可以分析。第二，抽象来看，经济学是一套分析社会现象、思考问题的架构，不只可以探讨生产商品的劳动、金融货币，也可以分析其他的社会现象。从1960年起，经济学者大量进入法学、政治学和社会学领域，成果斐然。这是强而有力且最好的说明，相反，其他学科的学者进入经济学的领域，并不常见。这种差异正反映了经济分析在性质上的普遍性。第三，学科的性质使然，经济学者经常能站在旁观者的立场抽象思考。久而久之，他们对于世事人情的观点，往往见他人之所未见。很多美国的大公司都会聘请经济学家担任顾问，即便这些经济学家的专业研究领域和这家公司的业务并没有直接关联。这里举两个具体的例子，以供参考：一是斯坦福大学的苏珊·阿西教授（Susan Athey），曾担任微软公司的首席经济学家；二是加州大学伯克利分校的哈尔·范里安教授（Hal Varian），也是著名的经济学家，同时担任谷歌的首席经济学家。

在强调了经济学的优点之后，我们不妨探讨一下经济分析潜在的缺陷或弱点所在。以我的体会，前三个环节（分析的基本单位、行为特质、加总和均衡）都已经过千锤百炼，经济分析的理论基础扎实有力。然而，第四个环节（变迁）涉及经济活动和社会现象的变化，有太多的可能性，所以不容易预测和判断。这个环节不是经济分析的强项。譬如，移动支付和共享单车，都是千禧年后的新生事物。现今，使用移动支付已经成为民众生活的一部分，而且国内移动支付商逐渐成为国际化支付平台。共享单车爆发式增长之后，一度产生很多单车"坟场"，未达到"均衡"状态。对于"变迁"，经济学者当然也可以归纳出一些共通性和规律性。但是，一旦涉及个别特殊现象，经济学家和普通人一样，洞察先机、未卜先知的可能性并不太大。无论如何，经济分析的理论，结构完整、基础扎实、解释范围广。诺贝尔经济学奖得主詹姆斯·布坎南曾言："和其他社会科学相比，目前经济分析还是独领风骚。"

就本书而言，经济分析有三个层次：第一层次是最基础的，由四个环节所组成的分析框架（分析的基本单位、行为特质、加总和均衡、变迁）；第二层次，运用这个简单的分析框架，可以探讨非经济活动和其他领域的社会现象（包括政治、社会、法律、历史等）；第三层次，不只是现象，而是针对抽象的概念提出分析，譬如，法学里"公平正义"的概念本身，就值得仔细探究。我们已经介绍了第一个层次，另外两个层次，在之后的内容里，我们将一步一个脚印地逐步阐述。

简单小结

第一，我们在介绍完经济分析的基本框架后，做了阶段性的回顾，并稍稍思考，经济分析的优势和弱点。第二，我们解释了经济分析的应用范围，有三个层次。除了具体的社会现象（包括经济活动、政治、社会和法律），我们还可以深入阐释"公平正义"等概念的深层意义。

第七讲
论战桑德尔：经济分析仅限于市场吗

桑德尔的忠告：金钱不能买什么？

这一讲里，我将以哈佛大学政治学教授迈克尔·桑德尔（Michael Sandel）教授为主，一方面介绍他的作品，另一方面是对于经济分析的反思。

桑德尔于 2012 年出版的《金钱不能买什么》（*What Money Can't Buy: The Moral Limits of Markets*），在很多国家和地区都高踞畅销书排行榜。桑德尔身为哈佛大学的讲座教授，以政治哲学为专业，对市场提出了质疑，对经济活动提出了反思，也对经济学者提出了忠告。

桑德尔对市场（和经济学者）的批评，不是借着公式或图表，而是借着一些鲜活的例子。桑德尔论述的方式，逻辑清楚：他先描述一些事实，而后从中提炼了一些深刻的洞察。书中的故事很多，其中有两个具体的事实，至少在经济学界广为人知。

第一个，献血救人，在很多社会里都是广受赞美且众人参与的懿行。然而，在一些社会里，卖血换钱也是一直存在的事实。桑德尔引述研究资料，解释了屡见不鲜的事实：在血荒时，如果医疗单位呼吁社会大众无偿献血，往往有立竿见影的效果。而如果医疗单位呼吁和征求的是社会大众卖血解困，甚至提高血液的收购价格，这样做不但效果不佳，往往还会导致献血的人数减少。

第二个，在以色列，有一项小规模测试：托儿所放学时，往往会有家长迟到，这增加了托儿所的负荷和困扰。后来，托儿所宣布了一项新的措施：凡是家长迟到，要缴纳"迟到罚金"。托儿所原本希望以价制量，借着设置罚金，以改善家长迟到的现象。没想到，结果出乎大家的意料：罚金措施公布之后，迟到的家长反而明显增加。

从这些生动的事例里，桑德尔归纳出市场（经济活动）的两点特质：第一，某些物品（东西）不在市场里交易，是因其性质，而一旦进入市场，成为交易的对象，性质就可能发生变化。献血卖血就是明显的例子。第二，一旦让金钱有了发挥的空间，很可能就排挤或取代了道德。原先道德能施加影响的范围反而可能缩小，甚至消失。有了罚款之后，家长们借金钱而换取迟到的权利，原先家长们守时、体谅托儿所的歉疚之情，反而大幅降低。

除此之外，桑德尔还进一步对经济学者提出忠告：市场里的经济活动（以及必然涉及的金钱）并不是"价值中立"（value free）的。市场和经济活动与道德之间，有着微妙而重要的联系。对于市场和经济活动所涉及的深层价值，经济学者值得结合道德哲学和政治哲学进行研究。当然，意在言外的是：道德是人类社会的基础，在市场和经济活动里，也应该（或更应该）受到重视。

桑德尔的书引发了经济学者一连串的讨论，主要的论证可以约略总结成以下四点。

首先，货币金钱和买卖交易，会改变物品（东西）的性质，这符合情理。送病人一束鲜花和送一张百元面值的购物券，给人感受不太一样。献血和卖血的情况类似。然而，面对血荒，一种方式是道德劝说，鼓励民众无偿献血。另一种方式，是鼓励买（卖）血。即使如此，可能会令一些潜在献血者却步，但如果血荒持续，血液的价格提高，效果未必比道德呼吁来得弱。原因之一是，金钱很容易转换成别的价值，而别的价值（包括道德）之间不一定容易转换。就公共政策而言，很多时候，金钱这种价值的效果直接而明显——是呼吁驾驶人遵守交通规则，还是增设监视器、摄像头和规定违法罚款，两者之间的效果如何，无须多言。

其次，经济分析的逻辑性很强。因此，经济学家在分析问题时，往往先针对一个因素考虑：当这个因素改变，而"其他条件"不变时，情况会是如何？价格上升，需求量减少，是经济学里根本而重要的需求定律，普遍成立。以色列托儿所推出"迟到罚金"，迟到的家长反而增加，看起来违反了需求定律，其实不然，因为"其他条件"已经改变。对于迟到的家长而言，原先是借交情请托儿所帮忙，万一出了问题，自己要承担相应责任。为迟到付罚金之后，形成了一种契约性关系：家长付钱（罚金），托儿所照顾幼儿。托儿的责任，已经由家长身上转移到托儿所身上。因此，迟到的家长增多，完全合乎情理。值得进一步探讨的是，如果罚金继续增加到何种程度，迟到的家长会开始减少呢？这时候，需求定律又回到以简单直接的面貌出现。这些考虑在后续的研究中也都已得到证实。

再次，对于市场，桑德尔提出许多疑问，特别是援用道德，在道德的量尺上对市场做出价值判断。经济学的核心概念是成本，就是说，运用资源（做事情）有很多方式，若不采取这种方式，替代方案（机会成本）又是什么？换句话说，桑德尔指摘以市场运用资源，有可议之处。这种指责只是故事的一半。另一半，是除指责之外，能负责地提出有效的替代方案。众所周知，市场经济的替代方案之一是计划经济。在理论上的论对，容或还有孰优孰劣的未定之论。

最后，是论述的方式，也就是涉及方法论。经济分析已经有一套众谋金同的基本架构，在理论或实证上循序渐进。然而，桑德尔的论述，最多只算是个案研究。既没有揭示一以贯之的分析方法，也没有论证在哪些条件下，市场会对道德带来冲击。就严谨性和一般性而言，桑德尔的论述还有很多待填补的空间。当然，一部作品所应承担的责任有限，桑德尔能引发大家（特别是经济学者）的思考，就已经做出了重大贡献。他做了很好的引言，后面的篇章显然还有待来者。

经济学家的回应：市场的本质

这一节，是延续上一讲对桑德尔的讨论。上一节的重点，是桑德尔对市场和经济活动的疑问，以及经济学者的回应。这一节的重点，是经济学者本身的省思。对于经济活动和市场，经济学者的体会值得向一般社会大众说明。

这一节我将另辟蹊径，针对"市场"和"道德"这两者，由不同的角度打出聚光灯：一是阐释市场和经济活动的意义；二是主要把市场和道德联结在一起。

一叶可以知秋，桑德尔的书名《金钱不能买什么》，已经隐含了对经济活动和市场的质疑。货币和金钱是经济活动的媒介和成果，而不是灵丹妙药。可是，经济活动和市场的正面意义也值得我们仔细琢磨。具体而言，经济活动和市场，特别是在工业革命之后，给人类社会带来了巨大的冲击。主要的几点正面意义，可以简单阐释如下。

第一，在传统封建社会里，财富主要靠世袭、战争或掠夺而来。工业革命之后，大量生产使经济活动大幅扩展，中产阶层形成，人类的生活质量不断提升。这一切巨变都是围绕着市场进行的。再详细说明一些：工业革命带来量产，而量产使经济活动蓬勃发展。通过市场的交易，买卖双方互蒙其利。在供给侧，随着市场规模的扩大，企业家得到可观的利润，利润再投入研发和生产，创造更多的利润。在需求侧，随着商品种类的多样化和价格的普及化，消费者有能力购买更多的产品。经济活动的内在动力，使市场的范围（深度和广度）越来越大。

中产阶层快速形成，生活水平、医疗卫生、教育等各方面，都有长足的进展。毫无疑问，随着物质条件的改善，人的尊严感也普遍上升，这是不争的事实。主要的驱动力是人们改善自己的物质条件、追求利润的动机，而其间的媒介就是经济活动和市场。

第二，经济活动和市场有很多特质，利弊掺杂。弊端之一是，市场交易必须是有生产力的人才能参与。对于身体或智力有缺陷的弱势群体，如不具备生产力，自然就不能享受经济活动的果实。尽管这是事实，但随着中产阶层的扩大和财富的累积，国家所取得的税收也愈益可观。在各种公共政策照顾下，事实上弱势群体的福利已得到前所未有的维护。事虽小，但可以透露许多信息。比如，现在在任何稍有规模的城市里，人行道上都铺有盲道。20世纪80年代以前，虽然没有盲道，但是必然有很多的盲人。因此，随着经济活动的发展，不但中产阶层（社会的主流价值）的福利增加，弱势群体（包括各种小众文化爱好者）也得到史无前例的照拂。

第三，伴随着经济活动和市场的不断扩大，人们的理性程度也逐渐增加。这一点微妙而重要，但一直被忽视。值得我们仔细琢磨。具体而言，我们先想象一个传统的农业社会，春夏秋冬，周而复始，生活里的大小事项，都有历代相传、众人所知的风俗习惯。只要遵循风俗习惯，每个人便不需要动太多的脑筋。而维系风俗习惯的，就是道德上的对与错，以及对应良心上的自我（内在）和他人（外在）奖惩。因此，在一个传统社会里，个人行为所依恃的主要是风俗习惯的遵循与否，以及所对应的奖惩。既然风俗习惯的维系和道德密不可分，传统社会里充斥着是非对错的价值判断也就不足为奇，即遵守老祖宗世代相传的做法是对的，违反众谋佥同的规矩是错的。每个人所面对的选择是对与错之别，因此个人自主思考的成分小，风俗和道德主导的成分大。

相形之下，在现代社会市场经济中，一个人走进超市，看到可口可乐一瓶1.5元，百事可乐一瓶1.6元，七喜汽水一瓶1.7元，选哪一种饮料，看个人好恶，和对错无关。同样的道理，由北京到上海，可以搭飞机、自己开车或坐高铁，看各人情况，可以有不同的取舍，没有所谓对错。而且，生活里我们的目光所及、俯首可拾的，是各种直接或间接、明白或隐晦的"价格"：出租车、公交车、电动车或自己开车，公立学校、私立学校、才艺班、补习班、家教，等等。每个人根据自己的情况，斟酌损益，做出对自己而言较好的取舍，没有太多的风俗习惯可以依恃，而这些也和对错无关，更和道德高下无涉。不知不觉之中，每个人曾逐渐习惯的，是良窳高下的思维，而依恃的参考坐标，是环境里生活中无处不在的各种信息。人，不再跟着风俗习惯走，而是跟着自己的取舍走。日积月累，随着人的思考判断的能力增加，理性的程度也逐渐上升。毋庸置疑，这种悄然发生的变化，与经济活动和市场密不可分。

　　再进一步，市场里多数经济活动的特质，是"用钱说话"，即有多少钱，就有多少话语权。经济发展之后，民众先享有经济权利，而后自然而然地要求政治权利。这种思维与其归因于民智大开，追根究底，不如归诸更根本的经济权利推动政治权利。民主化和市场化不是一体两面，而是有先后之别、相随而至。先有市场化，才引发民主化。而且，有了经济基础的民主化，才可长可久。其中所隐含的，是与经济水平相匹配的法治水平，以及民众普遍的理性思维。

第八讲
信息经济学与法律

这一讲我将阐释信息和法律之间的密切关系。无论在法学领域或经济学领域，这都具有开创性的意义。

探讨信息和法律的关系，在智识上的重要性和兴味，我们可以由两点来阐明。

第一，波斯纳的著作《法律与文学》(Law and Literature)所涉及的已经是卓然有成的研究领域。一方面，文学戏剧里，关于官司的题材自古已有，无比丰富。另一方面，法律的表达、判决书的描述、两造的辩护等，都是通过语言和文字传递的，因此，司法运作里的语言和文字的元素值得探究。由文学到法律，由法律到文学，重要性都是一点就明。然而，无论文字或语言，其本身只是媒介，是传达信息的工具或载体。如果语言文字和法律关系密切，更根本的信息因素可能更值得探究。

第二，会计学和法学，尽管看起来相隔甚远（除金融法之外），然而，我们稍稍琢磨就很清楚，这两个学科都是在处理"规则"。随着信息经济学的发展，会计学里已经有相当比例的研究是在探讨处理财务的信息问题。相形之下，法律本身就是规则，可是在一定程度上，法学的理论基础还是道德哲学。信息经济学的研究成果和智慧结晶对法学研究几乎毫无影响。从知识的传递和累积来看，可以说是一种很令人讶异的状态。因此，如果信息这个因素已经对会计学带来根本性的变化，那么，在本质上与会计学有相当大交集的法学（都是在处理规则），或许也可以把焦点从道德哲学上稍稍移开，转而关注规则背后所蕴含的根本因素——信息。

法律与文学的互通性以及会计与法律的共同性，为本讲提供了智识上的背景。在下文里，我将以更直接的方式，借举例的方式阐明信息和法律的重要关联。而后，我将逐次论证，一旦纳入信息这个因素，将会如何增加法学研究的养分，如何使法学理论更为厚实稳健。

信息经济学简史

在这一节里，我将简单回顾信息经济学的背景；在下一节里，我再简要介绍信息经济学的、特别是和法律相关的重要内容。我希望在信息和法学之间搭建起一座有意义的桥梁。对于信息经济学的背景，我将从两个角度来说明：一是理论上的发展；二是广为经济学界和法学界所（熟）知的科斯定理。

近代经济学的发展，可以将亚当·斯密于1776年出版的《国富论》视为分水岭，至今不过200多年。然而，掀起经济学里"信息革命"的，则是1960年后的几篇重要论文。

传统的经济学理论一直假设"信息是完整的"。1961年，美国经济学家芝加哥大学教授乔治·施蒂格勒发表论文，把"信息"这个因素纳入经济分析。他的故事很简单：如果有人想买一台电视或冰箱，在前网络、前手机时代，总要经过一个搜寻（search）的过程。市面上有哪些品牌、规格、特性、价格各是如何？如果消费者要去看看现货，又该去哪些实体店？因此，搜寻需要耗费时间、人力、物力的成本，而取得的信息是有价值的（效益）。人们经过权衡取舍（数学模型），可以决定对个人而言最好的搜寻法则。

1970年，经过多次退稿后，美国经济学家乔治·阿克洛夫（George

Akerlof）发表经典论文《柠檬市场》（The Market for 'Lemons': Quality Uncertainty and the Market Mechanism），由另一个角度阐释信息的重要性。他用的例子是二手车的市场。在旧车市场里，卖方（车主）知道自己车辆的质量，而买方并不清楚，因此，市场里旧车的价格，只好以车辆的平均质量为标准。可是，如果自己的车的质量高于平均质量，却只能得到平均质量所对应的价格，显然不划算，因此，这种车主就逐渐不卖车了，二手车市场的车辆的平均质量因而下降。经过这种合乎情理的崩解过程，即使有人想买，有人想卖，旧车市场也可能因而消失或大幅萎缩。因此，信息对市场结构、交易模式、买卖结果，都有明显的影响。

英国经济学家詹姆斯·莫里斯（James Mirrlees）也于1976年发表宏文，为信息经济学的发展另辟蹊径。老板（委托人，Principal）雇了员工（代理人，Agent）做事，可是老板不可能一直盯着员工，员工也可能远在千里之外。因此，在委托—代理关系（principal-agent relation）中，为了避免员工浑水摸鱼的道德风险（moral hazard），老板必须设计薪酬契约，让员工的行为符合老板的利益。这是激励相容（incentive compatible）的概念，在中文典籍里，我们也可以找到类似的描述，如老子的《道德经》中，"功成事遂，百姓皆谓我自然"。范仲淹的《岳阳楼记》里有一句，"先天下之忧而忧，后天下之乐而乐"。

员工浑水摸鱼是签约之后的行为，而另一种信息上的问题，发生于签约之前。美国经济学家约瑟夫·斯蒂格利茨（Joseph Stiglitz）在一连串的论文里论证：保险市场里，健康情况不好的投保人，会谎报身体状况良好，选择对自己有利但有损保险公司利益的保单。这是逆向选择（adverse selection）的问题，也必须对症下药，在合同的设计上预为之计。

前面我所介绍的，都是设计交易过程中买方或卖方的问题。一旦同时涉及买方（供给）和卖方（需求），就可能隐含信息不对称的考验。医学院每年都有许多毕业生，这些毕业生将被分配到各个医院去实习。根据专业、地域偏好、成绩等条件，实习医生有各自的理想医院排序，而各地医院根据各自的情况，也有各自的理想的实习医生的排序。在众多毕业生（供给）和众多医院（需求）之间如何搭配，才能各得其所、皆大欢喜？这就是机制设计（mechanism design）里的双边配对市场（Two-Sided Market Matching）问题。美国经济学家埃尔文·罗斯（Alvin Roth）发表了一系列的论文，研究这个信息上的实际问题。高考后的分配，性质上不分轩轾，重要性不言自明。

在信息经济学这个新兴领域里，这几位学者都做出了开创性的贡献，不仅促进了经济学的发展，也先后得到了经济学的桂冠——诺贝尔经济学奖。（施蒂格勒，1982年；莫里斯，1996年；阿克洛夫，2001年；斯蒂格利茨，2001年；罗斯，2012年）

科斯于1960年发表的文章《社会成本问题》，被公认为是法律经济学的奠基之作。这篇论文在经济学和法学领域，是被引用次数最多的英文文献。令人好奇的是，原因何在？为什么这篇论文对法学界和经济学界都造成巨大的影响？这显然又是一个信息问题。

对于这个问题，我可以从两方面尝试提出解释。一方面，科斯于1960年以及早先于1937年发表的论文，都是关于处理交易费用（交易成本）的问题。简单说就是，人际交往/交易所要耗费的资源就是交易成本，包括人力、物力、时间等。人们稍稍琢磨一下就可以体会到，交易成本无所不在，但明确指出这个重要因素的经济学者，科斯是第一位，因此，其在学术界的重要地位可想而知。前一节我所介绍的几位重量级经济学家，在经济学这个领域都有重要的贡献。他们所探讨的问题（搜寻、道德风险、激励相容、逆向选择、双边配对市场等），表面上是信息问题，但本质上就是交易成本问题。换句话说，追根究底，交易成本其实是由信息问题所引发的。另一方面，法律所处理的问题，也是由人际互动所衍生的，而无论是除弊（摩擦冲突的善后）还是兴利（规则秩序的雕塑），都可以从交易成本的角度来体会。由交易成本这个概念出发，可以对法律或法学问题有新的、不同的解释。因此，交易成本的概念，一方面涵盖了信息经济学的重要领悟,另一方面又直指法学根本议题的核心。科斯论文的影响力长久不衰,可以说是有以致之。

当然,智识的积累是站在前人(巨人)的肩膀上前行。对于名闻遐迩的科斯定理,我们也可以指出其局限性,再添新意。具体而言,科斯定理是指:"如果交易成本为零(或很小),那么,无论财产权如何界定,资源的运用都会是有效率的。"关于"有效率",科斯是指"社会的产值会最大化"。然而,后见之明来看,科斯定理本身是自相矛盾的。原因很清楚:衡量产值,一定要有某种度量衡作为衡量的尺度。众所周知,之所以需要度量衡,是因为存在交易成本。在交易成本为零的世界里,并不需要度量衡,而没有度量衡,也就无从判断产值的大小与高低。换句话说,"交易成本为零"和"产值最大化",是两个彼此冲突的概念,不会同时成立。

然而,逻辑上有问题,并无损于科斯定理的洞见和启示。对法学而言,科斯定理的意义,至少可以归纳出以下四点。第一,当交易成本趋近于零(交易成本越低),资源的运用通常越有效率。因此,在界定产权和设计各种规章制度(包括法律)时,应该设法降低交易成本。第二,真实的世界里,交易成本不为零,所以值得探讨不同规章制度所隐含的交易成本。第三,当交易成本很高,市场里自愿性的交易无法出现时,法律(代表社会的纳税义务人)就值得"模仿市场"(mimic the market),把资源赋予最能有效运用的那一方。第四,在许多法律问题上,"正义"的身影并不清晰,由效率观点着眼,可能更有说服力。追求效率,就可以把"产值最大化"当作评估的指标,而波斯纳的"财富最大化"(wealth maximization),正是产值最大化概念的延伸。

一言以蔽之,对于科斯定理、交易成本和信息这三个概念,在法学研究上还有很大的发展空间,还有很多待开垦的沃土。

信息经济学的三种分类方式

上一节,我以几位经济学者为背景,描绘了信息经济学的发展。

这一节里，我将简单列举信息经济学里的重要概念，并尝试和相关的法学概念做联结。

信息、诱因和信息不对称

在信息经济学的文献里，问题通常可分为两大类：信息问题和诱因问题。

一般来说，信息问题相对简单，如：买冰箱、找房子、求职等。在这些情境里，当事人希望能取得有意义的信息。当然，信息不会从天而降，而是要当事人耗费心力和时间去筛选和过滤。即使上网搜寻，也需要当事人费时费力和耗用流量。因此，信息是有价值的，人们愿意付出多少资源以取得信息，自然要考虑成本和效益。

相形之下，一般而言，诱因问题涉及两个主体之间的互动，诸如："女为悦己者容""仇人相见分外眼红""君子报仇，十年不晚""十年树木，百年树人""上梁不正下梁歪""礼尚往来""近悦远来""童叟无欺""杀鸡儆猴"等词语，都隐含了不同主体之间行为的往来。而且，彼此的行为有着互为因果的连带关系。"以牙还牙，以眼还眼""以子之矛，攻子之盾"，都巧妙而精确地勾勒出彼此互动的诱因成分。进一步琢磨，诱因问题的根源往往是彼此之间存在着"信息不对称"（asymmetric information）。譬如，消费者不知道产品的好坏，厂商就会借着广告、名人背书、提供服务热线、产品认证书等，希望尽量消除信息不对称的影响，进而促使消费者相信产品的质量。

在法律里，与信息和诱因相关的概念俯首可拾：无因管理、善意第三人、表见代理、无过失责任、连带责任、背书、故意/过失、虚假陈述、诚实信用、信赖利益保护、商业秘密，等等。我们稍微思索即可发现，如果问题涉及两个行为主体，关键因素往往就是信息不对称。法律界定了个人行为的范围和界限，抽象来看，正是信息问题和诱因问题。

单回合博弈、多回合博弈和最后回合博弈

关于信息问题的性质，另一种区分的方式是"单回合博弈"（one-shot game）与"多回合博弈"（repeated game）之别。

单回合博弈，顾名思义，是彼此只交手过招一次，就从此别过，各奔西东，不再相会。在这种情境里，通常只有信息问题，而没有诱因问题。观光游览区里，常出现的宰客事件是典型的单回合互动。在高铁或飞机上，我们与一面之缘的邻座交谈的内容和遣词用字，通常就与邻居或同事说的不同。

相形之下，相亲和面试，虽然看起来是单回合交往，但是其实双方对未来有某种预期，因此在言行举止、妆容打扮上也和平日不同。根本原因就涉及了多回合博弈的奖惩功能。诸如："你敬我一尺，我敬你一丈""饮水思源""寄人篱下""守望相助""情同（逾）手足"等词语，都隐含了多回合互动和奖惩机制。

最后回合博弈（last period game），是多回合博弈的一种特例。既然是最后回合，显然就有倒数第二回合等。因为是最后一回合，所以奖惩无从在未来发挥作用。即将退休的老员工倚老卖老、工作漫不经心，都是同样原因。在激励的设计上，就值得预为之计，以发挥诱因的效果。

在法律里，单回合博弈与多回合博弈的考量（以及潜在的信息和诱因问题），也所在多有。比如，广告不实、背信、侵占、越界、职业打假、假离婚、卖房隐藏关键信息、冒龄延退、联合垄断，等等。有些问题，表面上看起来是单回合博弈，但我们仔细琢磨就能发现，由多回合博弈的角度，可以更清楚地掌握问题的性质和法律的因应之道。譬如，如果是故意伤害，嫌疑人往往事前精心策划，事后抹去作案痕迹，一旦被捕，通常有准备好的说辞。因此，看起来是单回合博弈的伤害，其实涉及多回合博弈的行为。在惩罚上，就值得加重刑责，以提供适当的诱因，发挥吓阻的作用。

贴标签和放信号

信息/诱因/信息不对称和单回合博弈/多回合博弈/最后回合博弈，是两种不同的角度。除这两种分类的方式之外，还可以从贴标签和放信号（signaling）的区别，体会信息经济学的精髓，以及和法律问题的关联。

图 2-7 和图 2-8 中，分别呈现出贴标签和放信号的意义，以及重点所在。

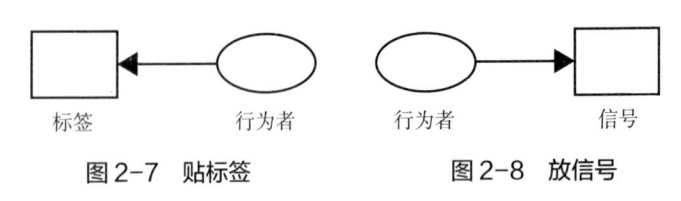

图 2-7　贴标签　　　　　图 2-8　放信号

在面对人、事、物时，行为者会自然地经过"认知"和"赋予意义"的心智过程。赋予意义，即无论正确与否，先贴上一个标签。贴标签行为无处不在，因为这样可以大幅降低人们的思考成本。而且，人不只给外在世界贴标签，也会给自己贴标签，即根据自己所认定的"自我形象"，决定衣食住行上的各种取舍。

在司法运作里对法律条文的解释、对人证与物证的解读、对两造论对的取舍，都涉及认知和赋予意义，也就是在贴标签。即使是对刑案现场的回忆，也是根据当事人或证人所做的描述（运用各种名词和形容词，即是标签）还原。即使有监视器还原，也无法呈现案发当时各个当事人的心理状态和脑中所想。可见，人是活在标签的世界里，而司法运作也是如此。标签的精致或粗糙，显然有很大的裁量空间。

和贴标签相对的，是放信号。刘邦入关中的约法三章（"杀人者死，伤人及盗抵罪"），是在大乱初定时放出清晰的信号，有实质正义而没有程序正义。判例法系的判例、成文法系的司法解释，都是对社会大众放出信号，揭示司法将如何运作。法庭里庄严凝重的摆设，法官、检察官和律师的服饰及遣词用字，也无不在释放明确的信号：法庭重地，谨慎从事，轻忽不得。法官依职权进行审判，不受其他力量干预，更是"法治"（rule of law）这个普适价值的信号。

一言以蔽之，整个司法体系的运作，就是在不断地放信号和贴标签，以希望通过这个持续进行的过程，达到社会大众的期望，实现正义。

简单小结

在这一节里，我从三个不同的方向切入，简要描述了信息经济学的核心概念，并且尝试和法律做出联结。信息和诱因，前者强调信息的稀缺和价值，后者则强调不同个体之间的互动。信息不对称是人际互动交往/交易的常态，是交易成本的根源所在。单回合博弈和多回合博弈，是由互动是否重复，衬托出信息和诱因的差别所在。关键所在，是多回合博弈互动时，奖惩机制可以发挥作用。单回合博弈，双方本身不容易运用奖惩。贴标签和放信号，是从旁观者和信息的角度，具体而微地勾勒出司法运作的特质。毫无疑问，由这三个方向阐释信息经济学，并尝试和法律联结，本身就是对相关信息的剪裁和取舍。

中华文化的土壤

法律是社会的产物，而社会更是文化的产物。把视野扩大到文化，更适合琢磨层次较高的问题。在这一节里，我将针对中华文化，由信息的角度，尝试探讨几个根本问题，并与法律联结。

李约瑟难题

英国历史学家李约瑟（Joseph Needham）曾经提出一个令人好奇的问题：在17世纪之前，中华文明的科技程度领先于欧洲，可往后却没有再登高峰，而且明显地落于欧洲之后，这是为什么？他的困惑可以浓缩成一个著名的大哉问："为什么工业革命没有发生在中国？"

这个问题很有挑战性，中外学者都尝试做出回答，然而，大部分的讨论停留在理论层面的猜测，这些虽然也有启发性，却不如拿出证据来，更有说服力。到目前为止，最有想象力且最直接的证据，是对中国历史上的几次知识的盘点。知识结构的变化可以间接回应李约瑟难题。

具体而言，自汉朝开始，历代朝廷曾对当时的书籍做过7次整理，编成《汉书》《隋书》《四库全书》等艺文志或经籍志。而从分类（经史子集等）里，我们可以大概看出人文科学和自然科学书籍的占比。自然科学（天文、农技、器物等）书籍所占的比例，有三点明确的特质：第一，在各个朝代里，自然科学书籍占比都不高，自宋朝开始，更有明显的下降；第二，下降的趋势和独尊儒术及科举取士的发展，彼此呼应；第三，到清代时，自然科学书籍的占比已经下降至5%，大部分的书籍都是文史哲类著作。

结论很简单，古代中国几千年来的知识（信息）结构重人文而轻自然科学。这种知识结构和西方重物理、化学、数学等学科的知识结构，显然有巨大的不同。苹果树上长不出橘子，在古代中国的知识结构的土壤里，不容易孕育出工业革命的种子。清末知识分子强调的"中学为体、西学为用""师夷人之长技以制夷"，更是为李约瑟难题抹上了浓浓的悲壮色彩。

独尊儒术的轨迹

中华大地的地理结构很特别，南有崇山峻岭，西有沙漠阻隔，东有大海屏障，也就是说，中原只要能挡住北方的草原民族，就是一个完整自足的地理区块。一旦舟车等运输工具发展到某种程度，很容易就形成一个统一的国家。四周的邻国，如韩国、日本、泰国、越南等，在规模上都相形见绌。

因此，两个因素相互影响之下，很容易形成大一统、中土、中国（世界的中心）等思想。汉武帝开始独尊儒术，更将古代中国人在思想上定于一尊。脑海里的世界（思维）和外在的世界（天朝）彼此呼应，成为古代中国的重要特质之一。

简单小结

长期来看，一个社会的文化特质会影响这个社会的走向，受路径依赖的影响。而文化特质是由这个社会主客观条件长期形塑而成的，一旦稳定，即可视为均衡，隐含了"文化基因"。这些概念都已经广为人知，卑之无甚高论，但对中华文化而言，知识结构的特质（李约瑟难题）、定于一尊和思维配套（独尊儒术），却一直没有得到太多的重视。进一步而言，文化传承和司法体制之间的关联，相关的讨论更是凤毛麟角。

本节提升了论述的层次，从传统文化特质的角度（李约瑟难题、独尊儒术），探讨了法制发展的走向。结论其实简单明确，即让证据说话。希望本文所呈现的材料（信息），能阐明信息和法律的密切关联。把信息这个因素纳入分析，希望能为法学研究掀起新的、有意义的一页。

专题三

经济分析的主要方法

第一讲
"成本效益"分析法

降低成本是人的行为重要的决策模式,因此,对行为、制度的成本效益分析,就成了立法和司法的一种重要的思维方法,目的在于实现资源的优化配置,实现较优的效用。

但"成本效益"分析法也经常受到法律界的质疑。比如,在成本效益分析中,把人看成是自私的,背离了法律人对公平正义的高尚追求。不过,真是这样的吗?

成本效益思维的场域

美国经济学会前会长爱丽丝·里夫林(Alice Rivlin)教授是研究财政问题的出色学者。她不止一次地提醒经济学者要"多强调经济学者之间的共同点,不要老是扩大彼此的分歧,免得在提出各种政策建议时各说各话,让政府无所适从,结果是欲益反损"。

里夫林教授的这段话很有启发性。其实,经济学者不只应该少浪费些时间和气力彼此攻讦、自乱阵脚,更应该多花些心思去找出和一般民众的共同之处。然后,以老妪能解的观念作为起点,再设法提升社会大众在思辨取舍上的判断力,进而提高经济活动的效率和民众的福利。

以成本效益分析为例,经济学者认为成本和效益很重要,但一般民众直接的反应是：很多事情是不能或不应该讲成本效益的。譬如，维持人的基本尊严有多少效益？教育是千百年大计，为了培养下一代，应该计较成本吗？建一个公园能为民众提供休闲的去处，除绿化市容之外，还可以改善空气的质量，这些无形的好处难道能用金钱来衡量吗？

这些都是民众很平实、认真的质疑。经济学家必须同样平实、认真地去试着沟通彼此的观点，在说服自己之外，更要能说服大众。

每个人都可以问自己这样一个问题：如果由我来支配一亿元的预算，我会怎么用？也许有人会花在改善交通设施上，有人会用来调整公务员的薪水，有人觉得该多聘一些教师……大家意见纷纭，刚好反映出每个人的偏好不同，这不足为奇。重要的是下一个问题：为什么你觉得钱这么花比较好呢？

这时候，每个人大概都能说出一番道理，说明自己舍东隅而取桑榆的原因（"我认为改善交通比其他的事更迫切"等）。可是，如果你能说出一番取舍的道理，这不就隐含着你认为在成本都是一亿元的情形下，做某些事的效益比较高吗？这不就是成本效益的分析吗？

如果现在要花的钱不是一亿元而是千亿元或万亿元，你是不是也会觉得在取舍上要更慎重一些，更精细一些？除了从直觉上衡量轻重，你还要把不同的议案做比较具体的评估，然后再做取舍。这样是不是就能尽量避免犯错？

事实上，成本效益分析就是经济学者根据专业的素养，用较精确的方式所做出的评估。在花（大笔）钱之前，这不是值得做、应该做的事吗？当然，为了对不同的支出项目做比较，成本效益分析往往用金钱作为衡量的尺度。因此，有些无形的、间接的、可能产生的成本和效益在估量上并不容易，甚至在经济学者之间也有相当多的争论。可是，这只表示要设法使成本效益分析更周全、深入，而不是要舍弃不做。试问，如果不做成本效益分析，预算的配置纯粹以主事者个人的好恶为取舍，难道比较好吗？

成本效益的观念，不只对政府规划预算很重要，对每个人的日常生活而言也很重要。你为什么要选这个职业？为什么要买这种品牌的汽车？为什么要住在这里？为什么要选这款衣服？这些看似稀松平常的选择，背后都隐含着成本和效益的考虑。当然，估量成本效益的质量，显然有精致和粗糙的高下之分。

因此，一般人总觉得经济学深奥难懂，这是误解，而且经济学者对这种误解也应负一部分责任。1991年诺贝尔经济学奖得主科斯自言，他的某些最重要的理论都是由日常生活经验归纳而得。他认为经济学者的责任之一，就是设法把各种精致的经济理论再还原成老少咸宜的常识。

从成本的观点来看，厘清事情的是非曲直要比在道德上论断高下容易得多。有人说经济学者似乎确是道德情怀阙如、人味欠佳的异类。但是，经济学者真的麻木不仁吗？还是他们的观点是情感和理智折中之后的取舍？

以"法律面前人人平等"这个观念为例，依道德的尺度来考虑，这当然是现代民主社会所服膺、所追求的标杆。可是，对经济学者而言，这句话的内涵到底是什么呢？

打民事官司时，钱多的一方可以请较好和较多的律师，赢的概率显然要比不请律师的人大得多。因此，法律面前并不是人人平等。当然，这是现实情况的刻画，还不是问题的焦点。对一般人而言，最重要的是，司法体系本身能让大家在法律面前有何种程度的平等？如果我是少数民族，不通晓普通话，我打官司时法院有没有传译人才帮我传译？传译人才是不是好到能充分表达我的意思，也能让我清楚地明白其他人的意思？也许出庭兴讼的少数民族不多，所以法院无须常设普通话的传译人才。但是，在有需要时，是不是能适时雇用适任的人呢？

在这层意义上，法院愿意让"法律面前人人平等"到什么程度，显然要看法院有多少经费可以提供传译的服务。这也要看政府愿意拨多少预算给法院。追根究底，这又要看社会大众，也就是你我，愿意缴多少税来实现"法律面前人人平等"。这也就表示,为了维护这个道德上大家都接受的标准,我们不得不从成本的角度来思考实际的问题。事实上,每一个人都可以自问:我愿意缴多少税,来实现"法律面前人人平等"这个原则?同样,我又愿意缴多少税,来实现"国民有受义务教育的权利"这个目标?也许根据道德上的考虑,你我不太能判断自己愿意付出多少,但从成本上考虑,却能一窥端倪。

千万人之心,一人之心也。经济学者当然也(没有忘记自己)是人,也有人味。可是,当大多数人都在仁义道德里摸索打转时,经济学者只好做些摇旗呐喊、螳臂当车的事。只有当大家都能有点成本的意识,而且能比较平实地面对问题的时候,或许经济学者才能享受"后天下之乐而乐"的奢侈吧。

简单小结

这一节强调了两个重点。第一,成本效益的思维,不只对处理公共事务有参考价值,在一般人日常生活里也无所不在。第二,司法体系的运作,要耗用可观的人、财、物。在追求正义时,更值得考虑所运用的珍贵资源。一言以蔽之,经济学是源自对人类日常经济活动经验的探讨,但是所发展出的成本效益分析,却可以运用于人类活动的各个领域。抽象来看,这是不折不扣的"取之于民,用之于民"。

经济学使人更自私吗

这一节的内容将延续对经济分析的省思,主要是关于经济学者之间的争论。我们不妨稍稍体会:对于自己的学科,经济学者又是如何追本溯源的。

经济分析当然范围很广,不过,商品劳务、生产买卖、货币银行等,总是经济学者关注的重点。而在从事经济活动时,卖家免不了要考虑成本效益是盈是亏,久而久之,计算得失便成了他们习惯和不自觉的反应。经济学者以探讨经济活动为主，日积月累，是不是也会变得锱铢必较？简单总结成一句大白话：学经济学，会不会使人变得更自私？

问题很明确，怎么找答案、让证据说话呢？有些经济学者想出一个好办法：借着问卷调查，比较不同背景（即学经济学和不学经济学）的人的答案是不是有明显的不同。针对这个议题，就有不少经济学者投入研究，做了许多测试，然后把结果发表在学术期刊上，唇枪舌剑地辩论一番。

其中一个测试非常有趣，涉及一个名为"最后通牒"的游戏。游戏规则其实很简单：游戏中有 A 与 B 两方，第一步，A 手中有 10 元；第二步，A 把 10 元分成两份，一份给自己，另一份给 B；第三步，由 B 决定要不要接受这样的分配方案，如果 B 接受，则按此方案进行资源分配，如果 B 不接受，则双方均不会获得任何收益。

这个游戏，后来被称为"最后通牒博弈"，因为在性质上，不管 10 元分成的两份之间相差多少，给 B 的已经确定，无从谈判，B 只能选择接受或不接受。若不接受，就是两败俱伤，双方都不会获得任何收益。我们不妨分别从两个角色来考虑：如果自己是 A，10 元会如何来分，给 B 的那一份将是多少？如果自己是面对"最后通牒"的人，给自己的那一份超过多少比例，自己就愿意接受。或者，换一种思考方式，如果自己是 B，两份之间的差距超过多少时，自己宁可两败俱伤，也不愿接受这种分配方案？

我们来让数据说话，先看看别人的反应，特别是一般人和经济学专业的学生之间有没有明显的差别。类似的问卷，研究人员曾针对不同背景的参与者进行多次测试，结果很稳定。

首先，考虑 A 怎么分。面对 10 元，没有经济学专业背景的人，大概分成比例为 6∶4 或 5.5∶4.5。有经济学专业背景的人，大致分成比例为 7∶3 或 7.5∶2.5。很明显，有经济学专业背景的人留给自己的多，留给别人的少。

其次,考虑 B 如何反应。如果两份之间差距很大,如 8:2,即 B 只得 20% 或更少。有相当比例的没有经济学专业背景的测试者会拒绝接受,宁可选择两败俱伤。相对的,有经济学专业背景的人,即使分配差距很大,看起来是不公平的分配(8:2),通常也会接受。面对这些测试结果,经济学者有不同的解释。不过,在进一步斟酌谁是谁非之前,我们不妨先想一下:"最后通牒博弈"这个游戏,如果我是 A,到底怎么分配是较好的呢?如果我是 B,又该如何取舍呢?

对 A 而言,他的最佳策略是分配比例越悬殊越好。因为就算分给 B 的只有一点点,如 9.5:0.5,B 还是会选择接受,否则他只会两手空空。相对的,如果自己是 B,也是同样的情况。这是在理性充分发挥作用之下,对自己最有利的安排。有经济学专业背景的测试者和没有经济学专业背景的测试者在选择上有明显差别,而且,有经济学专业背景的测试者会选择对自己最有利的安排。有些经济学者和心理学者(因为他们也热衷于类似的测试)由此认为:学了经济学,确实可能使人变得更自私,因为从"最后通牒博弈"中可以看出,这些人更精致地追求和实现自己的利益。经济学和自私似乎可以画等号。

然而,一枚硬币有两面,对于测试的结果,人们也可以从不同的角度提出解释。有经济学专业背景的测试者和有其他专业背景的人的做法明显不同,未必意味着他们比较自私。更合理的解释有两个。第一,他们接触利益损失的机会多。做法不同,只能说明在面对"最后通牒博弈"时,他们玩得比较好,而不是他们比较自私。事实上,如果让没有经济学专业背景的人多玩几次,他们的做法也会逐渐接近有经济学专业背景的人的做法。这表示,他们已经慢慢摸清了这个游戏的奥妙所在。他们变得比较会玩游戏,而不是变得比较自私。第二,表象和原因颠倒了。喜欢填词吟诗的人,容易选文学为专业;充满正义感的人,可能会选与法律或维护治安相关的专业;对经济活动感兴趣的人,可能选经济学为专业,因为他们对利益得失的考量比较敏感,而选择了经济学专业，才比较容易理解"最后通牒博弈"的奥妙所在。这就像对围棋或象棋有兴趣的人，一旦上场，尽可能地运筹帷幄，希望把对方杀得片甲不留、弃子投降。他们比常人更精于游戏规则，把围棋或象棋玩得更好，难道能说他们锱铢必较、比较自私吗？

简单小结

读经济学会使人更容易从成本效益来分析问题，但是，这是否说明他们更自私？以现有的证据而言，其实并没有很明确的答案。

私人成本与社会成本

这一节要处理一个棘手的问题，即私和公的区别。这两者之间，可以是私法和公法，也可以是私利和公利。虽然二者常常见诸日常用语，但其意义经常模糊。对于这个麻烦的问题，我们该如何处理？

2012年，上海地区一位公务员收受贿赂，其中一项贪污所得是一套房子。他办了房产证，把房子租给租户。不久，东窗事发，该公务员贪污所得被没收。而后，房产由法院拍卖，取得房产的人发现房产中有租户，就告租户非法侵占。租户拿出租赁合同并认为，根据"买卖不破租赁"的原则，他合法承租，权益应该受到保障。上海市奉贤区人民法院一审后做出判决，有两个重点。第一，"买卖不破租赁"这个原则，只适用于私法的范围。房产一旦被拍卖，由法院主导，便已经进入公法的领域，这个原则不再适用。第二，如果租户觉得权益受损，可以向原出租人索求赔偿。在上诉之后，二审维持原判。

这个案例就是本节的背景。对于法院的判决，自然出现的问题是：用私法和公法的区别去界定"买卖不破租赁"是否适用，在法理上是不是有说服力？当然，这个问题自然导向一个更根本的问题，即公法和私法、公利和私利、公和私的意义到底是什么？如何区分？在观点上和实务的操作上，有没有不同？

一旦涉及"公"和"私"这两个字眼，往往立刻会引发公众的价值判断，对于这个热点问题，我们不妨采取冷处理的方法来解决。设想一个砖厂，为了产砖，就要耗费人力和物力（砖土、打模、燃料、燃烧、冷却等）。砖厂当然会把这些视作成本，来设定砖的价格。可是，在烧制的过程中，砖窑里会飘出烟灰，附近的居民不但呼吸受到影响，衣物也会沾上烟灰。但对于这些因素，砖厂主人并不会纳入他的成本。

随着经济学的发展，经济学者对经济活动的研究越来越深入。因此，从19世纪末期开始，有些经济学者开始强调，砖厂主人只考虑砖、土、燃料、人工等成本，而忽略了对周边居民造成的影响。也就是说，他只计算了"私人成本"，而忽略了对环境和居民造成的负面作用。对整个社会而言，两者加在一起，才是真正的"社会成本"。私人成本和社会成本的差，就该由政府出面，以征税的方式让砖厂承担该负的责任，让私人成本等于社会成本。这是经济学界主流的看法，被一代一代的经济学者和学子奉为圭臬，直到科斯出现。

首先，科斯就这件事指出了人们一个常见的思考上的盲点。一旦想到砖厂和附近居民的关系，一般人往往就认为：是砖厂排出的烟灰污染了附近居民的衣服和被褥，砖厂的行为是"原因"，而居民的利益受损是"结果"。科斯慧眼独具，他认为，其实双方的行为互为因果。比如，就是因为有附近的居民，才会让砖厂排放的烟灰弄脏了衣服和被褥，居民的存在是"原因"，砖厂排放烟灰而产生尘埃是"结果"。（无论是中文里的俗语"一个巴掌拍不响"，还是英文里的谚语"两个人才能跳探戈"，我们从中都约略可以捕捉科斯的见解。）

其次，既然互为因果，显然就不能从因果关系上论断双方谁是谁非。因此，更根本的问题自然出现：在砖厂和附近居民这两方中，谁享有自由活动而不受干扰的权利呢？也就是说，是砖厂有权利可以自由地烧砖和排放烟灰，还是附近居民有权利享受不受烟灰污染的生活条件？一旦权利明确界定，双方就可以自由和自愿地协商交易。让权利换手，而且流向最能有效地运用这种权利的那一方,也就是让权利流向价值最高的使用者手里。

然而,请注意:无论当初权利是界定给砖厂还是附近居民,也无论经过双方协商,权利最后是如何界定的,涉及的主体是砖厂和附近居民,影响的是这两方的权益。更明确的说法是,这两方都是"私人",双方所考量的都是各自的私人权益。因此,科斯的论点很清楚,即只有私人成本,没有社会成本。他指出,认为政府能精确地衡量居民的损失,再对砖厂征相应的税负,是不切实际的想法,是"做梦的资料"。政府该做的就是清楚地界定产权。经济学者提出的"社会成本"根本就是一个假议题。

当然,效益和成本是一枚硬币的两面,彼此呼应。如果只有私人成本,而没有社会成本,那么,就会只有私人效益,而没有社会效益。只有"私"的问题,没有"公"的问题。

科斯的见解当然很有启发性,从根本上说,成本和效益是由个人来承担的。这种立场也符合"方法论的个体论"。在分析社会现象时,从个人出发,以个人为基础比较稳妥。但是,无论是在市井小民的日常用语中,还是在专家学者的专业词汇里,都存在"公众利益""共同损失""社会福利"等概念。而且,公利和私利的区分,至少有助于人们初步的分析,能够降低思考成本。

那么,除牢记科斯发人深省的见解之外,如何快速而有效地掌握公和私、公利和私利,以及公法和私法的区别呢?这一颇有挑战性的问题,本书后续将具体阐述。

科斯与交易成本

在这一节里,我们将介绍另一部经典,而且这部经典和法律经济学的关系,可以说是密不可分。

1988年,科斯出版了他的自选集。这似乎是预告他将在三年后得到诺贝尔经济学奖。

在科斯的这本小书《企业、市场与法律》(The Firm, the Market, and the Law)里，收录了"两篇文章、一个概念、一个定理"。两篇文章，是指科斯在1937年和1960年发表的经典之作；一个概念，是指无所不在的"交易成本"；一个定理，是指闻名遐迩的科斯定理。

1937年的那篇文章，是科斯二十余岁时的作品，开创了企业理论(Theory of the Firm)或者说是产业组织(Industrial Organization)这个全新的研究领域。在这篇文章里，科斯首先提出"交易成本"这个重要的分析性概念。1960年的那篇论文是法律经济学的发轫。论文中提出的科斯定理，使这篇论文被引用超过2 000次以上，是经济学和法学这两个领域被引用次数最多的论文。

在另一层意义上，"两篇文章、一个概念、一个定理"之所以重要，是因为科斯像是一位绝佳的引言人。他提醒经济学者，可以从某些新的、有趣的角度看事情，可是，他自己并没有下结论，而是留下极其广阔的空间。其他的经济学者不断地加入对话，也不断地增添新材料、新见解、新智慧。

那么，他引言的内容又是什么呢？据我的了解，交易成本的概念确实给经济学者带来了很大的冲击，也对经济理论产生了深远的影响。诺贝尔奖得主肯尼斯·阿罗(Kenneth Arrow)曾经比喻，交易成本就像是物理世界的摩擦力。如果没有空气阻力，就像在真空里一样，物体的坠落速度会完全一致。那么，在真实的世界里，如果人与人之间的交往没有任何阻力（交易成本），世界会是何等模样？那2 000多篇引用科斯的论文，都在直接或间接地试着回答这个问题。

要解释交易成本，我们可以想象一个例子。一条河的上下游各有一家工厂，上游工厂排放的污水会影响下游工厂的生产。那么，在法律上，到底要如何界定双方的权利？是让上游工厂享有排放污水的权利，还是让下游工厂享有不受污水影响的权利？在上下游工厂的例子里，一旦打官司，法官如何裁决双方的利益分配？

科斯提出前无古人的"科斯定理"，即如果交易成本为零，那么，无论把权利赋予哪一方，结果都是一样的。可是，在真实世界里，如何想象"交易成本为零"呢？这是个有趣的问题，法官可以想象：如果上下游的工厂主人因冲突而认识，因认识而相恋，最后结婚，这时两人利益合而为一，显然会追求整体利益最大化。也就是说，如果下游工厂的产品价值较高，就不会让上游工厂排放污水。

权益冲突的两人因相爱而结婚，这是一种想法，更直接的思维方式是，假设上下游工厂的主人是同一人。如果单一主人同时拥有上下游的工厂，当这两个工厂的作业形成冲突时，那么，单一主人自然会追求自己产业整体价值的最大化。无论是间接或直接的想法，还是单一主人的想法，都为我们提供了思考问题的一个着力点，即在面对权益冲突的问题时，法官可以以单一主人将如何取舍作为解决或处理两人冲突的基准点。

第二讲
"基准点"分析法

在处理交易成本和科斯定理时,科斯都采用了一种极其特殊的分析方法,称为"基准点"分析法(benchmark approach)。该分析法不仅简单明了,还很有说服力。在分析问题时,他先标出一个基准点,再以基准点为量尺,分析他所要处理的问题。经由对照和比较,便很容易看出问题的核心所在。

当有人说"猫王的声音很有磁性"时,这句话已经隐含了一个基准点,即其他歌星的声音。和这个基准点相比,猫王的声音特别且令人着迷。其实,只要做了价值判断,一定隐藏了某种量尺。有量尺,才会有高低、大小、肥瘦、美丑、是非、善恶和对错之分。

科斯采用的基准点有两个:社会产值最大化和零交易成本的世界。在思考法律问题时,法官可以自问:哪一种裁决可以使社会产值最大化?还有,既然交易成本为零时,资源运用是有效率的,那么,财产权的界定,最好使交易成本越低越好。由此可见,社会产值最大化和交易成本为零,可以作为分析思考的基准点。

事实上,传统法学的论述方式在本质上也是基准点分析法。譬如,根据"最后明显机会原则"(the last clear chance rule),对于误闯铁轨而被撞丧命的人,火车司机没有过失责任。但是,如果火车司机刚好看到了这个人（而不是在看仪表），他本可以紧急刹车、避免撞上，在这种情形下，司机才需要承担责任。或者，根据"善意取得原则"，如果是在正规店里以正常价格购买的珠宝饰品，即使事后发现是赃物，买方的权益也会受到保障。此外，法学论述里常以柏拉图、康德、罗尔斯等人的见解为出发点，再做申论。这些哲学家的见解显然就是论述的基准点。因此，法学论述在性质上是"法理式分析"（doctrinal analysis），各式各样的法理就是不一而足的基准点。

我把这个观点写成论文，波斯纳看过之后表示：科斯之所以在法学界有那么大的影响力，是因为他的分析方法和法学研究的分析方法非常类似。

关于科斯定理和科斯的分析方法，我曾经发表过多篇论文。后来，我把这几篇论文寄给科斯，并且直接请教他，他在处理问题（论述）的时候，有没有采取特别的技巧，他的分析方法到底是什么。当时年过九旬的科斯回信："分析时，我并没有采取某种特别的做法，只是顺其自然，把事情说清楚而已。"如此有趣的回答，也引发了我新的思考：他的基准点分析法，到底从何而来？

这一讲里，我将借着探讨实际的案例，阐明当我们面对法律问题时可以采取的思考步骤。虽然观点简单，但是适用的范围很广，而且，重视思考过程也有益于提升我们分析判断事物的能力。

不同的基准点

我先描述一下具体的案情。农村中，一位村民A，为了整修自己的房子，分别请了三位师傅B、C、D，各自独立作业。其中一位师傅B要搬运物料，被另一位师傅C停的拖车挡住，B就动手把车移开，没想到车的刹车已失灵，车子顺势滑动。车碰到旁边的施工架，师傅D从架子上跌落，手脚骨折。D向A、B和C求偿医药费等。

金额不大，只有几百元，D要求三人各承担1/3。C承认了自己的车的刹车有问题,但他认为责任在移车的 B,所以 C 不愿意承担 1/3 的赔偿。由于是在农村,这四位都非亲即故,彼此相熟,问题既好解决(易借人情转圜),又不好解决(轻重亲疏之间,如果处理不好,以后抬头不见低头见,很棘手)。那么,针对这个意外,怎么处理比较好呢?除法律问题之外,我们又能从中提炼出哪些智慧结晶呢?

　　首先,在面对具体问题时,有一个简捷的方法,就是快速想到真实世界里相关的做法。关于室内装潢、房屋整修等问题,一般而言,有两种做法很常见:第一种,雇主把所有的事包给一个工头,由工头来统一安排工作、指挥工人等;第二种,也就是这个案例的做法,即雇主自己直接指挥,安排工作和人员等。显而易见,在第一种情形里,工头指挥工作现场,当然要对安全和意外负责任。如果是第二种安排,雇主直接指挥,工人只是听命行事,所有的责任和意外当然由雇主负责。

　　对雇主而言,两种做法各有利弊。通过权衡各种因素,雇主自然会选择对自己比较有利(成本低、效益高)的做法,这样,一旦发生意外,在界定责任和处理善后的问题上,也就有对应的划分。

　　其次,发生意外,一般是没有预案的。如果事先有适当的防护措施或者先依标准作业程序进行,通常就能避免意外。这也就意味着,我们可以逆推回去,在脑海里"回到从前",回想案发时的关键时点,先明确一个"理想的""不会出问题"的做法,然后再逐步检视谁的行为没有达到标准,经过这个程序,有助于进一步厘清责任。

　　如果回到案发前,我们可以针对工作开始前的那个时点,分别考虑每个人该采取的行为。在工作开始前,雇主应观察现场的情况,车辆摆放的位置是否得宜,施工架附近是否清理干净,三个人活动的动线是否通畅?而且,既然他是雇主,又没有工头,他就应该在施工现场处理各种可能的情况。B 是动手挪车的人,不知道车的刹车有问题是有点无辜,但施工架就在旁边,他不该自己移车,而是应让车主去移。C 自知车的刹车有问题,就不该停放在施工现场,因此,对于意外,他有不可推卸的责任。在施工架上的D，看起来无辜，其实不然。原因很简单，B、C、D三位师傅既然在同一个现场工作，每个人都有责任做好防护措施，并且让其他人也能安全工作。D的施工架既然有一定高度，就应先采取某些安全防护，除了保护自己，也能保护其他人。

由此可见，对于这起意外事故，雇主和三位师傅都有一定责任。至于责任划分的比例，要进一步检验相关的细节，才能提出合理的判断。

最后，除具体的责任归属之外，我们还可以把层次稍微拉高一点，从比较抽象的角度，重新审视这起案件。对于这起意外事件，有两个明确的参考坐标可以标示出来：一是现代城市的生活形态，二是传统农村小镇的生活形态。在城市里，由于经济活动的性质使然，专业化和分工非常明确。每个专业都有自己专业的执业操作和规范，即使是最基层的蓝领工人，在工作时也都有各自的工作准则。按标准作业流程来操作，既能保护自己，也能保护别人。万一出了意外，界定责任相对简单，就看这位专业人士有没有遵守标准作业流程。他的身份和关系并不重要。

在农村小镇里，专业化和分工的程度比较低，一个人可能既是泥瓦匠，又是水电工，甚至附带做点小生意。周围都是相处多年的亲戚朋友，工作、生活、交情往往掺杂在一起。交易与买卖也不一定用货币，彼此帮忙、互通有无，所在多有。在这种背景之下，一旦出了差错，人际关系就会微妙和复杂许多。除事情本身之外，还要考虑彼此的交情以及人际网络上的亲疏远近等因素。

因此，抽象来看，城市和农村小镇是两种不同的形态。专业化和分工的程度不同，人际网络的性质不同，处理纷争时所运用的工具也不同。两种形态显然各有利弊，不容易在整体上有明确的臧否。然而，就专业化和分工这个指标来看，大体而言，专业化和分工程度的提升有益于一般民众的利益。

简单小结

在这一节里，我们利用一个具体的案例，描述了思维分析的过程。首先，是两种作业的方式：包给工头或自己指挥；其次，从"回到从前"的角度，考虑案发前较理想的状态；最后，以城市和农村小镇为对照，指出在处理意外和善后时，人们会援用不同的解决方式。这些不同的切入角度，都隐含了不同的基准点；不同的基准点，就像从不同角度射出的聚光灯一样，力图更完整地烘托出人、事、物的全貌。

比较分析：法学和经济学里的基准点

这一节，我们将继续探讨基准点，并比较分析法学和经济学里的基准点。法学和经济学里的基准点，至少可以从三个角度做比较分析。

稍微思考就会发现：无论是经济、政治、社会还是法律领域，其间的行为都直接或间接地涉及基准点，只不过所依靠的基准点有鲜明与隐晦之分，也有性质上的差别。

在经济领域里，消费者和生产者都根据自己的现状，即拥有的资源、面对的限制、价值判断、思想观念，来选择如何行动。行为者所拥有的资源和面对的限制是鲜明的基准点，价值判断和思想观念是隐晦的基准点。

相形之下，在法律领域里，一般人也是根据自己的现状选择如何行动。不过，绝大部分的行为都不会造成纠纷，只有极小部分事件会诉至法院。诉讼的内涵，就是争讼双方，根据法律、风俗习惯、契约条款、彼此协议等，都认定自己的行为有理。认知上所依据的基础，就是基准点。

经济行为和法律行为涉及的基准点有明显的异同。表面上看，经济行为涉及具体的物质（如收入所得、价格、商品等），而法律行为涉及抽象的权利（如婚姻自主权、名誉权等），然而，本质上二者其实是相同的，即都涉及人运用物品或行为取舍的权利。

经济分析和法学研究采用不同的基准点，反映了学科之间的差异。因为关心的主题不同，二者也发展出不同的分析概念、专有名词等。

经济学者分析的重点，是经济活动所呈现的均衡以及均衡时的价格与数量。隐含的假设，是参与经济活动的行为者所拥有的权利是明确的、没有争议的，即消费者的权利来自口袋里的钞票，生产者的权利来自工厂里的货品。通过自愿交易，市场最后会达到均衡。相形之下，法律学者分析的重点，是争讼双方各自应该拥有哪些权利。对权利最后的分配，是法律学者和司法体系关切的重点。因此，经济学者和法律学者分析时，侧重点不同。

经济学者通常不会质疑行为者的起始条件（消费者口袋里有多少钱，生产者有多少产品），而且，最后均衡的价格和数量是由那只"看不见的手"所决定的。法律学者念兹在兹的，就是行为者的起始条件（消费者有多少权利，生产者又有多少权利），因为争讼最后的裁决取决于双方各拥有哪些权利和有多少权利。而且，在判断起始条件时，法律学者是依据自然法、法谚、法条或法原则等。可见，在理论上，经济学者和法律学者援用不同的基准点，只不过经济学者在论述时，对基准点的援用较为隐晦，而法律学者对基准点的援用较为鲜明和直接。本质上，他们都采取了"基准点"分析法。而且，在经济学的效率和法学正义之间，事实上有一定的关联。

关于效率和正义这两个基准点，有以下几点比较重要。

第一，效率，是经济学者引用的尺度，以做价值判断；正义，是法律学者引用的尺度，以做价值判断。因此，在性质上，效率和正义都是参考坐标，而效率有高低不同的刻度，正义也有高低不同的刻度。经济上追求效率，法律上追求正义。我们可以试着联结二者。

第二，正义这个概念出现得很早。人类原始社会就发展出正义这个概念，用来处理人际关系的冲突和纷争。相形之下，效率这个概念，在18世纪工业革命之后，才逐渐得到社会的重视。工业革命之后，大规模生产使市场规模扩大，经济活动的深度和广度都迥异于往昔。如何更好地运用资源，显然需要一把量尺；成本效益——效率的另一种表达方式，就是评估的量尺。表面上，正义处理人际关系，效率处理资源配置；本质上，正义和效率这两者都是概念，也都是工具。人类社会发展出这些概念，以处理特定的问题。

第三，联结正义和效率的方式之一，是归纳出两者的共同点。抽象来看，正义是处理权利该如何配置。譬如，员工和雇主之间各自应有或可以有哪些权利。效率也是处理权利的问题。譬如，员工和雇主之间各拥有哪些权利，可以使生产过程、劳资关系、公司价值等更为理想。因此，正义和效率，是以不同的措辞和概念，处理同样（权利）的问题。

第四，正义和效率都是概念，也都是工具。这些工具的形式和内涵，当然不会一成不变，也会受到时空条件的影响。环境里的各种条件，会填充和塑造出不同的面貌。在古代社会，对于意外、伤害等侵权行为，往往以完全责任来处理。因为环境里的资源有限，如此处理（操作"正义"），程序成本较低。"杀人者死，伤人及盗抵罪"，是同样的逻辑。如果社会动乱，那么，鲜明的实质正义要比精致的程序正义重要。

工业革命之后，生产规模扩大，资本家的利润如滚雪球一般增长。这时候，资本家或企业家在经济上有主导地位，员工和消费者居于相对弱势。有产阶级在经济上有了力量，自然而然会通过政治过程影响司法操作。因此，工业革命后，有相当长一段时间，一旦雇主与员工之间、企业与消费者之间发生争议，雇主和企业通常占有更大权利，即环境里的条件塑造了效率和正义（经济和法律）上的权利。

20世纪中叶之后，在资本主义社会里，中产阶级已然形成。他们通过"一人一票"的游戏规则，把经济上的力量转换为政治力量，进而影响法律的结构。有关产品瑕疵的诉讼，逐渐由"共同过失"变为企业的"完全责任"，同样说明了环境里的条件塑造了权利的实质内涵，也赋予了效率和正义新的面貌。

简单小结

这一节从分析方法上阐述了经济分析和法学研究的异同。主要的结论是，两者都广泛地采用了基准点分析法，即使两者援用不同的基准点，也为基准点提供了不同的措辞。

与时俱进的基准点

这一节中，我先通过一个案例，呈现分析时潜在的各个切入点，即各个基准点，再从具体案例中试着提炼出一般性的原理。

运用基准点分析法，涉及两个问题：第一，用哪一个基准点？第二，为什么用这个基准点？如何回答这两个问题呢？判案时，法院以法条、法原则和风俗习惯等为依据，所以法条等都是基准点。对于新生事物，如果没有法条可依，怎么办？如果要修改法律，又要进行哪些考量，为什么？

关于法学里的基准点，我借英国的一个案例，具体说明基准点的实际运用。

案例中，人际关系的演变如下：男子 M 和女子 W 结婚，而后生下一男孩 GS。后来，M 与 W 关系恶化，最终离婚。不久之后，M 的父亲 G 和 W 产生情感，决定共结连理。他们写信给英国内政部，征询二人是否可以结婚。内政部回信表示，根据英国的普通法，如果儿子已经过世，且原先婚姻关系没有生下子女，则公公和儿媳可以成婚。两人不满回复，向法院提出诉讼，认为英国内政部的回复违反了《欧盟人权公约》。

关于这个案子的是与非，我们可以试着列出相关的考量因素。各个因素都为这个案子的基准点提供了参考，包括：（1）两人的自由意志；（2）直系血亲的利益和态度；（3）亲友们的想法；（4）社会大众的认知；（5）现存的婚姻制度和亲属关系，以及可能造成的冲击——是不是乱伦；（6）对未来男女关系的影响；（7）英国普通法的传统；

(8)《欧盟人权公约》的相关规定;(9)政府的立场;(10)教会的传统。

如果英国内政部允许两人结婚,祖父和孙子的关系就变成了继父和继子的关系。对 G 而言,未来两人所生的子女是 M 的弟弟或妹妹;对 W 而言,两人所生的子女是 GS 的弟弟或妹妹。以小见大,对其他亲友而言,衍生的困扰也可以想见。然而,英国法院做出判决,并且明确表示:允许两人成婚。虽然会对他人(特别是 GS)造成相当的考验,甚至是折磨,但是两位成年人有权追求自己的幸福。这是《欧盟人权公约》的基本精神。也就是说,法院斟酌了所有的其他因素,最后以两位当事人的利益为判决最重要的基准点。

若从经济分析的角度着眼,法官会采取"向前看"(forward looking)的立场,以评估判决对未来的影响。这时候,双方当事人本身的意愿在权重上可能就会降低。因为,社会上有许多特立独行的人,就会有千奇百怪的言行举止。性质使然,法律具有保守性和稳定性的特点:现存秩序的稳定和制度延续的重要性,往往要超过扩大个人自由的考量。另外,如果当时英国没有加入欧盟,则不受《欧盟人权公约》的约束,那么,英国法院就很可能引用英国普通法,认同内政部的立场。

这个案子的后续发展,必然引人注目。而且,即使法院最后判决两人不得结婚,两人也可能实质上共同生活,甚至生下子女。当然,这就超出了法律的范围。在不同的社会里,因为历史经验和文化背景的差异,法院显然很可能做出不同的判决。也就是说,面对同样的问题,不同的社会很可能援用不同的基准点。

基准点的特质之一是与时俱进,随着环境里条件的变化,政府部门会接纳和采用不同的基准点。这里我再举两个实例,可见其余。

一是,在极地生活的因纽特人,长久以来发展出遗弃老者的做法。因为极地生存条件恶劣,族人必须以小团体移动、捕猎为生,而老者没有生产力,但要消耗食物,所以为了生存和繁衍,因纽特人世世代代都这么做：把老者留在雪地里，再留下少量的食物，让老者自然逝去。当极地的生活条件改善之后，因纽特人也就自然而然地改变了这种做法。

二是，美国宪法明确规定，对违法的罪犯不得采取"残酷而非正常"的惩罚手段。这个概念是量刑时重要的依据，即基准点。然而，这个概念的内涵如何，显然受到环境里相关条件的影响。经过长期的摸索尝试，美国联邦最高法院发展出另一个概念——变迁量尺，用来界定"残酷而非正常"这个概念。变迁量尺，表示惩罚的具体做法是与时俱进的。举一个例子：死刑不适用于未成年人，为现代文明社会所奉行不渝的共识。可是，成年人和未成年人的分际，又该如何划分呢？有两种力量（说法）朝相反的方向拉扯。一种说法是，社会越发展，资源越丰富，对妇女儿童的照顾越无微不至，所以，对未成年人应更加包容。因此，未成年人的认定年龄可以往上调。另一种说法是，社会越进步，信息越充足，儿童心智发展越快，越早具有自主行为能力，而且，犯罪的年龄有日益下降的趋势。因此，未成年人的认定年龄可以往下减。就美国而言，两种力量拉扯的结果是，未成年人的认定年龄往上微调。2005年3月1日以前，基于"残酷而非正常"的量尺，犯罪时未满16岁的犯人不适用死刑；2005年3月1日以后，美国联邦最高法院做出判决，犯罪时未满18岁的犯人不适用死刑。可见，"残酷而非正常"是量刑时的基准点，而"变迁量尺"又是阐释"残酷而非正常"的基准，这个量尺的内涵则由时空环境里的条件来填充和决定。

这两个实例巧妙地反映了基准点的特性，也巧妙地联结了经济学和法学。无论是因纽特人面对生存和繁衍的考验，曾经采用遗弃老者这种风俗习惯，还是美国联邦最高法院随着时空条件的变迁，对"残酷而非正常"这个概念做出的与时俱进的阐释，都说明了环境里的主客观条件塑造了人的思维观念和所发展出的游戏规则。

法学里的基准点

这一节，我们将继续探讨基准点和基准点分析。抽象来看，这两者都是概念上的工具。接下来，我们的重点将是法学里的基准点。

法学是一门学科，有智识上的兴味，但法学也有非常务实的一面。司法体系的运作、对法律的解释、对诉讼案件的处理，都依据相关的法学理论。法学理论里，有三种明确的基准点：正义、权利和法原则。"权利"这个主题，前文已经阐述了很多，这一节将针对正义和法原则进行阐述，特别是法原则。

正义

无论中外，正义是法学里的最高指导原则，是法学思维的核心，也是司法体系追求的终极价值。因此，正义这个概念，是法学里根本而重要的基准点。可是，正义这个概念本身从何而来？

法学论述里，自然法曾经引领风骚百年。上苍、天道、大自然、宇宙间有明确的律法，人必须敬谨遵行。此外，历代哲人——如亚里士多德、柏拉图等人，对于正义这个概念也有抽象、充满智慧、令人景仰的观察和阐释。然而，无论是自然法或哲人语录，都需要经过"引述人"（论者）来说服众人。如果法律学者、法官、争讼双方和社会大众都能接受，自然法和哲人语录就成为阐释正义的依据。也就是说，正义这个基准点以自然法和哲人语录为基础，而自然法和哲人语录以众人的接受为基础。

相对于自然法和哲人语录，正义这个概念还有另一种解读的方式。"丛林法则""物竞天择、适者生存"是描述真实世界里，无论自然或人文，真正运行的游戏规则。还有，美国大法官奥利弗·霍姆斯（Oliver Holmes）的名言："法律的生命是经验，而非逻辑。"因此，真实世界里的经验，是阐释正义的另一种基础。

无论是自然法、哲人语录或真实世界，正义这个概念不能凭空存在，必须建立在某种大家愿意接受且没有争议的基础上。

法原则

在英、美等沿用普通法的国家里，千百年来发展出很多法原则，以处理各种案件。在德、日等成文法系国家里，当成文法有时而穷时，也会诉诸风俗习惯和行规礼俗。性质上，都类似于普通法里的法原则。

法原则是从类似的案例中归纳出某种原则，再以这个原则，援用到后续其他近似的案例上。因此，法原则反映的是过去的经验，是经历时光并形塑而成的结晶。法原则要发挥作用，必须能和经验及事实呼应，而不能仅是逻辑或抽象的概念。举两个例子，可以反映法原则的特性。

美国大法官本杰明·卡多佐（Benjamin Cardozo）在担任纽约巡回法院首席法官时，提出"可预见性原则"（the foreseeability doctrine）。而后，此原则被广泛引用，成为著名的法原则：行为的责任，只及于当事人在常情常理之下"可预见"的后果。譬如，在公寓阳台边缘放置花盆，可以预见花盆可能会掉落并伤人；在马路上，人们摩肩接踵，不容易预见旁人就是"蛋壳脑袋"（egg-shell skull），轻碰之下就会造成对方头部受伤。

另一个著名的法原则，是霍姆斯大法官所提出的"明显而即刻的危险"（clear and present danger）原则。言论自由的界限就以此评估：言论举止会不会对周遭的人造成明显而即刻的危险？比如，在拥挤的地铁站大喊"有炸弹"，容易引发人群恐慌，从而造成严重伤亡；而在伦敦海德公园里大声宣称"女王被外星人挟持洗脑"，最多成为街头小报里的一则八卦新闻。

抽象来看，法原则是一种游戏规则，这种规则可以使游戏更激烈、更有趣、更冗长、更凭运气、更讲技巧。对人类社会而言，游戏规则所要处理的两大问题是生存和繁衍。各种法原则都直接或间接地设计了这两大考验。

几年前，台北市出现了一位号称"电梯之狼"的年轻人，专挑单身女子下手。在利刃恐吓之下，好几位受害人在搭电梯时遭遇"狼吻"。落网之后，这名年轻人入狱服刑，并且接受了心理辅导。同时，该年轻人也参与进修了课程，不断自修。后来，该年轻人参加大学联考，考上台湾大学社会工作系。这时候，该年轻人已经完成心理辅导，也符合假释的条件。灰暗的过去即将消逝，光明的未来就在眼前。只要两个机构点头，该年轻人就可以成为台湾大学的新生，迎接璀璨的前程。这两个机构是台湾地区的"假释委员会"和台湾大学校方、系方。

然而，这则消息曝光之后，事情有了微妙的转折。一方面，在舆论压力之下，"假释委员会"迟迟不做决定。另一方面，虽然校方和系方都公开表示，欢迎洗心革面的年轻人，但在私底下，台湾大学的学生和教职人员都十分担忧。万一他故态复萌，又开始骚扰系上或校园里的女生，怎么办？万一他毕业之后成为一名社工，侵犯受他辅导的对象，校方不就变成助纣为虐的共犯了吗？

事情确实要复杂得多，怎么处理比较好，也的确费人思量。

年轻人和老虎最大的差别是，年轻人是人，老虎是老虎。这似乎是不言自明的废话，其实不然。因为，即使经过多年的驯养训练，老虎还是老虎，仍会受到身为老虎的特殊待遇，无论是好是坏。这是老虎的"原罪"，也是人们处理老虎最简便、容易的方式。

相反，年轻人犯了错，尽管造成的伤害可能猛于虎，但是，一旦他接受惩罚并且再回到社会，人们还是把他当作普通人——法律这么规定，其他人都希望他能重新做人。除非他犯的是猥亵儿童罪，或一犯再犯，否则他出狱后的工作、求学、居住等不会与其他人有差别待遇。如果他有恋童癖或是累犯，那么他的危险性极大，已经近似"老虎"，而不再是一般人。美女与野兽的故事，总是扣人心弦。不过，老虎就是野兽，不会变成美女；年轻人可以不是野兽，但是可能成为野兽。

追根究底，这个案例涉及两种法原则之间的冲突：年轻人的权利

（受教育、洗心革面的权利）和其他人无须面对风险的权利（其他人包括其未来同班或同系的同学，还有他将来从事相关职业可能接触的人）。两种权利之间该如何取舍、界限何在，显然不是简单的问题。然而，以法原则作为思考的基准点（起点），至少能让思考和论述更缜密和慎重一些。

"指鹿为马"2.0——通过比较实现阐释

这一节里，我们将从一个生活里的故事出发，先挖掘这个故事的内涵，而后再借力使力，联结到法律或法学问题上。这样既展现了法律教材的多样和活泼，也突显了具体和抽象之间的微妙关联。

指鹿为马的成语广为人知，其释义有多种说法。最简单的含义是，指责一个人混淆黑白、颠倒是非。更进一步的解释是，可以通过设计情境对他人洗脑，以达到自身目的。希区柯克经典影片《煤气灯下》就讲述了一个身为钢琴师的丈夫通过精神控制，把妻子弄得精神错乱的故事。

现代版的"指鹿为马"，少了权谋算计，多了发挥教育的功能，并且隐含了人们对社会现象的深刻体会。

从小到大，人们在成长的过程里，学着认识周遭的世界。借着各式各样的概念，人们认知环境，而后在行为上有所因应。因此，"蛇"这个概念一旦在脑海里出现，通常代表着危险，但若是"纸蛇"或"玩具蛇"，人们就会以另一种心情和行为来回应。除了草木鸟兽、日月星辰，比较复杂的是关于美丑、善恶、是非、对错等的价值判断。从生活中，人们也慢慢学到了各种概念，并且不自觉地援用自处。

然而，无论是具体的物理世界，还是抽象的价值体系，都要经过人们的认知和思考才能发挥作用。在认知和思考的这个过程中，人们就未必要墨守成规，而值得琢磨一二。德国哲学家弗里德里希·尼采曾言："没有事实，只有阐释。"这句话的内涵至少可以从两方面来体会。

一方面，一般所认定的"事实"，只是大家有共识、无争议而已。一旦有争议，"事实"本身就需要再检验。另一方面，对于现象的"阐释"，涉及当事人的主观判断。因此，在阐释时，最好能借助较充足的数据库。除表面上的符号之外，一件事物内在的意义是由其他事物衬托而出的。经由对照和比较，通常可以有较周全稳妥的阐释。

由"指鹿为马"的故事，我们可以试着联结到法学问题。最重要的体会之一也许就是：面对社会现象，略去表面，掌握本质。对于这个体会，我们简单回顾一下前文的两个例子。

第一，在处理"信息"这个主题时，我们以"诚实"为例。一般人和其他社会科学学者，往往从道德的角度认知和阐释"诚实"。然而，经济学者会追根究底，找出"诚实"的根源所在。经济分析所问的问题很简单：人为什么需要"诚实"这种特性？在人际关系中，"诚实"发挥了什么作用或功能？人际交往中通常会信息不对称，为了克服这种障碍，人就发展出"诚实"这种特性。因此，"诚实"是一种工具性的安排，具有功能性的内涵。表面上看是道德，其实本质上是一种工具，其表象和实质有明显的差距。

第二，我们在探讨伦理关系时，对"孝"会特别做出解释。绝大多数的人认定，孝是美德，是华人社会的基石。然而，为什么会有"孝"呢？孝又发挥了什么功能？华人社会几千年来都是以农业为主。农民靠天吃饭，几千年来也没有社会保险和养老保险等措施。因此，经年累月之后，华人社会发展出因应的工具，就是"孝"。孝的运作模式很简单：子女年幼时，父母养育和照顾他们；当父母年纪大时，由子女来照护送终。换成经济角度，这就是一种"跨时交换"、一种"隐式契约"。而且，契约的履行不是靠外在的法律，而是靠文化传统的传承，即"孝"的概念。只要牢记孝的概念，就无须借助外力，当事人可以自己践约。可见，表面上是道德，本质上是工具。"孝"的概念，也是一种工具性的安排，具有功能性的内涵。

"诚实"和"孝道"的共同点，是借着内在思维的形塑，以低成本的方式，处理了人际交往时信息不对称和农业社会养老的问题。如果能透视表象的道德，掌握事物的本质，就能更平实有效地因应和取舍。一言以蔽之，"指鹿为马"不只是寓言，而且有政策性、指导性的意义。

第三讲
"时间轴"分析法

案例分析：合同漏洞与回到从前

  这一节里，我将介绍一个具体的案例以及分析的技巧。在内容上，既有真实世界里的曲折情节，也有经济分析和法学两个学科的巧妙结合。

  这是发生在英国的一个真实案件。一个罐头公司希望拓展市场，于是想到一种特别的宣传手法——找了一家小飞机公司，让小飞机在空中拉一个横幅，上面写着几个大字："××罐头公司，产品最好，××罐头公司向你问好！"双方合意，罐头公司也付了钱。不久之后，小飞机公司选了一个天朗气清的日子，让飞机拉着横幅，在市区上空飞了两三个小时，所有市民抬头就看得到。

  小飞机还没有落地，罐头公司就开始接到民众的电话，而且是恶评如潮："知道今天是什么日子吗？竟然宣传你们的罐头最好？！今天是国殇日，大家心情都很沉重。你们竟然宣传自己的罐头，真没道德，以后再也不买你们的产品了！"罐头公司满腹委屈，做广告是要扩大市场，没想到起了反作用。于是，罐头公司要求小飞机公司承担责任、赔偿损失，因为它违反了当初合同的原意。小飞机公司也有话要说："看看合同，白纸黑字很清楚，'天朗气清的时候飞'。我飞的时候，没有风，没有雨，也不是清晨或深夜。我完全依合同约定，何错之有？"双方各执一词，僵持不下，只好对簿公堂。

尽管根据合同条款，小飞机依条款履行，理由站得住脚，但是，对于这个案例，我们可以试着走出纯文本的框架，从不同的角度掌握合同的精神，并且在常情常理下，分析双方各自应该承担的责任。让我们先试着确定，造成双方纠纷的关键点到底是什么。我们稍稍思索就可以发现，问题的关键在合同里，双方没有讲清楚国殇日不该拉广告。说明合同里有漏洞，这其实很常见。重点是，漏洞导致了问题，怎么办？

我们不妨在自己的脑海里想象一条时间轴，由左及右，在这条时间轴上标出两个时点：t_1 是签合同的时点，t_2 是现在双方打官司的时点。站在法官的立场，可以问双方，想象一下，若回到当初签合同的那个时点 t_1，如果当初想到"国殇日"这个特殊日期，还会让小飞机拉广告吗？

如果当初想到国殇日，按常理，当然不会让小飞机拉广告。接着，法官可以进一步问案件的双方（罐头公司和小飞机公司），哪一方更容易掌握国殇日这个信息呢？如果罐头公司经常在各种媒体做广告，包括电视、杂志、报纸等，就很清楚哪些日子做广告的效果会比较好，哪些日子做广告的效果不好，不值得做。

如果罐头公司很少做广告，而小飞机公司的业务项目之一就是飞上天拉广告，那么，在业务上，基于专业代理的"得注意、应注意、当注意"原则，小飞机公司当然就要承担比较大的责任。如果小飞机平常的主要业务是喷洒农药，而拉横幅广告只是偶尔为之，那么，在国殇日喷农药可以吗？当然可以。因为喷农药是治理病虫害，和一般人的情感心境关联很小。这种情况下，小飞机的责任就明显要小得多。

因此，我们利用"时间轴"回到从前的这个方法，就可以在合同之外，从另一个角度来分析双方各自该承担的责任是多少。而且，这个技巧还有更深一层的意义值得阐明。

具体而言，签订合同是双方希望合作而互蒙其利。合同的文字表达的是双方的企图和意愿。但是，从社会的观点看，特别是由长远的角度着眼：应该只看文字，合同都是具有行为能力的人签订的，签订双方都最清楚自己的利益所在。如果自己不保护自己的利益，司法体系无须借箸代筹。然而，文字毕竟只是工具，也可能出现问题。在特殊情况下，法院值得超越文字，探询双方的原意，并且评估双方各自应承担多少的责任，才合乎情理。各自承担合理的责任，不仅有利于发挥合同的作用，还有利于双方当事人，更有利于社会长远的发展。

在2017年"五一"劳动节的假期里，我去拜访浙江金华市某县的法院。法院里有好几位年轻法官都上过我的课。其中一位告诉我，他就是利用课堂上学到的"时间轴"和"回到从前"的方法，处理了一起借贷纠纷。借贷双方签合同时，有一项条款没有写清楚，后来引发了纠纷和诉讼。利用"回到从前"的方法，如果借贷双方当初想到这个问题，自然有一般的风俗习惯和行规可以参考约定。从这个角度切入，他的判决，双方当事人都很服气。我听了他这件事很高兴，经济分析确实能用在司法实践里。我也为这位年轻的法官高兴，他能够做到活学活用。他没有在借贷合同的文字条款上咬文嚼字，而是利用"回到从前"的方法：如果在签借贷合同时想到这个问题，从常理出发，双方会如何约定？他的论证有效地处理了官司，同时得到了诉讼双方的认可。

案例分析：取消大典案与遗嘱执行案

这一节里，我将继续分析和讨论两个案例，一个发生在英国，一个发生在美国。我们先分别介绍，最后再做整合。

第一个案例和英国皇室有关。众所周知，英国是一个非常重视传统和历史的国家，而英国皇室正是这个传统不可或缺的一部分。和皇室有关的仪式盛大而隆重，民众也热情关注。某次英国国王加冕大典，游行所经路线的二三楼阳台都被预订一空。可惜，当天国王身体违和，典礼延后。阳台主人要求依约付款，因为当天他确实提供了阳台。可是，不少预订阳台的人拒付，因为他们预订阳台的目的就是观礼，而大典与游行均已取消，当然就不应该付款。

对于这个官司，我们利用上一节所介绍的分析技巧（"时间轴"和"回到从前"），可以琢磨一下。如果当初租阳台时，阳台主人和可能的承租人想到有可能出现突发状况，如大典和游行活动取消，那么，双方会如何约定呢？有两种情况是显而易见的。第一种情况，既然阳台被承租人租下了，那天当然不会另作他用，因此，承租人应该如约付全额的租金。这种做法当然对出租人较好。第二种情况，既然典礼和游行活动取消，就用不到阳台了，那么，承租人不需要付任何租金。这种做法当然对承租人比较好。

但是，我们进一步考虑，这两种做法大概都不会是最后的选项。我们只分析第一种情况，第二种情况由你思考。如果某位阳台主人的出租条件是：租金 10 英镑，无论有没有游行都要付。相邻的阳台主人提出了具有竞争力的条件：若有游行，租金 10 英镑；若无游行，场地保留费（或真正有游行时的预约阳台费）1 英镑。那么，后者明显更有吸引力，可能会成为主流的契约形式。以这个简单的推论为依据，法院也可以做出类似的规定，而不是判决某方全有或全无责任。

第二个案例关于遗嘱。美国南方佐治亚州参议员培根于 20 世纪初过世，他在遗嘱里明确表示：用自己的遗产建一座公园并捐给市政府，但只有白人妇女和幼童可以使用这座公园。

当时，这可是遗泽长存、备受称道的懿行。可是，物换星移，20 世纪 60 年代美国民权运动勃兴，在社会改革者的眼里，"只准白人妇女和幼童"使用，这不仅是种族歧视，而且违法。因此，民权运动者提起诉讼，要求政府禁止这种违法限制，最终胜诉。但是，公园开放之后，培根的后人也提起诉讼。他们宣称，遗嘱里明确指定，公园只给特定人群使用，而现在政府开放公园是违反立嘱人的意志。既然如此，他们要求依遗嘱里另一条"无从履行"的规定，收回公园。诉讼结果是，美国联邦最高法院裁定,培根的后人可以收回公园。

对于这个判决,波斯纳法官不以为然。他认为,当环境里的条件改变时,无须死守条文,而可以(应该)做与时俱进的调整。譬如,如果有人指定用遗产兴建专治小儿麻痹症的医院,当小儿麻痹症完全绝迹之后,难道还要坚持不改初衷吗?在这种情形下,法院可以让该医院转作其他用途。因此,对遗嘱文字做生硬的解释,据此把公园收回并转给参议员培根的后人,其实不合理,而且让他们不劳而获。

波斯纳最有趣和最有说服力的论证是,提出一个假设性的问题:如果参议员培根在世或者他能预见到种族关系的变迁,那么,他会禁止其他人进入公园吗?波斯纳认为,以参议员培根在国会里的表现和一生行谊来看,他相信培根会赞成开放公园。

这两个案例(取消大典案和遗嘱执行案),除案情故事本身有趣之外,还可以放在一起做比较和分析。在智识上,这既是一种挑战,也是一种乐趣。我们可以总结出以下几点。

第一,对于两个案例如何处理较好的问题,我们都采用了"假设性思维",即利用脑海里想象的情境来取舍。在英王加冕案里,用的是"回到从前";在参议员遗嘱案里,用的是"回到未来"。也就是说,利用假想的情况,揣摩合宜的做法,不仅令人豁然开朗,而且结果很清楚,也很有启发性。

第二,两个案例所涉及的利益结构有明显差别。在取消大典案里,原告与被告(阳台出租人和承租人)的利益直接对立,而且基本上没有涉及他人。相对的,在参议员遗嘱案里,原告是参议员培根的后代,被告是执行遗嘱的市政府。原告是否能代表参议员培根的利益,是有点模糊的,似乎争取私利的可能性更大。市政府只是执行遗嘱,本身没有明显的利益。

第三,是延续上一点里的对比。在取消大典案里,原告与被告的利益直接对立,对法官而言反而相对简单:合同必然是双方互蒙其利,所以能照顾到双方的利益已经很理想了。但在遗嘱执行案里，原告与被告本身的利益冲突其实并不明显。在这种情况下，法官其实有较大的裁量空间，无须被遗嘱的文字所限制，而更应该探索遗嘱的用意和精神所在。当初参议员培根捐钱建公园，不就是为了追求公众利益吗？仅限白人妇女和幼童使用，是当时的社会情况使然。现在，社会情况不同，取消限制，使用者扩大到所有人，不是也符合（或者更符合）遗嘱的意志吗？

美国联邦最高法院的判决确实有很大的讨论空间。如果参议员培根在世，可能也不会赞同这一判决。

案例分析：为何不能重新开业

这一节里，我将分析具体的案例。重点是除了突显分析的技巧，也呈现背后的法理所在。我所强调的一直是两点：分析问题的角度与法律背后的道理。

有一位妇产科医生，经营自己的妇产科诊所多年，现在年龄渐大，就想退休后移民到澳大利亚，享受阳光与海滩的美好生活。因此，他把医院卖给了一位年轻的医生，包括招牌、所有的设备和所有的客户关系。一切安排妥当，他依计划移民澳大利亚，享受美好的时光。

这样的日子，刚开始他觉得新鲜，久了就觉得单调无聊。老医生待不下去，又移民回国。然而，事情下一步的发展却进入了"司法女神的视野"。老医生在原医院的附近又开了一家妇产科诊所，重出江湖。过去的一些老病人又去找他，因此年轻医生的诊所生意明显受到影响。年轻医生向老医生提出抗议："当初转让，就是由我来接手，你怎么能回来开新诊所呢？"老医生回应："看看合同，白纸黑字，没有反竞业约定。我为什么不能回来开业？"（反竞业，是指同业之间彼此约定，在某一个范围之内不直接竞争，从而避免导致两败俱伤。）最终，两位医生争执不下，只得对簿公堂。

老医生能不能回到附近重开新诊所，显然有两种截然相反的意见。第一种意见：可以。合同里，没有竞业禁止的条款，根据契约自由、民法自治的原则，应尊重当事人在合同里的约定。而且，多一家妇产科诊所，医疗资源增加了，能形成良性竞争，值得鼓励，没有什么不好。第二种意见：不可以。理由是：虽然合同里没有约定，但是当初年轻医生愿意付钱接手这家诊所，就是考虑到老医生即将退休移民，而老医生回来开新诊所，明显违反了当初双方订立合同的初衷，这即使不违法，在道德上也有明显的瑕疵。

显然，两种完全相反的意见都言之有理。那么，哪一种立场比较有说服力呢？若不在道德上臧否，仅就法论法，那么，在法律上如何论证比较有说服力呢？最好提出的论述能够众谋佥同。请您回想一下我们前两节所介绍的分析技巧："时间轴"和"回到从前"。如果回到当初，在老医生和年轻医生签转让合同的那个时点上，问一个非常简单而明确的问题：假设年轻医生想到，老医生有 1/3 或 1/4 的可能会回来开新诊所，那么，年轻医生所愿意出的价格，是不是必然不同？答案也同样简单明确：当然不同。

因此，如果当初的转让价格是一个合理的市场价格，那现在老医生回来开新诊所，是不是就明显违反了民法里"诚实信用"的基本原则。两人的合同里没有反竞业约定，其实也很容易理解。像肯德基和麦当劳这些有竞争关系的商家，在签合同时，都会纳入反竞业约定。相形之下，这两位医生签约的机会少、经验少，可能一辈子就签这一份转让合同，因此合同里没有反竞业约定，也就不难理解了。结论很简单：对于这个案例，如果双方执着于合同的文字，可能争执不休。一旦跳出文字，利用"回到从前"的思维方法，即如果老医生可能回来开诊所，其出让价格必然不同。这个论述几乎毫无争议。以这个为起点，再想一想如何判决，其实非常清楚。

在我的培训班里，有位学员说，他所在的城市有一个类似的案例。

一家小有名气的餐厅转让给其他人经营。三年之后，原餐厅老板回来，又在附近开了另一家餐厅。买下原餐厅经营的人觉得权益受损，就到法院状告原老板。结果，法院判决，原老板可以在附近开业。学员想知道，这两个案件的判决截然不同，为什么？

第一，医疗行业（包括妇产科）和餐饮行业的性质不太一样。对妇产科而言，医生和病人通常是一种长期的关系。一旦建立医患服务关系，通常会持续很长时间。因此，老医生回来开诊所，至少在两三年之内，对年轻医生的诊所会有明显的影响。相形之下，只要在稍具规模的城市，就有各式各样、档次不同、数量繁多的餐厅，彼此之间的替代性很高，消费者的品牌忠诚度和妇产科医生相比，有明显的差距。

第二，对接手已经三年的餐厅经营者而言，其有足够的时间建立自己的品牌。在附近消费者的心里，很快就会形成一定的评价，这是主观条件。加上前面所描述的客观环境（餐饮业的餐厅数量多、彼此替代性高），原老板在三年之后回来重开新店，对原来的餐厅也不会有严重的威胁。也就是说，对原餐厅而言，其他因素（主观条件和客观环境）的影响更为重要。法院判决原老板可以在附近开业，在情理上说得过去。

第三，我们不妨自问：如果知道老医生三年后会回来开新诊所，若自己是那位年轻医生，愿意出的价格会不会不同？同样的问题，再问自己：如果知道原老板三年后会回来开新餐厅，若自己是餐厅购买者，愿意出的价格会不会不同？

第四讲
"向前看"与"向后看"分析法

出墙之果落地后的归属

这一节所处理的是一个简单的法律问题。问题虽然简单,却经常引起争议。我们顺着争议又能拓展出另一片天空。

假如有甲乙两户人家相邻,中间由一堵墙相隔,甲种了一些果树,果树长大成熟之后,开始结果。有几棵果树靠近墙,树枝延伸到墙头上,一些果子自然而然地掉落到乙的院子里。试问:掉在乙院子里的果子是归甲所有,还是归乙所有?

听起来,这是芝麻绿豆大的事,但由这个简单的问题,可以引发一连串有趣的思考。在许多场合里,包括研究生的课堂和培训班上,每当我提出这个问题,台下的听众反应差异很大。在吉林大学法学院的一幕特别值得一提。

当我在吉林大学法学院的课堂上提出这个问题时,教室后面立刻响起一个明亮的声音:"根据罗马法,应该属于×××所有!"他知道答案,这也是在我任教的三十余所法学院里唯一有研究生提出答案的一次。我就顺口问:"为什么属于他?"结果,没有下文。这位年轻学子看的书多,知道法律的规定,但是显然他没有思考过法律为什么如此规定。知其然,而不知其所以然。虽然年轻人熟记法律条文令人高兴,但是法学教育似乎没有训练他要追根究底地多问"为什么"。

关于果子落入邻居院子，法有明文规定且源远流长。先由罗马法开始，接着是德国民法、法国民法、日本民法，都规定得很清楚：果子落入邻地，归邻居所有。可是，为什么呢？果子不是果树的天然孳息吗，就像银行存款产生的利息一样。既然是天然孳息，就该归主人所有，不是吗？

从天然孳息的角度来考虑这个问题，当然有一定道理。不过，这个考虑有一个明显的盲点：果子已经脱离了果树，而且已经掉落在乙的院子里。在天然孳息之外，还有其他因素要考虑。那么，如何分析这个问题最有说服力呢？

首先，如果掉落邻地的果子属于甲，这是一种规则，就用 A 来表示；如果是属于乙，这是另一种规则，就用 A' 来表示。两种不同的规则，就是 A-A' 的对照。哪一种规则比较好呢？我们不预设立场，也不从道德哲学来判断。衡量的尺度很简单：哪一种规则能导致比较好的结果，就采取哪一种规则。

其次，如果规则是 A 即归甲所有，那么，考虑以下四点。第一，既然归甲所有，甲要到乙家去取回果子，这是不是涉及侵犯邻居隐私权的问题？万一甲踩坏了乙院子里的东西，是不是涉及赔偿的问题？第二，如果甲一两个月不去取回果子，乙是不是会觉得很为难。比如，果子到底要保留，还是要扫掉？第三，如果乙也种了一些同样的果树，也有果子掉落，如何分辨果子是从谁的果树上掉下来的？第四，若甲知道就算果子掉进乙院子里，果子还是归自己所有，那么，当果树的树枝开始越过墙头，伸进乙的院子里时，甲会不会主动去修剪这些枝杈呢？当然不会。既然掉在地上的果子还是他的，何必多此一举去修剪？

再次，现在我们考虑另一种规则 A'，即果子归乙所有。根据这个规则，再想一下前面描述的情景。第一，既然掉落邻地的果子属于乙，甲就不必过来捡，这样既避免了侵犯隐私的问题，也避免了踩坏东西要赔偿的问题。第二，掉落地面的果子，乙若要就收起，若不要就扫掉，不会有一两个月无法处理的问题。第三，即便乙种了相同的果树，只要规定掉在谁的院子里的果子就属于谁，就没有分辨的问题。第四，如果甲知道掉进乙院子里的果子就属于乙，那么，只要果树的枝杈开始越过围墙伸入乙家时，甲就会主动修剪树枝。

因此，结合前面极其简单的对照，我们就可以了解：A 和 A' 两种规则相比，掉落的果子属于乙更容易操作，不容易有争议，而且有利于邻里关系（因为甲会主动修剪越界树枝）。罗马法的规定是有道理的。罗马法的规定，必然是法律制定者根据长时间的社会经验的积累，发现只有采用果子属于乙的规则最简单，最终将其纳入法律，见诸文字。

再退一步：罗马法以及之后的德国民法、法国民法、日本民法的发展过程是源自民间的风俗习惯，后成为成文法的一部分。在古代，尽管没有"法律的经济分析"（这门学科是 1960 年之后才出现的），但是，利用 A-A' 这个极其简单的分析技巧，也可以根据经济学的逻辑对罗马法做出清晰的分析。经济分析简单明确、一针见血、直指鹄的的特性，在此展露无遗。

当然，在课堂和培训场合里，很多学生和学员会立刻提出疑问：根据这种逻辑，难道甲的钱包掉入乙的院子或甲的鸡鸭跑进乙的院子，就属于乙所有吗？

利用 A-A' 对照的技巧，我们说明了果子属于邻居所有的理由。当然，对于这个结果有很多合情合理的质疑，值得我们进一步思考。让我借着几个真实的情境，从不同的角度来分析这个简单、饶有趣味的问题。

几年前，我应邀到西安一所高校的法学院演讲。讲完果子落入邻地，我就问现场的听众："认为果子属于甲的，请举手。"结果，全场三四百人几乎全部举手。接着，我问："认为果子属于乙的，请举手。"结果，全场只有一人举手，是坐在第一排角落里的一位女生。

我有点惊讶和好奇，就问她："为什么你认为，果子落入邻地，就属于乙所有呢？"她说："我是这么想的，如果有一个外国人，到西安来旅行，在西安犯了法，那么，处理时，是适用当地的法律，还是他本国的法律？我认为，这种情形下，应该适用当地的法律。"

这位女生虽然是本科新生，但很有自己的想法，值得肯定和鼓励。她的解释，是以"属地主义"或是"属人主义"来联想。虽然这个想法和果子落入邻地有些不同，但是至少有一个清楚的逻辑。

还有一次，我应浙江省一所地级市法院之邀，到浙江大学来授课。当我就此案分析完之后，坐在第一排的一位女法官便举手发问。她说："我住在公寓12楼，如果我的衣服掉到6楼的阳台，难道就属于6楼的人吗？"这是非常具体而直接的问题，我立刻正面回应："如果你住在12楼，我住在6楼，你的衣服掉到我的阳台，第一次，你敲门来拿，我当然会让你拿掉下来的衣服。邻居之间，举手之劳，理应如此。如果你的衣服又掉到我的阳台，第二次，你敲门，我还是会让你拿走衣服。彼此是好邻居，我也尊重你的私有财产，但是，当你离开时，我会提醒你一下，自己的衣服要收好。试想，只要用一两个衣夹就可以把衣服夹好，就不会掉到我的阳台，也不会三番两次敲门找我拿衣服了。你的衣服固然重要，难道我的个人隐私、不受打扰的权利就不重要吗？第三次，如果你的衣服又掉到我的阳台，我会直接把衣服丢到垃圾箱里。为什么？原因很简单，前两次，你的私有财产权比较重要。第三次，我不受打扰的隐私权变得比较重要。"解释完之后，我立刻问坐在第一排的法院院长："我这么处理，您认为如何？"这位院长明确回答："如果是第三次，法院会支持你的做法。"

因此，衣服和果子的性质有一些微妙的差别，不能完全类推适用，因为处理邻里问题的方式会受到很多因素的影响。这一点体会也可以稍作引申。自罗马法之后，成文法系已经形成传统，即果子自落于邻地，归邻居所有。然而，这个规则只限于果子，其他情况下未必如此。譬如，因为下大雨，水从你家池塘溢出，池塘里的鱼游到我家池塘；你家的鸡和鸭跑到我家院子里下了蛋；你家的牛羊跑到我家生了一只小牛或小羊等。生活中的很多情况涉及的因素比较多和复杂，法律并没有做一般性的规定。

相形之下，果子自落于邻地，情况相对简单，就可以有明确的规定。即使是这种简单的情况，属于邻居所有，也只是原则性的规定。在特殊的情形下，还是可以允许例外。譬如，第一，主人种的果树结出的果子价值较高；第二，果树完全没有越界；第三，刚好有一阵风吹来，将不少果子吹落至邻居的院子里。考虑这三种情况（果子珍贵、果树没有越界、风吹落）下，主人是不是能要求邻居返还果子呢？依情、依理、依法，当然可以。只要主人付出合理的费用给邻居，自然可以取回果子。法律的规定是原则，而在特殊情况下，也会允许例外。当然，法律里的原则和例外，本身就是一个有趣、值得探讨的问题。

关于果子自落于邻地，就目前《民法典》而言，并没有直接的规定。相关的法律，一是"天然孳息"的概念，这是源自《民法典》第321条，即天然孳息，由所有权利人取得。但是，果子已脱离果树且落入邻人的院子，因此，有额外的因素必须考虑。二是《民法典》第288条，即不动产的相邻权利人应当按照有利生产、方便生活、团结互助、公平合理的原则，正确处理相邻关系。根据这项条文，果子自落于邻地，是否属于邻居，在解释上可以说有很大的弹性。

最后，当我在某高校做报告时，在场有位年轻的同学提问："请问老师，如果主人种的果树结的果子自然掉在墙头上，这种情况下，果子该归谁？"据我了解，这种情况在罗马法以及之后的德国、法国、日本民法里，都没有明文规定。

如果人们只活一天

在法学理论里，关于实现正义的目的，主要有两种观点：惩罚和防范。无论是刑法、侵权法或契约法，善后的措施只是一种手段，主要的目的是希望发挥惩罚或防范的功能。在这两种目的里,惩罚的核心精神是补救,也就是"向后看",防范的核心精神是避免未来再发生同样的事件,因此是"向前看"。

可是,如果人们只活一天,没有未来,防范的作用自然消失,那么,剩下的似乎只有惩罚的功能。同时,因为人们只活一天,任何补救措施几乎立刻失去意义,所以惩罚所具有的内涵绝大部分也将消失不见。譬如,如果我们确定明天彗星将撞上地球,人类即将毁灭,在这种情形下,社会还需要监狱吗?由此可见,表面上看,惩罚似乎是"向后看",其实在更深一层的意义上,本质上还是因为有未来。也就是说,若要持续处理已经发生的事件,主要是为了未来。在这一点上,经济学者有很深刻的体会。

经济学者曾为喜怒哀乐等情绪提出了一种符合常理的解释。如果人们只活一天,事实上不需要"懊恼"的情绪,因为用不上,所以也不会发展出这种情绪(机制)。人们对已经发生的事(如丢了心爱的书或不小心发生车辆剐蹭)懊恼不已,希望从中得到教训,避免在未来重蹈覆辙。因此,表面上懊恼是处理过去(和惩罚一样)的问题,实际上是为了未来。

这种理论还隐含了一些重要的意义。

首先,从"懊恼"的情绪(机制)里,可以清楚地看出人们是活在一个多回合博弈而非单回合博弈的社会里。不只是个人的情绪(机制)会受到这个事实的影响,社会上的许多制度,也都受到这个因素的影响,譬如,定期选举、组织里的诱因制度等。如果做精确一点的区分,多回合博弈可能是同一种活动重复许多次;多重博弈(multiple game)则是强调某一个过程将有许多类似情形。多回合博弈的例子就如下很多盘国际象棋,而多重博弈的例子像是一个人的人生。

其次,或许很多人认为,情绪是与生俱来的,是生理上的特质,而且喜怒哀乐等情绪反映的是内在价值,而不是像货币这种工具价值。可是,经济学者罗伯特·弗兰克的理论提醒大家,即使是原始或内在的价值，也具有某些工具性的成分。

再次，一旦把时间拉长，多回合博弈就隐含着一种演化的过程。在这个漫长的过程里，人不但会设法改变外在的环境，发明出有形的工具，也会发展出一些内在思想，以发挥同样的、工具性的功能。

最后，抽象来看，弗兰克的理论是一种实证理论而不是规范理论，即由实际的现象归纳出一种合乎情理的因果关系。

从另一个角度讲，考虑到人类社会具有多回合博弈的特质，对于博弈规则的设计和选择，当然有重要的影响。美国法律学者弗兰克·伊斯特布鲁克（Frank Easterbrook）教授曾指出，采取事前分析的方法，从长远来看，会考虑不同的规则将引发哪些不同的行为反应。而事后分析的方法，是着重处理已发生的事，即如何善后的问题。他认为，抽象来看，事后分析是注重如何"切饼"，而事前分析则是强调"饼"的大小。因此，事前分析和多回合博弈都重视未来对现在的影响。不过，这两者之间有一点微妙的差别。伊斯特布鲁克希望找出好的规则，产生适当的诱因，使"饼"越来越大。多回合博弈的考虑也很重视诱因，但是，即使不考虑设法使未来的"饼"越来越大，单是多回合博弈的特性，也是探讨博弈规则时必须面对的因素。譬如，"饼"的大小可能不是关键，有些博弈更重视竞争激烈与否或运气和技巧的比重等。

所以，伊斯特布鲁克讨论的是比较具体的选择，而弗兰克的理论则提醒我们，情绪特质等涉及比较隐晦且过程漫长的选择。不过，他们两位的研究都隐含一点重要的体会，即我们现在所处的位置、所具有的特质、所承继的各种条件，都已经是多回合博弈演化下的结果。显然，对经济学者而言，在分析社会现象（包括人的行为和人本身的思想）时，多回合博弈是一个重要的概念和体会。

再进一步，在司法体系的运作里，也清楚地显现了多回合博弈的影子。譬如，对于累犯，加重其刑。从多回合博弈的角度看，这合情合理。相较于初犯，对于累犯，在搜捕、侦讯和审判上都要耗费更多的人力、物力，因此，加重其刑是为了提高罪犯犯错和再犯的成本。

最后，值得特别强调的是，这一节在开始时提到的问题：如果人们只活一天，是否需要惩罚？对于这个问题，经济学者由"懊恼"的特性，提出"多回合博弈"的概念。抽象来看，"懊恼"是一种惩罚的机制，而法律也是一种惩罚机制。法律学者提出"向前看"的思维，也隐含了"多回合博弈"的概念。因此，在抽象的层面上看，经济分析和法学思维是彼此相通且殊途同归的。如果人们只活一天，就不需要惩罚，那么，如果人们只活一天，还需要奖励吗？对于这个问题，又可以做哪些有意义的联想呢？

法律的"向前看"与"向后看"——评"河南电梯内劝阻吸烟案"

抽烟大爷意外猝死这个事件曾是网上热议的焦点之一。一审时，大爷的家属求偿40余万元，郑州市金水区法院一审判决劝阻者补偿1.5万元。原告认为一审法院适用公平原则错误而上诉，郑州中院做出二审判决：驳回上诉，撤销一审判决，劝阻者无须付出任何金钱。对于中院的判决，网络上一片支持与赞扬声。当然，道理越辩越明，中院的判决，值得仔细琢磨。

对于意外事件的处理，通常可以从两个角度着眼：向后看和向前看。向后看，是考虑法院的处置对当事人及其家属造成的影响。向前看，是斟酌法院的裁决给未来其他人带来的影响。向后看，目的在除弊；向前看，旨在兴利，即希望一个好的判决能产生好的宣示效果，带来好的诱因激励。

我们先考虑"向后看"的观点。一方面，大爷家属提起诉讼，表面上的意义是要劝阻者负责，实际上更深层次的意义是，面对大爷猝死的意外，家属希望通过司法途径，在理智和情感上理解这起不幸事件。另一方面，面对大爷的猝死，劝阻者也很难过，多少有点不忍，也希望能对家属做出补偿（已向家属捐赠1万元）。劝阻者"认捐不认赔"的态度，也反映了他自己在心灵上自我慰藉的作用。

因此，一审判决：劝阻者无须对大爷猝死负责，但要补偿（不是赔偿）家属 1.5 万元。对双方而言，可以说是能兼顾彼此权利和情理的判决。相形之下，中院的判决，一方面让大爷家属再受伤一次，另一方面也剥夺了劝阻者通过少量金钱补偿而自我慰藉的机会。两相对照，中院和一审法院的判决，哪个比较好呢？

接着，我们再考虑"向前看"的观点。根据一审判决，以后任何人站出来提醒违规者时，语气和态度会缓和一些、适可而止，也可以采取替代方案，如举报或交给保安、物业等专业人士处理。根据中院的判决，摘奸发伏，舍我其谁。在法律的"撑腰"之下，是否可能会引出许多"道德绑架"和"上纲上线"的冲突？换句话说，面对违规者，一审法院的判决提醒大家要理直气平，而中院的判决则是鼓励大家理直气壮。两相对照，哪一次判决比较好，大家可多思考。

单回合博弈与多回合博弈

这一节里，我们将从一个比较轻松、生活化的角度，阐释法学里常受忽略的概念。对经济学者而言，这个概念在分析里会常常出现，然而，对法学而言，这个概念却有点"非法学"，易被忽视。

我曾写过一篇名为《十问》的论文，文中提出十个问题，然后自问自答，阐明一些法学上的理念。问题之一："如果人只活一天，还需要道德吗？"我试着说明，道德的作用是在发挥奖惩的功能。如果人只活一天，其实奖惩不再重要，也就不需要道德。如果社会只存在一天，其实用不着监狱。在投稿时，这篇论文命运多舛。对于经济学者的论述，法律学者似乎有本能上的保留和排斥。不止一位评审指出：即使只活一天，也要有道德；即使地球将毁灭，还是需要监狱。

换一种方式陈述，也许更容易说明我想表达的深层理念。

对于人际交往，可以粗略地将其分成两种关系：单次互动和多次互动，专有名词是单回合博弈和多回合博弈。如果是单次互动，见面后从此别过，各奔东西，无论在态度和投入上，人们多是从轻、从简；如果是多次互动，抬头不见低头见，彼此就容易有礼尚往来的考虑。不少人认为，农村小镇里民风淳朴，有浓郁的人情味，其实重要原因是邻里之间多次互动，守望相助和互通有无对彼此都有利。城市中，居民楼里，邻居十天半个月碰不上一次是常态，自然不容易（也无须）发展出往还互惠的关系。

换句话说，单次互动不容易发挥奖惩的制度，而多次互动容易形成奖惩的规则。这个体会不仅对一般人有启发，对司法体系的运作也更为重要。原因很简单：社会的长治久安要依靠司法体系，而法律的功能就是提供一套好的奖惩制度，成为人际互动和社会运作的基础。一旦由多回合博弈的角度解读司法体系，"向前看"的重要性就自然而然地浮现出来，即司法部门在设计法律规章时要着眼于未来，在考虑判决和奖惩时更要评估对未来产生的影响。

"向前看"的重要性，很容易借两个广为人知的案件说明。

一是"许霆案"。年轻人许霆到 ATM（自动柜员机）取钱，钞票吐出后卡上余额没变。他前后取了超过 17 万元，而后潜逃一年，被捕后，因为数额巨大，一审被判无期徒刑。显然，法官认定他要承担主要责任。可是，这个意外的主要责任其实在于金融机构，因为 ATM 出现异常，没有适当的防护措施。许霆只是一个一时头脑糊涂的年轻人，在错误的时间出现在错误的地点，禁不起诱惑而逾矩。

相形之下，如果认定主要责任在金融机构，所有金融单位都会检查自己的系统漏洞，提高防护措施，再发生类似"许霆案"的可能性就会大幅度降低。因此，从"向前看"的角度思考，很容易看出许霆和金融机构之间，责任轻重大小应如何认定。

二是"南京彭宇案"。下公交车的老者跌倒受伤，彭宇陪着送到医院，老者主张是与彭宇发生碰撞而跌倒，彭宇否认碰撞，主张是做好事，双方各执一词。[①]由于真实情况,一审法院认定:"如果不是彭宇推碰,他不会陪老者到医院",因此,判彭宇承担40%的医药费(近5万元)。经过媒体广泛的报道和传播,"南京彭宇案"(2006年)成为一个标志性的事件,后来的"小悦悦事件"(2011年)和"驻马店斑马线白衣女子事件"(2017年),或许都受其直接和间接的影响。

其实,在真实情况不明的情况下,更应该采取"向前看"的观点:法院的判决,对人们未来的行为会产生何种影响?这时候,老者跌倒受伤本身的重要性已经下降了。更为重要的是,对未来千千万万个潜在"彭宇",以及千千万万个潜在需要帮助的人,会发出什么信号?换句话说,法院斟酌如何判决时,在真相难明的情况下,现在(个案)的意义已经远远不及漫长无尽的未来。

除此之外,"向前看"和"多回合"的概念,还有助于我们了解法律的某些特殊安排。譬如,众所周知,对于累犯,司法部门往往会从重处罚。一般的解释是,累犯漠视法律,一再犯法,所以从重处罚。较深刻的解释是,对于累犯,处罚要能发挥作用,必须从重,才能发挥和处罚初犯一样的效果。因为,第一次处罚,对罪犯还有心理和精神上的冲击;第二次处罚,累犯的畏惧心减弱,所以要从重。这两种解释都有说服力。

然而,从多回合博弈的角度,可以有不同的体会。如果是累犯,通常会设法隐藏自己的罪行,被捕之后,自有一套说辞。因此,在搜捕、侦讯和审判上,要耗用更多的司法资源。因此,对累犯从重处罚,其实是从多回合博弈的角度去考量的。"向前看"的预为之计,是希望提高犯罪的成本,从而产生阻遏效果。所以,看起来是事后处置,其实是在多回合博弈的思考下的事前安排。

[①] 后来媒体才报道出,彭宇实际承认自己确实和老人发生过碰撞。但社会印象已难以改变,影响无法消除。——编者注

第五讲
"最小防范成本原则"分析法

炸药伤人与风险防范义务分配

从这一讲起,我们将处理一系列性质相似的案子,并且利用一个简单的概念进行阐述和分析。这个概念,在判例法系里已经有悠久的历史,而且适用范围很广。

第一个案子,曾有一个马戏团去台湾地区巡回演出。有一天,这个马戏团要将一只老虎由某地运到下一个演出的地点。马戏团把老虎装在铁笼里,笼外有清楚的警示牌:老虎伤人,危险勿近。载着铁笼的小货车一路行驶,经过市区的一个十字路口时,刚好碰到红灯停下来。这时候,一位38岁的女士经过,突然想摸一摸这只老虎,就把手伸进笼子,老虎一回头,就把她的手咬断了。这个案件,我们就简称为"美女与野兽案"。

第二个案子,也是在马路上发生的意外,地点在英国的一个城市。一处道路施工,几个工人要挖开马路。路面很硬,而施工点需要挖得比较深,因此工人就搬来了一些炸药,准备爆破。工地都用警示隔离带围了起来,而且有明显的警示标识:"施工重地,请勿靠近"和"有爆破物品,不得接近"。结果,工人们离开去吃午饭时,几个小学生放学经过这里,小朋友天真顽皮,就用脚去踢这些炸药。拨弄之下,炸药突然爆炸，造成了伤亡。

两个案件，一个是老虎伤人，一个是炸药伤人，都发生在马路上。两者之间，有哪些异同之处，可以作为分析与比较的起点呢？让我们仔细思考一下，这两起意外事件，就相同之处而言，至少可以举出以下三点。第一，炸药和老虎的危险性都很高。第二，这两个危险的事物都进入了一般人生活的空间。这是一个很重要的因素，因为这已经隐含了可能给社会大众带来不寻常的风险。第三，施工方和运输方都做了某些防范措施。至于防范措施是不是严谨，显然是一个重点，后面会做进一步的考量。两起意外事件不一样的地方，也可以举出三点。第一，炸药是静止的，放在地面不动，而老虎是活的，运输车还在移动。第二，炸药伤的是未成年人，老虎伤的是成年人。成年人和未成年人，行为能力当然有明显的差别。第三，当炸药伤人意外发生时，没有成年人在场；而在老虎伤人案里，除这位38岁的女士之外，至少还有另一个成年人在场——小货车的司机。

思考两者的异同，有助于培养我们注意案件细节、比较与归纳的能力。魔鬼藏在细节里，有时案件的关键就在不起眼的细节里。我们先分析炸药伤人案，老虎伤人案留待下一节详细分析。

关于炸药伤人，英美普通法里有两个法原则是明显与之相关的。第一个法原则：当有人把极端危险的事物带到一般人的生活里，他要负完全责任（或严格责任）。炸药是极端危险的物品，进入一般人的生活空间时，必须做好严谨的防范措施。同样的道理，运输易燃易爆化学原料的大货车，通常白天不能进入市区，因为潜在的危险太大了。第二个法原则是"最小防范成本"，即谁能用最低的成本防范意外，谁就承担起这个责任。虽然只有六个字，但是应用范围非常广。一位资深法官告诉我："利用这个简单的原则，大概可以处理60%的刑事和民事案件。"

在炸药伤人这个案子里，如果工人去吃午餐时，留下一个人晚点去或者其他人把饭带回来给他，这不是非常容易做到的事吗？如果有一个工人在场，就大大降低了小朋友去踢炸药、引爆炸药的可能性。因此，根据这两个普通法的法原则，炸药伤人的责任非常清楚，即施工方要负100%的责任。因为他们把极端危险的东西带到一般人的生活里，也因为他们本可以利用非常简单的方式避免意外，但还是因疏忽而造成了严重的后果。

关于"最小防范成本原则"，我们还可以再进一步讨论。在观念上，这是一个很容易令人接受的原则，即谁承担责任成本最低、最省事、最方便，就由谁来承担主要责任。从社会的角度着眼，在资源的运用上，这个原则是很有说服力的。未成年人的行为，原则上由父母承担责任。这看起来涉及伦理道德，其实从最小防范成本原则的角度来解释，则一清二楚：未成年人通常和父母共同生活，父母照顾他们最容易，对他们的行为最了解，因此，法律上让父母承担责任合情合理。

2017年，我受邀在武汉的中南财经政法大学法学院教"法律经济学"的密集课程。除研究生之外，有几位企业界的校友旁听。大概第三次上课时，一位旁听的企业界老总就发言表示："上您的课很有收获，因为我立刻可以活学活用。"他有三家上市公司，其中一家最近出了状况，公司内的两个部门相互推卸责任。他把两个部门的负责人请来，分别问："如果事先采取防范措施，你这个部门要花多少人力、物力？"其中一个负责人表示，要花10万元；另一个负责人表示，大概要花5万元。老总提出："由防范成本低的部门承担责任，是不是更合理，对整个企业比较好？"两个部门的负责人都点头，争执化解。

"美女与野兽"的故事

这一节我将延续上一节的案例，重点有两点：第一，分析问题的技巧；第二，除法律条文之外，掌握条文背后的法理。

上一节所描述的"美女与野兽"的案情，可以利用时间轴标出几个问题关键的时点。时间轴由左往右延伸，我们依次标出4个时点：第

一个时点 t_1，是把老虎装笼；第二个时点 t_2，是装笼子的小货车经过市区，开到十字路口，碰上红灯停下来；第三个时点 t_3，是 38 岁的女士出现，把手伸进笼子摸老虎；第四个时点 t_4，是女士的手被老虎咬断，要起诉。

这起意外事件，谁应该负责，又要负多少责任？我们可以只考虑两方：一方是这位 38 岁的女士，另一方是运输方和马戏团。有四种可能性，我们不妨在脑海里琢磨一下，哪一种结果比较合理，同时也思考一下原因。第一种，38 岁的女士要负全责。第二种，女士不需要负全责，但是要负超过 50% 的主要责任；运输方和马戏团负少于 50% 的次要责任。第三种，女士负次要责任，少于 50%；运输方和马戏团负主要责任，超过 50%。第四种，女士无须负责，运输方和马戏团要负全责。这是四种主要的结果，其他还有许多可能性，但并不重要。双方各负 50% 的责任，虽然这样的论断看起来四平八稳，可是却无助于磨炼我们的思维判断。

现在，我们来具体分析这起意外事件。

一方面，相信有不少朋友会认为这位 38 岁的女士要负 50% 以上的主要责任。从时间轴上看，这大概意味着 t_2（运输车遇红灯停在路口）和 t_3（女士把手伸进笼子）是两个重要的时点。尽管这看起来似乎合情合理，但这是第一个误区，因为 t_2 和 t_3 并不是重要的时点。那么，哪一个才是重要的时点呢？仔细想想，t_1 才是重要的时点。在 t_1 把老虎装笼这个时点上，运输方和马戏团以很简单的方式，就能避免后面发生的严重的意外。第一种方式是，把老虎装进笼子之后，再将其放入一个更大的笼子。这样，即使有人把手伸进去，也碰不到里面的笼子，不就没事了吗？第二种方式更简单，在装老虎之前，笼内至少四面围一层更密的铁丝网；或者，当老虎进笼后，在笼子外罩上一个黑色或深色的布套，留一些通气孔。只要这么做，就不会有后面的意外，不是吗？

另一方面，如果认为女士要负主要责任，大概是基于以下三个理由：第一，连小孩都知道老虎危险，这是常识；第二，笼子上已经有明显的警告标识；第三，38岁的女士已是成年人，自己去招惹老虎，将自身置于危险中，当然自己要负责。这三点考虑，虽然听起来合理，但这是第二个误区，因为逻辑上有问题。试问：如果这位女士知道老虎很危险，她怎么会把手伸进笼子呢？也就是说，她把手伸进笼子里，恰恰说明她不知道老虎有多危险。危险至少有两种：一种是"精确的危险"，另一种是"模糊的危险"。什么是"精确的危险"？比如水达到100℃沸腾了，开始冒蒸气。众所周知，这时手一碰到蒸气一定会被烫伤。这便是"精确的危险"。而生活里，又有多少人和老虎近距离接触过，知道老虎动作有多快、多危险？大部分人是通过电视或电影看到老虎在野外漫步，或是在动物园里看到老虎被关在笼中或围栏里。大部分人没有近距离接触它的经验，因此，老虎是一种"模糊的危险"，而非"精确的危险"。相对而言，马戏团和运输方对于老虎的习性了解更多，因此对他们来说，老虎的危险是一种"精确的危险"。

结合这方面（时间轴、"精确的危险"和"模糊的危险"之分），比较合理的判决是，马戏团和运输方要承担70%~90%的责任，而那位38岁的女士要承担10%~30%的责任。这个案件的结果，大概是双方和解了事（在网络上，我未搜寻到判决的结果）。如果没有和解，法院判决大概率是马戏团和运输方负主要责任。因为，他们对老虎的习性了解更多，而且在装笼的那个时点上就可以（也应该，而且是很容易地）做好防护措施。在上一节里，我们提到的最小防范成本原则，在这个"美女与野兽"的案子里一样适用。以上是我对这个意外事件在法理上所做的分析。

最后，让我们再看一下我国法律对此有何规定。在《中华人民共和国侵权责任法》（已废止）（后文简称《侵权责任法》）中，第76条是关于危险区域的侵权责任的规定："未经许可进入高度危险活动区域或者高度危险物存放区域受到损害，管理人能够证明已经采取足够安全措施并尽到充分警示义务的,可以减轻或者不承担责任。"第78条至第83条,是关于动物伤人的责任问题。《民法典》颁布实施后,原《侵权责任法》的相关条文被吸收进入了《民法典》里:原《侵权责任法》第76条对应的是《民法典》第1243条,《民法典》第1245条至第1251条,规定了关于动物伤人的责任问题。

结合这几个条文,我们可以归纳出两个重点:第一,如果动物伤人,动物饲养人要负主要责任;第二,若能够证明损害是因被侵权人故意或者重大过失造成的,则饲养人不一定要负主要责任。法律已经做出了非常明确的规定。可是,为什么要这样规定呢?在很多培训班里,我请教第一线的法官、检察官、律师等专家。他们对法律条文都很熟稔,可对于法律为何如此规定,他们却往往无从解释。其实,道理很简单,法律这么规定,就是基于最小防范成本原则。在一般情况下,由动物饲养人防止动物伤人是最容易的;如果没有做好防护措施,导致动物伤人,饲养人就要负主要责任。

举一个简单的例子,如果我养了一只狼狗当宠物,当我牵着狼狗去散步时,有两种方式可以避免狼狗伤人:第一种,我在狼狗的嘴上套一个嘴套,大概花一二十元就能解决;第二种,我牵着狼狗散步,希望沿路的大人或小孩都不要招惹狼狗,也希望狼狗不要因突然听到鞭炮声、汽车鸣笛等声音而受惊乱窜和咬人。试问,哪一种方式比较简单而有效呢?给狼狗嘴上戴一个嘴套,符合最小防范成本原则,也正是法律条文的意旨所在。原《侵权责任法》对于动物伤人的规定,不是从强弱或是道德上的高低来界定责任,而是基于常情常理,在人际相处时(包括涉及宠物或猛兽时),由谁来防范意外最容易,就由谁来承担防范意外的责任。很明显,这是基于成本效益的考虑,而不是基于道德哲学的论证。

猛兽区惨案中的责任

这一节将延续上一节的主线,继续分析老虎伤人的意外事件。这是在北京八达岭野生动物世界发生的意外事件,两个案件放在一起,刚好可以在法律适用和法理考量上做比较分析。

"7·23"北京八达岭野生动物世界老虎伤人案的经过如下。一家四口自驾进入北京八达岭野生动物世界猛兽区后,原本坐在副驾的赵女士下车到驾驶座旁,大概想换人驾驶。此时,一只老虎突然扑倒赵女士,坐在后座的赵女士的妈妈大惊,下车想帮忙。结果赵女士的妈妈死于虎口,赵女士头部及脸部都严重受伤。事情发生之后,引起了民众广泛的注意和讨论。法律界人士也积极参与讨论。一位著名法学院的教授表示,野生动物园要负无过失责任。但是,他并没有说清楚原因。

对于这起意外事件,我们可以再次利用前两节介绍的时间轴分析法。在时间轴上,我们可以把注意力放在两个时点上:第一个时点,汽车还没有进入猛兽区;第二个时点,汽车已经进入猛兽区,此时四周是老虎,中间是由游客自己驾驶的车辆。我们不妨稍微想一下,在这两个时点上,野生动物世界的园方和进入猛兽区的游客,双方所需要承担的责任是不是有明显不同?

具体而言,在第一个时点上,游客的车还没有进入猛兽区,这时候,动物园明显有责任明确地告知游客,车辆一旦进入猛兽区,一定要做到两点:第一,车窗不要打开;第二,人千万不能下车。万一车突然发生故障,可以按喇叭或打电话,动物园会有人过来救援。如果动物园没有尽到提醒、告知、警告的责任,就理应负责。假设在第一个时点上,动物园已经尽到了以上责任,现在游客的车已进入猛兽区,四周都是老虎。在这种情境里,运用前面两节我所提到的最小防范成本原则,避免意外的责任也很清楚。其中一方是游客,只要车窗不打开,游客不要下车,就没有问题。另一方是老虎,如果游客下了车,老虎看到猎物,会本能地扑上去。

因此,八达岭野生动物世界的这起意外事件,如果在第一个时点,园方已尽到提醒的责任,那么,游客在第二个时点依旧下车,最终造成悲剧的发生，游客理应负主要责任。

在意外事件发生之后，动物园的相关主管单位立刻组成调查组，并进行了实地调查，探访了当时的目击证人，最终公布了调查报告。报告认定，在这起意外事件上，八达岭野生动物园没有安全工作上的疏失。这是行政体系的调查报告，法院必然会参考。本案经一审、二审，法院最终判决：八达岭野生动物世界不应该承担责任。

马戏团老虎伤人和北京八达岭野生动物世界的老虎伤人这两桩意外事件，刚好可以做几点比较，以便我们能更清晰地掌握两桩意外事件的关键所在及与之对应的法律条文。

第一点，根据前面的分析，马戏团老虎伤人案中，主要责任不在那位38岁的女士，而在老虎的运输方和马戏团。而在北京八达岭野生动物世界的老虎伤人案里，只要园方在事发前做了充分的提醒和警示，事发后及时进行了现场处置和救援，那么，主要责任就在游客，而不在园方。表面上看，看似相似的两个案子，虽然结论不同，但是背后隐含的道理是一样的，都涉及最小防范成本原则。

第二点，在上一节里提到，原《侵权责任法》及《民法典》里，对于动物伤人都有明确的规定：一是如果动物伤人，由动物饲养人负主要责任；二是若能够证明损害是因被侵权人故意或者重大过失造成的，侵权人可以不承担或者减轻责任。两起老虎伤人的意外案件，刚好巧妙而精确地对应了原《侵权责任法》和《民法典》里的这两点规定。马戏团老虎伤人案，运输方和马戏团没有事先做好防护措施，所以要负主要责任。北京八达岭野生动物世界的老虎伤人案，是在园方提醒和警示之后，游客在猛兽区下车造成的。在性质上，这就是在故意挑战老虎的野性，所以游客该负主要责任。

第三点，到目前为止，前后连续三节里，我们所做的分析都隐含了明确的建议，即从社会的角度长远来看，涉事双方在行为上原本应该如何规范，才能取得比较好的结果。首先，在炸药伤人案中，施工方要负100%的责任，因为只要施工方把炸药看好，就不会有人（大人或小孩）去触碰炸药和引发爆炸。其次，在马戏团老虎伤人案中，运输方和马戏团要承担70%~90%的主要责任。如果在老虎被装笼时做好防护措施，那么，无论沿路有多少民众经过或是路途有多长，都不会发生"路人将手伸进笼子"的事，也就不至于有意外发生。最后，北京八达岭野生动物世界的老虎伤人案中是游客负主要责任。法院的判决放出了一个明确的信号：所有人（特别是有行为能力的成年人）在从事危险活动时（包括到风景区、海滩、野外，以及台风来时上山下海等），一定要注意遵守相关的提醒和警示，否则就是自找麻烦，轻则受伤，重则丧命，甚至波及无辜的家人。

到这里为止，对于老虎伤人案和炸药伤人案，我们已经做了很详细的分析。在下一节里，我们要基于这几起意外事件，试着进行更深度的思考，进而展现经济分析的力量和魅力。

主流价值和入侵因素

在这一节里，以前文所提的三个案例为基础，我们将提升分析问题的维度，在一个更高的、抽象的层面上，重新检视这些意外事件。在性质上，这也精确而清楚地呈现了"先了解社会，再了解法律"的智慧结晶。

我们先来思考一下，野生动物园的门票为何比较贵？如果一般动物园门票是100元，野生动物园的门票可能更高。原因何在？稍稍想想，就可以理解。既然是野生动物园，自然是以原生态的野生动物区为特色，游客们更能体验到不一样的乐趣。因此，和一般动物园相比，野生动物园必然要放养比较多的猛兽。猛兽多，空间更大，饲养成本增加，管理的费用自然更高。由于运营成本高，收费比较高也就合情合理。

然而，这只是背景说明，重点是隐含的意义。具体而言，既然是以野生动物区为特色，放养了不少老虎等猛兽，那么，在猛兽区里，这些猛兽就是"主流价值"。相形之下,来访的游客,就是"入侵因素"或"偶然因素"。"主流价值"是重点,不该受到干扰,也就是社会捍卫和维护的重点。相对而言,"入侵因素"只偶尔出现,所以要照顾好自己。园区若要对"主流价值"整体采取防范措施,成本较高,而"入侵因素"的出现概率比较小,园区若要采取防范措施,比较容易。

我们不妨回想一下,在马戏团老虎伤人事件里,什么是"主流价值",什么又是"入侵因素"呢?答案其实很清楚:一般市民(老百姓)的生活是"主流价值",而运载老虎的小货车是"入侵因素"。"主流价值"是社会捍卫的重点,"入侵因素"要自己做好防护措施,不能侵犯或威胁到"主流价值"。从这个观点看,马戏团老虎伤人案和北京八达岭野生动物世界老虎伤人案,虽然看起来责任归属不同(前者是运载方和马戏团负主要责任,而后者是游客负全部责任),但背后的道理其实是相通的:都是"主流价值"和"入侵因素"之间的冲突,而由"入侵因素"承担主要责任比较容易,也符合社会长远的利益。

然而,"主流价值"和"入侵因素"的概念,无论在法学或其他学科里似乎都很少提到,所以这两个概念真的有意义吗?我们不妨让证据说话,考虑几个真实世界里的情境。

相信有很多人去过香港,那里的风土人情颇具特色。去过香港的朋友,也许能注意到其中一个小小的特色。在香港的人行横道附近,路政管理部门在地面用白漆清楚地写了两个大字("望右"或"望左")。别的地方鲜有类似的做法。

为什么香港路政管理部门要提醒大家,过马路时往右看或往左看呢?难道每个人从小到大,还不知道怎么过马路吗?稍微想想,就可以体会其中的意义。原因很简单,香港保留了回归前的交通行驶规则,开车是右舵左行。而内地是左舵右行,所以在内地过马路时,民众习惯性地先看左侧。在香港,如果人们在过马路时往左看,此时刚好有一辆车在十字路口左转,这时候就很容易人车相撞,造成伤亡事故。正因为在

图 3-1 香港路标标识

十字路口一再发生交通事故，香港路政管理部门才不得不在地面写了两个大字。

香港市民从小到大都知道过马路往哪边看，不需要提醒，地面这两个大字很明显是给游客看的。在香港，当地的民众是"主流价值"，而游客偶尔到访，是不折不扣的"入侵因素"。十字路口地面的两个大字，巧妙地反映了"主流价值"和"入侵因素"之间的冲突。抽象来看，这件事和马戏团老虎伤人案以及北京八达岭野生动物世界老虎伤人案比较，在性质上不是异曲同工吗？

当然，我们还可以考虑一下，每个人的生活里都多少接触过的情境。清晨和傍晚，男女老少在操场上运动。我们稍微回想一下：在操场上运动的人，大部分的人是顺时针方向运动，还是逆时针方向运动？

大部分的人是逆时针方向运动，但也有很少数的人顺时针方向运动，还有极少数的人倒走。逆时针方向运动的大多数人可能戴着耳机在听音乐，也可能低头正在想事情。如果在同一条跑道上，刚好出现一个顺时针活动的人，两人相撞而受伤。试问，谁要负责？答案很清楚：在一般情况下，顺时针活动的人要负主要责任。原因也很简单，当绝大多数人都是逆时针方向活动时，这就是操场上的"主流价值"。极少数顺时针方向活动的人与众不同，就是"入侵因素"。顺时针方向活动的人，给大多数人（"主流价值"）带来潜在的风险，而这种风险是完全可以避免的。

最后举一个生活里的例子，如果有人把自行车骑上高速公路，撞上了过往的车辆，造成死伤，试问，谁要负责？毫无疑问，在绝大多数情况下，是自行车要负责，而不是汽车要负责。道理是一样的：高速公路的目的就是让车能够高速行驶，而自行车上高速公路，不是"入侵因素"，是什么？

著名经济学家张五常教授曾经说过许多名言警句，其中之一是"道理浅中求"，即从浅显的事例里，可以总结出精辟的道理。

这一节里，我们描述了三个简单的情境（香港十字路口的地面提示语、运动场上的逆时针方向活动、自行车上高速公路），希望能阐明"主流价值"和"入侵因素"的意义。

银行交易中的风险防范成本负担

在前面几节里，我们借着炸药伤人和两桩老虎伤人的意外事件，阐释了"最小防范成本原则"这个概念。在不同的培训场合里，我也将其纳入课程的教材。课堂上，不止一次有学员举手发问："在马戏团老虎伤人事件里，那位 38 岁的女士若不把手伸进笼子里，不是防范成本最低吗？"这个问题非常具体和直接，在这一节里，我就以这个问题为起点，除回应该问题之外，也刚好对"最小防范成本原则"这个概念做阶段性的回顾和省思。希望读者能更准确地掌握这个概念，以令自己的思维更开阔和缜密。

我们循序渐进，先从一个著名的案件进行比较分析，可以兼听而聪，兼视而明。2006 年，发生在广东地区的"许霆案"（前文提过），引起了社会各界的广泛关注。当年 23 岁的年轻人许霆去 ATM 提钱，没想到 ATM 出了状况。他提款 1 000 元，钱吐出之后，账户上的余额却只减少了 1 元，连续试了几次，都是如此。许霆利用这个漏洞连续操作，前后一共提取了 17 万余元的现金，而后逃匿。银行发现之后，当然报警侦办。没过多久，许霆就被逮捕归案。ATM 的监控录像记录了完整的案发过程，所以证据确凿。经过审理，地方法院的一审判决是：因为涉案金额巨大，许霆被判无期徒刑。法院的判决引起民众和法律界人士的热烈讨论。法律界人士讨论的重点之一是，许霆的行为到底是以盗窃罪还是以侵占罪起诉较为合适？

我们所关心的重点，不在于适当的罪名，而在于由谁来避免这件事的发生比较容易？是许霆这个年轻人，还是 ATM 出状况的这家金融机构？我们稍微想想就可以明白：许霆其实只是一个一时头脑糊涂的年轻人，在错误的时间出现在错误的地点，禁不起诱惑而犯了错，他的整个人生因此而改变。如果这次重罚许霆，下一次 ATM 出了状况，而站在 ATM 面前的可能是你或是我，试问，又有多少人会禁得起诱惑，不带走 ATM 吐出来的钞票？相对而言，金融机构的计算机程序没有设好安全防线，才会出问题。主要责任其实在金融机构，因其能以成本很低的方式避免类似的意外。如果这次主要责任由金融机构承担，那么，媒体一报道，所有金融机构将立刻检查自己的计算机程序，提高安全防护能力，以后再出现此类事件的可能性自然会大幅下降。

也就是说，我们所关心的不是许霆这个年轻人，而是潜在的、千千万万个在未来有可能犯错的"许霆"。老虎伤人的意外也是如此，问题的重点不在于那位 38 岁的女士，而在于千千万万个路过的行人，希望他们不要把手伸进装老虎的笼子。相对而言，只要运输方将老虎装笼时做好防护措施，就不会有后面女士把手伸进笼子的意外。

关于"最小防范成本原则"，还可以举另一个实际的案例作为参考。银行理财专员告诉一位 40 多岁的女士，银行针对优质客户，特别推出一款理财产品：年利息40%，一年到期，基本申请额度100万元。该女士一下就买了800万元的理财产品。理财专员也出具收款证明，上面日期、金额、利息都很清楚，还盖有银行的公章。转眼一年期满，女士带着单据要去领回本息。没想到，银行表示，那位理财专员在开立单据的日期之前就已经离职了。该理财专员不是银行的职员，而是假借银行办公室、冒用银行公章，实施了诈骗行为，和银行无关。女士不甘白白损失，就向法院提出诉讼，要求银行赔偿损失。

我们不妨斟酌一下，在这件纠纷案里，由哪一方来避免事故的发生最容易？有三方值得考虑：这位女士、理财专员和银行。很明显，那位理财专员是罪魁祸首。专员已经离职，但是假借银行办公室、冒用公章，目的就是诈骗。她避免违法最容易，这毫无争议，但不是问题的关键。关键的问题是在银行和客户之间，由谁来避免这桩诈骗更容易？

我们从时间的先后来想就很清楚。对于离职的员工，银行的内部管理应该有一套标准作业程序，如：交还办公室的钥匙以及相关的公章等物品。此外，员工一旦离职，就不能再进入办公场所。如果银行的内部管理规范十分严谨，就不会出现这种奇怪的场景：已经离职的员工还能在办公室和客户会面，还能拿到银行的公章。毫无疑问，银行要负责。那么，这位女士呢？她需不需要负责？根据当时的银行法规，民间合法借贷的年利率上限是24%，超过这个水平就不受法律保护。理财专员提出40%的高年利率，这位40多岁的女士竟然相信这种天上掉馅饼的事，特别是在正规经营的银行里。她如果不是过度贪心，就是没有基本的管控投资风险的意识。也就是说，对于这起诈骗事件，这位女士也要负一部分的责任。

银行和女士，哪一方要负主要责任呢？根据常理，银行要负主要责任。因为，如果银行做好内部管控，就不会发生离职人员假借办公室和冒用公章的事。判定银行负主要责任，事实上有积极正面的意义，即提醒这家银行和其他金融机构，标准作业程序很重要。按照标准作业程序操作，不但能保护自己，还能保护自己所面对的客户。

最后，关于"最小防范成本原则"，在我们所探讨的案例里，当事人的行为往往有先后之分。"最小防范成本原则"是针对先采取行动的那一方。比如，银行没有适当的安全防线，才会出现许霆这样的行为；银行没有做好内部控管，才会有离职人员诈骗客户；运输方在运输时没有先做好防护措施，才会有女士把手伸进笼子；等等。然而，在真实世界里，是不是也有一些情况是针对后采取行动的一方，防范意外的成本较低呢？

专题四

正义与效率
——法学和经济学的联结

第一讲
财富最大化

这一讲里，我们将探讨法学和经济学这两门学科里最核心的概念（正义和效率），以及两者之间的关联。同时，回顾思想史上的点滴，希望你能享受到站在巨人肩膀上的乐趣。

法律经济学的奠基人物之一，诺贝尔经济学奖得主科斯教授最重要且著名的文章，就是于 1960 年发表的经典之作：《社会成本问题》。

文章一开始，他就提出一个观点，令人眼前一亮。他表示，当两个人之间发生冲突、造成伤害，两人的行为是互为因果的。传统的法学思维以及一般人的想法通常是：因果关系是单向的，即一个人的不当行为对另一个人造成损害。譬如，车撞了路人，车是原因，路人受伤是结果。然而，科斯慧眼独具，提出合乎情理的质疑：车撞了路人，换一种描述的方式，难道不就是"路人是原因，被车撞上是结果"？

对于思考因果关系以及如何认定双方的责任，科斯的观点很有启发性。对于两人（或两车、两公司等）之间权益的冲突，不能只看冲突本身，还需要考虑更多因素。那么，当法院面对两者之间的诉讼，该如何决定因果关系，谁是谁非呢？

在这篇经典文章里，科斯以讲故事的方式，借着生动的场景将自己的观点娓娓道来。在英国，炸鱼和薯条是十分常见的大众食品。如果炸鱼薯条店的气味令附近的邻居认为自身的权益受损，进而告到法院，法院该如何处理比较好？显然，科斯互为因果的观点立刻有了参考价值：店家的气味影响了邻居，店家是原因，这是一种解释；另一种解释是，因为邻居这个因素，才会有反映气味问题的人，所以邻居才是原因。

既然互为因果，到底谁是谁非呢？这时候，科斯提出：不要从传统的因果关系着眼，而要考虑哪一种做法可以使社会的产值最大化。"产值最大化"的观点，虽然听起来不可思议，但只要稍加解释，就能体会其意义所在。试问，这个炸鱼薯条店开在住宅区与开在商业办公区相比，是不是产值不同？

如果该店开在商业区，刚好可以为上班族提供餐饮，会提升社会产值；如果开在住宅区，气味与油烟影响居民的生活和附近房产的价值，会减损社会产值。因此，从社会产值的角度，科斯提供了思考问题的另一个角度，有趣且具有启发性。然而，社会产值这个概念在经济学界和法学界都不常用。让科斯的思维具体化且大放异彩的，是另一位横跨法学和经济学的大家波斯纳教授。波斯纳明确指出，法官在处理案件时，可以从"财富最大化"的角度着眼。

据我粗浅的了解，波斯纳（至少在著作里）并没有明确指出，他的"财富最大化"和科斯的"社会产值最大化"之间的关联。然而，有趣的是，科斯 1960 年发表的《社会成本问题》备受业界肯定，同时是法学和经济学这两个领域里被引用次数最多的论文。相形之下，"财富最大化"的观点一经提出，备受业界批评。不仅法学界一片批评嘲讽之声，连经济学界都认为，若以"财富最大化"的角度来判案，未免太跳跃、太离经叛道了。

不过，让我们先用两个简单的例子说明"财富最大化"的思维，再试着进一步阐明这个概念的深层意义。一是封闭地和通行权的问题。

《民法典》第291条规定，不动产权利人对相邻权利人因通行等必须利用其土地的，应当提供必要的便利。有了这个通行便利的权利，该居民（和家人）能正常生活工作，由此释放出的生产力能增添社会的财富，是有意义的。二是"紧急避险"是各个社会都接受的法原则，这一原则用"财富最大化"的思维来解释，意义非常清楚。在暴风雨中，如果不允许湖里的船只在未得到船坞所有者的同意下驶入私人船坞避难，那么，虽然保障了船坞所有者的财产权，但会让湖里船只上的人员和船只本身陷入危险，进而造成损失和伤亡。这时候，就社会的财富（包括生命和财产）而言，对私有财产权的保护，显然值得容许例外。

由此可见，财富最大化的观点和法律以及诉讼之间，不见得完全无关。事实上，财富最大化的思维寓有深意，值得我们思考，有几点可以明确列举。第一，公平正义是相对抽象的概念，相形之下，财富的表现方式很具体，如金钱、汽车、房产等，都是现代社会里的财产。在思考如何处理冲突时，从财产的角度出发，可以找到很多具体的参考坐标。而且，公平正义相对比较主观，财产的诸多指标相对客观，从后者的角度出发，在评估对错时比较容易。第二，社会的财富增加，资源充足，至少在相当的程度之内，对社会大众都是有益的。财富最大化，是指社会的财富增加，而不是特定人或族群的财富增加。第三，财富最大化意味着"向前看"，即面向未来的思维。面对诉讼，这种处置方式可以释放清晰的信号并提供好的诱因，让人们可以选择自己的行为，从而使社会的财富（资源）越来越多。

因此，财富最大化意味着"向前看"，而"向前看"又意味着"兴利"。相形之下，传统的公平正义，通常意味着"除弊"。两相比较，兴利的观点显然更具前瞻性。在新生事物不断出现的现代社会里，从兴利的角度思考问题，包括处理法院里的诉讼，是非常积极而正面的角度。

简单小结

这一节里，我们先介绍了"社会产值最大化"和"财富最大化"这两个概念的背景，再援用"财富最大化"这个概念，解释两个法原则。最后，在观念上阐释了"财富最大化"的内涵。

第二讲
谁在赋予正义内涵

正义的面孔：历史视角

上一讲里，我们试着搭建法学和经济学之间的桥梁，援用的材料来自科斯和波斯纳，探索的概念则是社会产值最大化和财富最大化。这一讲里，我们将继续这项搭桥的工作，尝试在法学和经济学之间，搭起第二座桥梁。虽然方式不同，但殊途同归，都是希望能清楚地呈现出这两门学科之间的密切关系。

这一次的出发点不再是科斯，而是波斯纳。对波斯纳而言，智识探索之旅趣味盎然。当他提出财富最大化之后，广受业界抨击。他在回应批评之余，进一步提出了另一个立论（或假说）："（大体而言）普通法是有效率的。"他认为，英美的普通法由判例逐渐发展而成，在这个漫长的过程里，会渐渐趋向"效率"这个指标，但是，即使在法官们的脑海里，也未必会有（或根本没有）"效率"这个概念。

我们以两个众所周知的法原则为例。在英美判例法系和德日成文法系里，这两个法原则都成立。一是正当防卫。当一个人的（或家人的）生命及财产受到不法侵害时，可以诉诸暴力。人在正当防卫时，即使对他人造成伤害，也不必承担后果。原因很简单，如果这个人当时不采取正当防卫的行动，自己或家人承受的伤害在事后可能根本无从弥补。

二是无因管理。当一个人看到路边装酒的大木桶有裂缝，即将崩裂，便采取必要的方式暂时修补。修补者花费了时间与心力，事后可以向木桶主人主张合理的费用。原因也很简单，在绝大部分情况下，主人也会需要请人帮忙修补木桶，并支付合理的费用。

这两个法原则都具体地反映了效率的精髓，即让资源能流向价值更高的使用途径。正当防卫，保护了自己或家人的生命财产；无因管理，既保护了主人的权益，也照顾了见义勇为（或热心者）的利益。因此，看起来是法律的公平正义，其实隐含着在运用和配置资源时高下之间的取舍。

波斯纳提出"（大体而言）普通法是有效率的"之后，引发了学界热烈的讨论。从理论和实证上，赞成和质疑的双方各拥立场，论对精妙绝伦。关于效率和正义之间的关联，我们可以从另一条路径来考虑。在前文中，我们已经提过："正义"是一个工具性的概念，具有功能性的内涵。那么，一个问题自然而然产生了：在不同的时空条件下，正义会被赋予哪些内涵呢？

为了简化论证，我们不妨把人类历史粗略地分成三个阶段，再思考，在这三个阶段里，正义这个概念可能会有哪些转变。

人类社会的第一个阶段处于原始社会。在这个阶段，人们结茅草为屋，成群聚居，以狩猎为生。而面对恶劣的自然环境，人们的能力极其有限。生存和繁衍是最主要的考验。不过，既然是群居而生，就免不了有摩擦和纷争。有了冲突和损伤，当然要善后，否则群居生活可能会瓦解。在原始社会，资源匮乏，当然没有民法或刑法、实体法或程序法之分。以简洁有效的方式处理纷争，对当事人和群体最好。因此，"以眼还眼"的做法自然而然地赋予了正义内涵。在这个阶段里，正义的主要功能在于善后，在于"除弊"。

人类社会的第二个阶段是农耕社会。在这个阶段，人类主要以农牧为生，同时圈养家畜。当社会稳定发展之后，才逐渐有了简单的交易。

除原始社会的杀戮与纷争之外，其他形式的摩擦也逐渐出现。既然是在稳定的环境里，以眼还眼式的逻辑不再那么重要，逐渐萌芽并代之而起的考虑是：如果涉及交易或人际互动而产生冲突的双方角色可能互换，那么，从长远来看，如何处理比较好？

经过数百年的累积，交易和人际互动所发生的摩擦冲突慢慢形成了处理的原则：在多回合博弈的考虑下，处理的原则必然能照顾到双方的权益，且从长远来看，有益于社会的延续和发展。正义的内涵自然而然地增添了不同的内容。除弊的成分慢慢淡化，尽管兴利的成分未必明显，但是，长治久安、合则两利、彼此互惠的思维不知不觉地融入了正义的概念。正义的内涵，已经和原始社会时期的不可同日而语了。

人类社会的第三个阶段，可以用18世纪的工业革命来划分。蒸汽机等科技的发展改变了生产方式，使大规模生产成为可能。市场的范围大幅扩大，经济活动滚雪球式地增长。而后，城市化进程加速，使城市人口规模膨胀。双职工家庭出现，女权运动沛然莫之能御。21世纪，经济活动早已跨越国界，世界逐渐成为一个地球村。

毫无疑问，经济活动是人类社会的主导力量之一。而经济活动的主要驱动力就是设法使资源运用的效率越来越高。追求效率的思维，直接或间接地渗入人们生活的各个角落。法院在面对各种纠纷时，自然会（即使是不自觉地）运用相关的思维，特别是新生事物不断涌现。这时候，兴利的考虑（带给人们更多的方便和福利），显然要超过除弊的思维。以兴利来赋予正义内涵，让正义发挥更好的功能，是非常清晰的逻辑。

简单小结

这一节的内容，是从人类社会的演进，阐释在不同的社会发展阶段，正义被赋予了不同的内涵。在21世纪初，最重要的一点是：正义的内涵已经从除弊转向更积极的兴利。从效率的角度解读正义，更能体会正义在不同社会发展阶段的变化和深层意义。

正义的面孔：一千个哈姆雷特

在法学里，正义这个概念居于核心地位。然而，对于这个概念的理解，一千个人眼中就有一千个哈姆雷特。这一节里，我们采取"治大国若烹小鲜"的做法，先呈现历来哲学家和思想家的观点，再从经济分析的角度入手，以增进大家对"正义"这个概念的体会和掌握。

我们先来简单讲一下对哲人先贤思想的解读。在传世名著《理想国》里，柏拉图认为，共和国里有三种阶级——统治阶级、辅助阶级和生产阶级。一个人在出生时，属于哪一个阶级就确定了。在理想的共和国里，每个阶级的成员都尽忠职守，做好自己阶级该做的事。

柏拉图之后的亚里士多德对正义有不同的看法。他认为，由优秀的人来治理社会是合理的，奴隶制度也有可取之处。在家庭之中，男人支配女人是极其自然且必要的。正义的理念隐含着某种"平等"的原则，即相等的人应该给予相等的待遇，不相等的人给予不相等的待遇。

相形之下，英国的哲学家、社会学家赫伯特·斯宾塞（Herbert Spencer）对正义却有相当不同的解读。他认为，正义最核心的理念并不是平等，而是自由。每个人都有权利追求自己认定的目标。如，得到田产财富、自由迁徙、可以毫无拘束地表达自己的思想和情感等。当然，每个人享有这些自由的前提，是其他人也有同样的权利和自由。

接下来，是近代最著名的论述，美国政治哲学家约翰·罗尔斯（John Rawls）的《正义论》（*A Theory of Justice*）。他所提出的闻名遐迩的"无知之幕"，可以从两种角度来理解。一种角度是，在规划社会基本的典章制度时，每个人的眼前都有一层幕布，他们不知道自己的社会地位、阶级出身、天赋和气质，以及他们的善的观念的具体内容，也不知道自己属于什么时代，所处社会的经济和政治状况以及文明水平如何。因此，在幕布掀起之前和幕布掀起之后，每个人的地位和机会都是一样的，是平等的。另一种角度是，面对幕布，处于原初状态（original position）下的人们会希望，一旦幕布掀起之后，每个人都享有最大限度的自由，只要自己的自由和其他人的自由是彼此相融而互不干扰的即可。因此，罗尔斯的贡献之一，就是把"自由"和"平等"这两种重要的价值都纳入了正义的内涵。

以上是我非常简单的总结，对于正义的基本观点，只是蜻蜓点水式的介绍，而千百年来，相关的讨论不知有多少。当然，即使不触及正义的实质内涵，我们也可以归纳出两点重要的体会。第一，对于"正义"这个概念，历来的思想家和哲学家进行了不计其数的讨论。在诸多讨论里，要辨认出哪一种解释是最好的、是正确的，很可能徒劳无功。第二，既然不容易（或不可能）有标准答案，那么，对于正义的探索，也许目标可以稍稍调整。也就是说，不是要找出正确的、最好的解释，而是希望能有新见，以增加我们对这个概念的体会。

从这个角度切入，1960年左右创立的"法律经济学"，无疑带来了新见。经济学者采用经济分析的工具探讨法律和法学问题，如同打开了另一扇窗。就以"正义"这个概念而言，经济学者提出了一个有趣的争议，具有启发性的解读——"正义即效率"（justice as efficiency）。简单地说，正义的内涵，其实是在促进资源运用、人际交往时的效率。表面上看是正义的展现，进一步深究就可以发现隐藏其中（或隐藏其后）的效率因素。

譬如，在原始社会，人类学家发现，正义就是"以牙还牙，以眼还眼"。原始人类对本部落的偷马贼处罚得很严厉，但若是偷其他部落的马，就轻轻放过。两种正义的规则都可以根据效率提出合情合理的解释。一是原始社会资源有限，只能提供简单粗暴的正义。二是偷族人的马，是搬石头砸自己的脚，对整个群体不好；偷其他部落的马，以邻为壑，成本可堪负荷。

再举一个众所周知的例子。刘邦入关中，与父老约法三章："杀人者死，伤人及盗抵罪。"稍微想想，这都是实体法，不涉及程序。而原因也非常简单：大乱初定，民心思治。实体法快刀斩乱麻，简捷有效。在乱世里不容易有程序法，正义的背后是效率的逻辑。由此可见，对于正义的内涵，确实可以有不同的解读。从经济分析的角度切入，也确实可以增添新的内容。正义的内涵，可以从不同的角度挖掘。然而，除这一点体会之外，我们可以进一步提升思维的高度，抽象地思考一下，是不是有其他更精确、更为重要的体会和领悟呢？

具体而言，"正义"的内涵，无论是由思想家、哲学家，还是经济学家来解读，也无论是否存在"最好"的解读，重点并不在于内涵，而在于正义所带来的结果。换句话说，无论是原始社会还是现代科技社会，人们用"正义"这个概念，都是希望发挥某种作用，达到某种效果。因此，"正义"这个概念，其实是一种工具性的安排，具有功能性的内涵。

也就是说，正义本身不是目的，达到正义、平等、效率等的结果才是目的。"正义"这个概念只是一种媒介、一种方式或一种工具。通过这个媒介、方式或工具，以发挥作用，达到目的。

简单小结

这一节里有两个重点：第一，"正义"这个概念，历来思想家和哲学家有许多不同的解读，对于什么是正义，似乎没有简单明确的标准答案；第二，"正义"这个概念，本质上是一种工具或媒介，具有功能性的内涵。

第三讲
正义使者的面貌

这一节里，我们要处理一个法学教育里比较少触及的问题，即司法从业人员的特质。司法从业人员包括大家所熟知的法官、检察官、律师、警察、法律学者、政府监管部门的人员，以及其他和法律有直接或间接关系的人员。虽然工作内容不同，但是在他们心中有一个共同追求的目标：公平正义。前文曾多次提到，西方有一句知名的谚语：为了正义，可以天崩地裂。投身司法的从业人员往往有一种特殊的情怀，他们是置身于一个伟大而光荣的传统，他们是正义的使者，是维系社会公正的长城。

为什么会有这种特殊的情怀呢？对于这种特殊情怀，公众多了解一些，是不是有助于社会福祉？多了解司法，是不是有助于司法体系的运作？这一讲里的资料和分析，就能回应这两个有趣且重要的问题。

我们不妨举一些例子作为背景，无论中外，都有著名的法官和律师成为典范。中国历史上的包拯，已经是中国传统文化里正义的化身。包青天明察秋毫，摘奸发伏，是老百姓心中的寄托。19 世纪后期到 20 世纪中期，美国的克莱伦斯·丹诺（Clarence Darrow）律师被誉为美国有史以来最伟大的辩护律师。他的自传被翻译成多种文字，很多年轻法律学子在求学阶段都看过《丹诺自传》，并以他为标杆和榜样。然而，丹诺可能是不世出的例外。

1984年12月3日,印度发生重大工业化学事故。美国联合碳化物公司在印度的农药工厂发生氰化物泄漏,直接造成2.5万人死亡,间接导致55万人死亡,还有20多万人永久残疾。新闻播出之后,举世震惊。而反应最快的人,是一些从美国立刻搭机赶往印度的律师。他们的目标是,尽快联络和组织受害人接受委托,从而代表他们起诉联合碳化物公司并求偿。做出这些行为的律师已经有一个专有名词来描述——追救护车的人,即一旦有车祸等意外事故发生,救护车刚刚把伤者运走,律师们便追着救护车跑,希望能承揽伤者的诉讼。当然,司法这个行业的从业人员很多,各种人都有。那么,我们不妨把思路稍稍打开,将另一个行业的情况作为参考。2017年6月3日,伦敦发生恐怖袭击事件:恐怖分子在伦敦大桥上开车撞向路人,然后持刀袭击周围民众。从澳大利亚到英国伦敦工作的28岁女护士克里斯蒂·博登刚好在现场附近。当她看到有路人被袭击倒地时,别人都设法逃离现场,她却奔向受伤的人,希望能提供医疗救助。对于这位"逆行者",恐怖分子当然特别愤怒,对她狠下杀手。她被砍中后,还用身体保护倒地的路人。最终,她因伤重过世,被她保护的路人侥幸活命。

事后,她的家人表示,博登从小就十分善良、乐于助人,如果重新来过,她还是会不顾自己的安危去帮助别人。这位澳大利亚的女士在异乡的作为很令人感佩。此外,其中很多有意义的信息也值得思考。主要有两点。一是这位女士从小就和善、开朗、乐于助人。高中毕业后,她选择了护理专业,在自己的工作中帮助那些需要帮助的人。她选择的专业正符合她的个性。二是她的出生、成长、学习和工作,绝大部分时间都在澳大利亚。和世界上很多地区相比,澳大利亚相对安全,因此,工作后,她也一直保持乐于助人的人格特质。到英国后,她其实已经进入一个和过去不同的环境。近年来,整个欧洲的治安状况逐渐令人担忧,而她还保留着在澳大利亚时的心态和习惯,却不幸碰上恐怖袭击。

一个人在选择工作时，会倾向于进入那些适合自己个性的行业，这是入行前的"自我选择"，很普遍，也很正常。对武器和军事有兴趣的人，容易从军；喜爱表演的人，容易进演艺圈；喜欢教书育人的，就很有可能进入校园。然而，入行之后，一个人能不能保持原来的特质，其实要看这个行业的实际情况，包括整个行业的状态，以及这个人所处的特定环境。如果行业的专业程度有限，专业精神还没有确立，那么，即使这个人入行时有满腔热情，入行后，其身心经过日积月累的耗损和磨炼，热情也很可能会逐渐流失。因此，每个人入行之前的人格特质固然重要，但入行之后的行业特质也很重要，甚至更为重要。

回到一开始所提的问题上，从事司法行业的人，在人格特质上往往对公平正义有特别的情怀。然而，入行之后是不是能保持当初的情怀（像那位澳大利亚的女士一样），其实和行业特质的关系非常密切。中国古代，司法是行政体系的一部分。比如，县官同时兼任法官，负责审理案件。既然司法是行政体系的一部分，自然就没有形成一个专业，以及本身的专业精神和专业伦理。

对华人文化而言，司法这个专业还正处于发展和成形的阶段。形成一个专业本身的行业规则和品德规范等，还需要时间的积累和沉淀。因此，至少在相当一段时间里，与其强调"为了正义，可以天崩地裂""追求正义，舍我其谁"这种情怀，我们不如平实一些，把司法当作一个专业，有意识地培养和塑造自己的专业行为和专业精神。

第四讲
正义与效率：经济学视角

奥肯：简单的问题，艰难的取舍

在这一节里，我们要再介绍一本经典。这本经典在内容和分析方式上都很有启发性。

《平等与效率：重大的抉择》（*Equality and Efficiency: The Big Tradeoff*）是 1975 年出版的一本书，出版近五十年后，这本书还是经常被引用。作者阿瑟·奥肯（Arthur Okun）教授是一位美国经济学家。在约翰逊总统任内，他曾担任总统经济顾问委员会主席，因此对理论和实务都相当娴熟。当他快退休时，回顾了自己的所学所知，进而写成这本脍炙人口、影响深远的书。

在性质上，与其说这本书是对经济活动（和经济学）的辩护，不如说是对经济分析的反省。奥肯从更广泛的角度，比较经济活动和政治活动的差别，提出了深刻的观察以及许多发人深省的问题。在内容上，奥肯紧扣"政治"和"经济"这两大主题，反复铺陈论证。具体而言，在政治领域里，最高指导原则是"平等"。譬如，每个人都只有一票、每个人都要受教育和纳税、每个人的基本权利都会受到保护，等等。相形之下，在经济领域里，"效率"是最高指导原则。优胜劣汰，适者生存，富者阡陌千里，贫者无立锥之地。因此，政治和经济这两个领域采取截然不同的游戏规则。

虽然平等和效率、政治和经济有着天壤之别，但在现代资本主义社会里却能兼容并蓄，两种力量在两个不同的领域里各尽其能。追根究底，或许这种看似矛盾的组合才是巧妙无比的组合。一方面，以效率为经济活动的指导原则，可以提供适当的诱因，使企业家享受求新、求善、求美的果实，因此社会才有往前进展的动力。另一方面，以平等为政治领域的指导原则，不仅可以缩小贫富差距，还可以提供平等的立足点，也就是公平竞争的机会。

在书里，奥肯还有很多佳言警句。譬如，他提道："从伦理的观点为资本主义找理由，完全没有道理。但是，从效率的观点来看，却非常有说服力。"还有，他认为："资本主义和民主其实是很不恰当的组合。不过，也许这正是它们需要彼此的理由，即求平等而不失理性，求效率而不失人性。"多年前读这本书之后，书里的一句话一直留在我的脑海里："在考虑基本权利时，不要忘记潜在的成本。保证言论自由的权利成本较低，保证免费食物供给的权利成本较高。"

这个观点值得我稍微加以说明。众所周知，世界各国在宪法里往往明文规定保障某些基本人权。譬如，人民有思想言论的自由、自由迁徙的自由、免于受到残酷而非正常的惩罚手段的自由，等等。但几乎毫无例外，没有任何一部宪法里会明文规定：人民有免于饥饿的自由。然而，就人类历史而言，对大部分的时候、大部分的人来说，如果比较"言论自由"和"免于饥饿的自由"，相信大多数的人会选择后者，因为"免于饥饿的自由"事关生死，要比"言论自由"更为基本和重要。

可是，对世界各国政府来说，在这两种自由里，哪一种比较容易支持和实现呢？只要政府不干涉媒体，让民众有表达意见的权利，言论自由就可以实现。政府需要耗费的资源不多。然而，相形之下，当有天灾人祸时，政府固然要动用大量资源去扶贫救济，即使在平时，对于年老、疾病或丧失劳动能力的民众，政府也要提供其基本生活所需，需要耗费实打实的资源。因此，要享有免于饥饿的自由，需要实质的、可观的物质条件。由此两相比较，大多数国家的宪法中，强调言论自由的很多，强调免于饥饿的自由几乎没有。在思考权利和其他价值时，正如经济学家所提出的忠告：权利的背后，一定有资源的付出，因此，运用资源时，必须有成本的考量。

这本书除了内容值得称道，在分析论述的方法上，也很有可取之处，值得点明。具体而言，作者所采取的方式，是一种对比式或衬托式的论述，即采取和利用了"基准点"分析法。

"基准点"分析法，是先设定一个量尺作为论述的基础。有两个例子可以清楚地反映理论上的基准点。第一个例子，著名社会学者马克斯·韦伯（Max Weber）在论述中多次引用"理想类型"（ideal types）的概念，并做出了不同的阐释。不过，无论用法如何，理想类型都是论述的起点，是对照的基础。第二个例子，在自然科学里，真空、大气压力、海平面等，都是比较时要用到的基准，还有物体的长度、体积、重量、时间等度量衡，若要具体操作，必须选择某种单位作为基准点。英制和美制的度量衡等，显然也是不同的基准点。

理论上的基准点有一些共同的特性。基准点是行为或论述的依据，因此，在性质上，都是一种工具。利用这种工具，我们可以降低行为或论述的成本。或者换一种说法，利用这种工具，我们可以提升行为或论述的效益。此外，基准点是参考坐标，本身是中性的，不含价值判断。但是，当我们援用基准点时，往往会不自觉地加入其他因素（特别是在社会科学里），因而形成价值判断。譬如，唐朝时，社会大众以丰腴（胖）为美；21世纪初，社会大众以骨感（瘦）为美。胖瘦本身是中性的，但是美的量尺却隐含或掺杂了价值判断。所以，杨贵妃是古典美人，而不是现代美人。

简单小结

对法律学子而言,奥肯的这本书有两点值得强调。第一,平等和效率都是重要的价值,了解这两种价值的相对意义,有助于我们体会"正义"这种价值的实质内涵。第二,作者所采用的是一种简洁有效的论述方式——"基准点"分析法。

埃尔斯特:真实世界里的正义

对法学而言,"正义"这两个字无疑是核心,是重中之重。这一节里,我们就借着一本重要的著作,阐释"正义"的内涵。

乔恩·埃尔斯特(Jon Elster)教授在芝加哥大学政治系任教,论著内容覆盖哲学、政治、经济领域。他所编的一本书,书名很有意思:《美国的地域性正义》(Local Justice in America)。千百年来,不知道有多少智者、贤者讨论过"正义"这个主题,但是,千百年来的讨论几乎都是在概念思维里打转。相形之下,埃尔斯特别出心裁地提出了一个问题:"在真实世界里,到底人们怎么运用'正义'这个概念?"对该问题的切入点,一定程度上呼应了胡适的名言:"拿证据来。"在概念层面上辩难,可能各说各话,不如让证据来说话,看看真实世界里的正义。

书中除前言和终章之外,共有四个个案研究。

第一个个案,是大学申请入学的制度。在美国,无论公立还是私立大学,都要经过一道申请审核的手续。公立大学由纳税义务人的钱支持,因此各种规定公开透明,向主管机关负责。可是,私立大学的经费来源渠道多样,除学生学费和较少的政府拨款,还有捐款、企业赞助等,因此私立大学向校董事会负责。只要符合相关的法律规定,入学资格由各校自己决定。问题的关键就在这里:私立大学每年招收新生的名额有限,如何把这些有限且稀少的资源公平合理地分配给众多申请者?实证研究的结论是:各校经常有暗箱操作的潜规则,也不愿意把做法公诸于世。(比如,某校友捐赠了大笔赞助费,以谋求自己的孩子能够成功入学。虽然其子成绩平平,但以此种形式还是可以获得某种程度的"特殊考虑"。)

第二个个案,是肾移植的等候名册。肾移植非常昂贵,而且肾源稀少,涉及的因素又复杂,包括病患的年龄、身体状况、经济状况、手术成功率、等候时间等,很难明确地排出所有患者都满意的优先次序。而且,令人意外的是,有些黑人临终时,指定器官只能捐赠给黑人,而不给白人。这符合正义吗?

第三个个案,是公司裁员时的先后次序。经济不景气,公司或工厂要裁掉一部分员工。那么,要根据哪些因素呢?比例又是多少?是选择那些年轻、资历浅,但生产力可能较高的员工,还是选择那些年长、资历深、贡献多,但生产力可能已经走下坡路的员工呢?还有,要不要考虑员工的个体情况呢?单身的员工和家有老弱妇孺的员工,是不是该有差别?

最后一个个案,是美国的移民配额。每年有很多人想移民到美国,可美国愿意接纳的人数有上限。因此,在这个配额之内,每年由美国国务院决定分配的方式。问题的本质还是一样的:对于稀缺性资源,如何定出合情合理的规则?在这个问题上,影响的因素主要是美国国内选民的压力和对国际关系的利害考量。因此,拉丁美洲移民多的选区推选出来的国会议员,通常能够通过政治协商和利益交换,争取到比较多的移民配额。这体现了"强权即公理"(Might makes Right)。

埃尔斯特的结论可以归纳为两方面:一方面,正义的理念并未超然独立于现实之外,而是被各种现实条件所影响和塑造着;另一方面,不同的环境地域,有不同的解读和取舍正义的方式。因此,似乎只有地域性的正义(local justice),没有举世皆然的正义(universal justice)。

埃尔斯特的这本书,性质上是个案研究,不谈大的理论,而是让证据说话。他借着具体的事实,描绘真实世界里不同的场景。读者可以自己体会,并且归纳出心得。这是一本扎实而生动的书,值得法律学子纳入自己的数据库里。

　　当然，我们由这本书也可以衍生出进一步的思考，以及对"正义"这个概念的更丰富的认知。古今中外，在不同的社会里，都有"正义"这个概念。虽然表达的方式可能不同，但是，如"苍天有眼""多行不义必自毙""善有善报，恶有恶报"等语句，已经深入人心，老少皆知。"正义"的概念，即使在政治体制、宗教信仰有别的社会中，仍维系着社会的重要原则。用"普适价值"来形容，毫不为过。

　　那么，一个有趣的问题自然浮现出来：既然"正义"这个概念已经成为普适价值，而埃尔斯特又以鲜活的例子说明了只有地域性的正义，那么，这两者不是有明显的冲突吗？分开来看，两者都对，放在一起，又有明显的矛盾。这种对立要如何解释？彼此的对立可以化解吗？对于这个问题，我们还是坚持这本书中所提到的、在方法论上的基本立场：让证据说话，而不是让逻辑理念说话。关于"正义是普适价值"，我们不妨稍稍回顾一下人类社会所经历的过程。

　　根据考古和人类学者所掌握的资料，远古时代，10~20人的小群体慢慢安居下来，后来发展为群居的原始社会部落。他们运用简单的自制工具，在大自然里应对各种考验，希望能生存和繁衍。他们还没有发展出语言和文字，是以手势等肢体动作和眼神为主来沟通。

　　群居生活难免会有一些摩擦和纠纷，当这个群体慢慢扩大，变成几百人的部落时，慢慢会出现在现代社会里所熟知的偷抢或欺诈等行为。处理冲突与摩擦的方式，也经历了一个发展的过程。在资源贫瘠的环境里，当然不会有"罪刑法定""无罪推定"这些近代社会才产生的理念。重要的是，一旦有冲突与纠纷发生，原始社会的人会尽快处理。不同的原始社会部落，受到环境里自然条件的影响（如靠近湖泊河流或山岭丘陵等），会逐渐形成不同的奖惩机制。这些规则慢慢在人们脑海里成形。眼前具体的现象对应了脑海里抽象的理念。不同的理念之间，逐渐有了高低之分。最高且核心的理念，无疑就是"正义"这个概念。

因此，不同原始社会的人，尽管长相、肤色、语言、文字多有不同，但都会面对纷争的问题，进而发展出各自的奖惩工具。抽象来看，问题的性质相通，运用的工具也相通。脑海里形成的理念，自然也有一定的共通性。"正义"成为普适价值，不是来自共同的神祇或圣王，而是源自人类相似的生活经验。

由这个描述的过程，就可以解释"正义"的普适性和地域性。在抽象的概念上，正义具有普适性，是大部分人类社会都接受和运用的工具。但是，在具体的做法上，正义所表现出的形式和内容，由于不同国家或地区的社会文化不同，自然会有差异。因此，一言以蔽之：正义的价值是普适性的，而正义的面貌是地域性的。

布坎南：公共选择的成本

这一节将介绍另一本重要的经典：《同意的计算——立宪民主的逻辑基础》(The Calculus of Consent: Logical Foundations of Constitutional Democracy)。从副标题来看，我们就能比较容易理解这本书的主旨。

该书是詹姆斯·布坎南和戈登·塔洛克（Gordon Tullock）的巨作，在分量和逻辑严谨的程度上，都堪称一绝。他们于1962年首次出版该书，它被誉为"20世纪最重要的三本政治论作之一"。当然，这本书不仅奠定了"公共选择"这门学科的基础，也是布坎南后来得到诺贝尔经济学奖的主要原因。两位作者所要讨论的问题，就是为当代的立宪民主社会提出逻辑上合理的解释。就内容而言，我认为，有几点特别值得强调。

第一，他们开宗明义，提出"方法论的个体论"。这个概念是指在建构理论时会以个人为基础，而以个人为分析的基本单位，当然和以政党或道德哲学为分析基础不同。个人是指活生生、有血有肉的人，如你我一般。只有个人能感受到喜怒哀乐，才是价值最后的归宿。如果他们以民族自尊、历史责任等抽象的概念为出发点去探讨，显然就容易落入众说纷纭的空泛论调。在布坎南其他的学术论作里,"方法论的个体论"也是他一再强调的概念。

第二,是从"成本"的角度,探讨立宪民主社会的基本规章。各国民众都要面对一些社会共同问题,如交通、治安、国防等。在处理这些问题时,人们会自然而然地发展出一些规则(基本规章)。在选择这些规章时,人们面对两种成本:决策成本(decision-making cost)和外部成本(external cost)。决策成本是指人们花在讨价还价、协商争议上的时间与心力,外部成本是指一旦某种结果和自己的偏好不同,对自己所造成的困扰或伤害。譬如,一个人无子,若国家政策规定,国民从小到大的教育全部公费,也就是由纳税人来支付,那么,这个人就要承担该公共政策所带来的外部成本。

采取越松的表决规则,决策成本越低;采取越紧的规则,决策成本越高。譬如,百人的团体采取 1/2 的简单多数或 3/4 的严格多数,就隐含了不同的成本。相对而言,采取越松的表决规则,外部成本越高;采取越紧的规则,外部成本越低。越紧的规则,自己越不容易成为落败的少数,也就承担了较少的成本。因此,由决策成本的角度看,表决规则越松越好;由外部成本的角度看,表决规则越紧越好。两位作者的立论是:最好的规则,是让两种成本相加之后,总成本最小的规则。

当然,在现实社会里,特别是人数众多时,很难具体掌握两种成本的规模大小,但是,分析公共事务的决策过程,从成本的角度着眼,在观念上确实比较清晰。

我们讲两个例子,就更容易理解投票规则(或制定决策的规则)的含义。一是考虑"任意人规则"(any-person rule),即只要任何一个人同意,就可以通过一项公共政策。如果一个人同意就通过,表示不需要和别人商量,自己决定就可以了。这种情况下,决策成本很低,几乎为零。然而,如果任何人都可以当家作主,每个人所做的决定都对自己好,但对其他人未必有好处。可是,对任何一个人而言,不论自己同意与否，别人做的决定，自己都要承担后果，那么，别人的决定很可能给自己带来负面影响。因此，在"任意人规则"下，外部成本（负面作用）很高。二是考虑"一致同意规则"（unanimity rule），即只有在全体成员都同意的情况下，才会通过一项公共政策。在这种决策规则下，每个人基于各自的考量，不会通过对自己不利的公共政策，因此，负面作用带来的外部成本为零。一致同意规则，即表示大家都要同意，然而，在任何一个群体里，每个人的好恶和利害不同，要达到全体都同意，显然要耗费很多时间，彼此要沟通、协商、妥协等，决策成本必然很高。

"任意人规则"和"一致同意规则"像是两个极端。在"任意人规则"这个极端，没有决策成本，但是负面作用的外部成本非常高；在"一致同意规则"这个极端，没有负面作用的外部成本，但是决策成本很高。

关于《同意的计算——立宪民主的逻辑基础》这本书，至少有两点值得强调。第一，在西方政治思想的传统里，社会契约的观点已经成为主流，但社会契约的内涵众说纷纭，莫衷一是。对于美国这个立宪民主制度，两位作者提出了具体的分析，这不仅在理论上有重大贡献，也在现实政治上有操作性的内涵。第二，传统政治思想的讨论，所用的多半是道德性的言语（如罗尔斯的《正义论》）。然而，《同意的计算——立宪民主的逻辑基础》是以"个人"为基本单位，建构分析和论证。而且，更进一步，作者是从"成本"的角度，站在"个人"的立场，来评估各种制度的得失。对读者（个人）而言，感受更为直接，也更有说服力。

第五讲
法理学与经济学

什么是法理学

这一讲的重点是说明法理学的意义，用普通人能理解的语言，以及普通人日常生活的经验，阐释法学里的一个重要概念。一言以蔽之，"法理"就是"法律的道理"或"法学的道理"，探讨"法律"（或法学）道理的就是"法理学"。

我曾在微信的朋友圈中看到几则和法理学有关的信息，其中一条是一位法学院的年轻老师写的。他自言，今年要开始讲授"法理学"这门课。他很高兴，充满热情，因为他一直很喜欢这门课，他希望能让学生们理解法理学的精髓。然后，他列了一些必读书单，包括柏拉图的《理想国》和孟德斯鸠的《论法的精神》（又名《法意》）等，都是西方政治思想史上的经典。

看到这条信息，我想起多年前的一个画面，刚好与之呼应，饶有趣味。当时我曾受邀为在职法官上课，主题就是"法律经济学"。"法律经济学"是新兴学科，对于这种理论，法学界的主流学者既不了解，也没兴趣，大多是持排斥的态度。

当我上课时，台下坐了约60位法官。由于我是一位经济学者，他们都低着头不看我，显然他们有潜在的抗拒心理。我的开场白很简单：

"各位法官朋友，对于法律经济学，我们暂且不谈。我请教各位两个简单的法学问题，如果各位有明确合理的解释，我多言无益，鞠躬下台。第一个问题是，民法里为什么要分物权和债权？"法官们大多毕业于法学专业，本科时就知道民法里有物权和债权，但从来没有听谁解释过，为什么要做这种划分。当时台下的法官们答不出来。"第二个问题，我请教各位法官朋友，各位都清楚，法律的目标是追求和实现公平正义。那么，'正义'这个概念由何而来？"我点名请教了几位，有人承认没想过这个问题，有一位提到由亚里士多德而来，另一位认为由《圣经》而来。

这两个问题一问，在场法官们的态度似乎有了一点微妙的改变。第一堂课下课前，法官们的头都抬起来了。等到第二堂课下课后，就有法官学员过来，就其正在写的博士论文向我请教相关问题。事实上，根据我的经验，只要开始接触经济分析课，法学界的朋友很快就可以清楚地体会到经济分析的说服力及其在智识上的趣味。

多年前的这个场景和法理学课程的阅读书单放在一起联想，至少可以带给我们两点思考。第一，无论是法官学员提到的《圣经》和亚里士多德，还是法理学必读书单中的柏拉图和孟德斯鸠，似乎公平正义概念的源头在西方。难道华人社会几千年的历史，就没有"正义"这个概念吗？虽然西方政治思想的传统历史悠久，一脉相承，留下许多经典，确实有参考的价值，但我们也要更多地从自己的历史中借鉴内容。第二，比较重要的问题是，在面对"正义"的概念来源和法理学的书目时，竟然没有法官或书籍基于现代或近代社会科学做出论述。就"法理"而言，和道德哲学相比，难道社会科学不能提供适当的材料和养分吗？当然，这就涉及这一讲开始时所提到的问题：法理学是什么？前文也曾简单明确地表示：法理，即法律的道理。那么，如何才能掌握法律的道理呢？

关于这个问题，我们不妨以两门不同的学科为例。第一个学科就是物理学。物理，即"物体的道理"。对于物体的移动，包括天体的运行，物理学者已经累积了大量珍贵的知识。牛顿的万有引力定律已经成为常识。第二个学科是生物学。达尔文的著作《物种起源》提出了划时代的进化论。大自然里的各种生物通过遗传、基因突变以及自然选择，慢慢演化。他的主要思想——"物竞天择，适者生存"也已经成为常被引用的观点。

无论是物理学还是生物学，这两门学科的共同特色都是让证据说话，即从真实世界里的现象总结出有普遍性的原理原则。然而，这两者之间有一点微妙的区别：物理学所研究的对象，基本已经定型（至少在宇宙大爆炸之后）；相形之下，生物学所探讨的对象，也就是大自然里大大小小的生物，本身是有生命的，它们受到环境里各种因素的影响，还会缓慢地进化。

让我们回到法理学的问题上探讨"法律的道理"，法律当然是最基本的材料，古今中外、大大小小的法律都是不可或缺的。然而，法律不会凭空而降，而是由不同的社会发展到一定程度而产生的。法律源自社会。那么，如果我们要探索法律所隐含的原理原则，是运用社会科学比较好，还是运用西方政治思想史上的典籍比较好？

智慧的"点、线、面"：法理溯源

这一节里，我们将借生动的故事阐释法律背后的道理，也就是"法理"。对于法理，法学里当然有诸多抽象而严肃的讨论。我们采取的方式稍稍不同，在方法论上一以贯之：让证据说话。

经过万年的孕育递嬗，世世代代的先人已经提炼出许多智慧结晶。当中华民族面对生活里的大小考验时，这些传统智慧就可以发挥指点迷津的功能。

有趣的是，这些历代相传的宝藏虽然唾手可得，却经常彼此冲突。譬如，一旦碰上考验和困厄，"忍辱负重"是智慧，可是"据理力争"也是智慧。还有，当机会和挑战来临时，"不入虎穴焉得虎子"是智慧，

"以不变应万变"也是智慧。那么,面对互相矛盾的两种传统智慧,渺小的个人又该如何自处呢?

表面上看,这些传统智慧是指引和明灯,也是强心剂和镇定丸,但在本质上,这些传统智慧莫不隐含着成本和效益的考虑。譬如,"出外靠朋友",表示人出门在外,父母鞭长莫及,靠朋友效益大、成本低,靠父母则相反。又如,"见人说人话",表示随机应变效益大、成本低,不知变通则相反。

更进一步,互相矛盾的传统智慧,也可以从成本效益的角度考虑。对当事人而言,如果"忍辱负重"的成本低、效益高(如,家里有年迈的父母和幼小的孩子),当然就不值得采取"据理力争"的策略。相反,如果自己有退路有靠山,据理力争可能反而成本低、效益高。因此,单独来看,每个传统智慧像是一个个的"点",彼此冲突的两点之间可以看成一条线。无论是个别的点或相连的线,都可以从成本效益的角度来认知和解读。

在抽象的层次上,由成本效益来阐释传统智慧,不只是"点"和"线"而已,更重要的是对"面"的理解和因应。对于点、线、面的体会,最好以传统农业社会和现代工商业社会为对照。

传统农业社会里,人们日出而作,日落而息,春夏秋冬,四时运行,年复一年。当然,老百姓也要面对天灾人祸的考验。不过,千百年来,农业社会的生活不断重复,几乎察觉不到任何变化。在这种环境里,祖先所传下来的各种智慧,足以面对生活里的大小事务。无论婚丧嫁娶,还是农渔畜牧,都有密切呼应的传统智慧可以依靠。对于社会结构的性质,乃至社会的变化,百姓无须操心。

相对而言,现代工商业社会的脉动和变化十分显著。在工商业社会里,即使是陌生人相距千里,也能通过经济活动和市场紧密联系。市场里的活动会像水面波纹一样,由中心扩散到每一个角落。时代的巨轮不再是原地运转,而是以惊人的速度向前滚动。"日新月异"都不足以形容现代社会的脉动。而面对快速变化的社会，传统智慧经常捉襟见肘。

还好，无论是农业社会或工商业社会，虽然生活内容大异其趣，变化的速度也有天壤之别，但只是面貌的不同而已。本质上，人们的活动还是由成本和效益所驱动。农业社会的相对静态，是环境里的各种力量交互运作之下呈现出的状态；工商业社会的相对动态，也是环境里各种力量交互运作下呈现出的状态。因此，重要的是，除去表面上的不同，从成本和效益的角度去思考。对于传统智慧，我们不但要知其然，也要知其所以然，并且试着归纳出由成本效益积累而成的"点、线、面"。也就是，由传统智慧的"点"和"线"，进一步勾勒出现代社会完整的"平面"。

简单小结

这一节的内容跨越的范围很大。归纳起来，其实有两个重点。第一，知名经济学者张五常总说："人的行为，是限制条件下的效用最大化。"原始社会的人，在大自然条件的限制之下，各种做法都是在谋求福祉。第二，无论是原始社会、农业社会，还是现代工商业社会，人际交往所形成的各种风俗习惯就是一些规则，即法律的来源。这些风俗习惯自然而然地受到成本效益的制约。探索法理，与其到哲学或宗教著作里追寻，不如在真实世界里索骥。

做人与做事

这一节里，我将借着大千世界里的点点滴滴，阐释人际相处时的各种"游戏规则"。一方面，这是我们一再强调的方法论：先了解社会，再了解法律；另一方面，可以在具体的现象和抽象的学理概念之间游走，体会智识活动的乐趣。

1973 年，加拿大经济学家珍妮特·戴·兰达（Janet Tai Landa）在著名的《法律研究杂志》（*Journal of Legal Studies*）上发表论文，探讨东南亚华侨的经商模式。这篇开创性的论文后来被广为引用。

数百年来,东南沿海一带的华人冒险犯难,远渡重洋,到东南亚地区经商。他们有着勤奋耐劳的特性,在人生地不熟的环境里,开创了一番事业。论文指出,华侨们发展出一种名为"同质族群体"(Ethnically Homogeneous Middleman Group,EHMG)贸易的机制,即来自同一区域的乡亲们先是自己在海外站稳脚跟,之后一个拉一个,再慢慢形成一个群体。做生意时,这个群体有内外之别:圈内人买卖可以赊欠,价格和条件都较优惠;圈外人只能用现款,条件也较苛刻。

内外有别,看起来似乎再正常不过,其实学理上具有重要的含义:圈内人彼此长期互动,有人际网络可以依靠,因此,处理践约纠纷时容易些,条件就可以优惠些。反之,圈外人则不然。抽象来看,在法治还不上轨道、司法女神长臂有时而穷的环境里,华侨们发展出这种看似平凡无奇的机制,是一种工具性的安排,具有功能性的内涵。也就是说,华侨们通过"做人"而"做事",做事(买卖与经商)是实质、是目的,而做人(族群网络)是方式、是配套、是手段。

做人代替做事,还有学理上更深一层的含义:在传统的农业社会里,村落里的人彼此熟识,每个人都处于人际网络之中,和其他人有一种个人化、特定的关系。做人越成功,做事也就越得心应手。做人和做事之间,界限很模糊,不容易划分;做人几乎等于做事,而做事也几乎就是做人。每个人也是由人际网络中的各种身份,以及亲疏远近所界定。例如,在介绍某人时,往往是这么描述:他(她)是××的儿子(女儿)、××的外甥(外甥女)等。

相形之下,在现代社会,通过专业化和分工,每个人主要是以自己的专业面对他人。做事的重要性远超过做人。出现利益冲突时,人们会根据做事的准则、工作伦理,做出先后取舍。我们对别人的介绍,也通常是以专业为先:他是一个医生、她是一位律师,等等。人际关系的重要性远不及个人专业上的条件和表现来得重要。

在传统社会,一个人离开家乡到了外地,从零开始积累人脉;在现代社会,一个人搬到新的地方,可以凭自身专业立足。虽然表象不同,但无论是"同质族群体"贸易网、传统社会中的做人等于做事,还是现代社会中的以做事为先,其背后的驱动力是一致的,都是人在面对环境里的各种条件时,在谋求福祉的过程中所发展出各种抽象或具体的工具。

简单小结

这一节主要描述了三种人际关系的面貌:东南亚华侨的生意圈、传统农业社会的人际网络,以及现代工商业社会的专业化分工。由这三种形态,我们又进一步探讨了其背后的支持条件和抽象的解释。一言以蔽之:都是工具性的安排,具有功能性的内涵。由这一讲的内容,我们也理解了司法体系的运作方式。比如,法官、检察官执行职务时,有回避的规定;律师在执行业务时,也必须符合专业伦理,一个律师事务所不能同时代表诉讼双方。最后,我来提一个问题,供你思考:与做人相比,做事的重要性越来越高,为什么?

为什么要问"为什么"

这一节,我将探讨两个简单的法学问题,以及进一步考量一个更根本的问题:如何把法律学好?

根据我在海峡两岸授课开班的经验,在法学院的课堂对话里,我总是可以察觉到法学教育一些潜在的问题。面对法学院的研究生(和旁听的老师们),我常问一个问题:法院在审理民事案件和刑事案件时,采用的证据法则不太一样。刑事案件要求的证据比较严,民事案件要求的比较松。民事案件只要有"优势证据"(preponderance of evidence)就可以了,而刑事案件要定罪,必须让证据"排除合理怀疑"(beyond a reasonable doubt)。证据尺度的松紧程度明显不同。为什么?

研究生们常提出的解释是:刑事案件是公权力(通过检察官)对

抗个人，双方地位不平等，所以定罪尺度要求比较严。或者，刑事案件涉及生命或人身自由，要慎重一些；民事纠纷通常只涉及财产，所以稍微松一点。对于这个问题，我们从经济分析的角度，可以提出另一种解释：民事案件中，两方之间的纠纷往往可以用金钱来处理。如果原告赢了，自己口袋里的钱多了一些，而被告口袋里的钱少了一些。如果原告输了，其口袋里的钱少了一些，而被告口袋里的钱多了一些。从社会的角度看，其实差别不大，只是金钱的转移或重新分配而已。这也就隐含着，万一法院误判，影响通常有限，因为社会资源（或财富）的总量并没有变。然而，刑事案件不同，万一法官判被告有罪，将其关进牢里，对社会而言，立刻少了一个有用的劳动力，有实质的影响。换句话说，刑事案件万一误判，影响比较大，成本比较高，成本高的事最好少做。因此，由犯错成本的高低，可以解释为何民事和刑事案件采取不同的证据尺度。从这个角度，我们就很容易理解设置简易程序的用意：对于涉及金额较小的纠纷案件，可以通过简易程序审理。

另一个我也常提出来讨论的问题是：一般人都清楚，刑法里的伤害罪有故意和过失的差别。故意和过失的处罚不同，故意伤害判得重，过失伤害判得轻。为什么？

在前文中，我曾一再强调：先了解社会，再了解法律。如果是故意伤害，行凶者当然会预为之计：先想好如何动手，如何逃脱，如何掩盖罪行，等等。行凶者万一被逮住，一定有一套说辞，希望能逃脱罪责。因此，在处理故意伤害的案件时，在搜捕、侦讯和审判的阶段，检方和警方都要投入更多的人力、物力。换句话说，在处理故意伤害的案件时，司法体系要耗用较多资源，所以，故意伤害的行为是我们不希望看到的，可以加重其刑。相对而言，如果是过失伤害，是疏忽或过失造成的伤害，犯错的人通常会立刻承认自己犯了错，而且愿意承担责任，并且保证以后不会再犯。因此，无论在搜捕、侦讯和审判上，都相对容易许多。在处理上，就可以相对轻判轻罚。

可见，故意伤害和过失伤害，无论从事前预防还是事后补救的角度看，性质都不一样。既然如此，刑法上的量刑有不同，是有道理的。

回想一下，这两个问题（一是刑事和民事案件，适用松紧程度不同的证据法则；二是刑法中的故意伤害和过失伤害，处理轻重不同）其实都很简单。然而，在法学教学实践中，学生们往往知其然，而不知其所以然。学生对法律条文颇为熟悉，但对于条文背后的道理，通常老师不教，学生也不问。因此，对法律学子而言，在学习法律时，应当常常问"为什么"。多问、多想，分析因果之后，自然而然地就培养出了思维判断的能力。

我记得，多年前一位朋友曾告诉我他的亲身经历。这位朋友获得了美国芝加哥大学法学博士学位。他说，他在芝加哥大学法学院上讨论课时，老师问了他一个问题，他立刻引述相应的法律条文。他应答得体，并觉得有一点得意。老师接着问："为什么引用这条法律？这条法律背后的用意何在？"他突然愣住，哑口无言。

读书读到了芝加哥大学法学院，才知道问"为什么"的重要性，不是很可惜吗？在法学教育里，为什么会有这种现象呢？

为什么要区分物权和债权

在成文法系国家及地区，只要稍微接触过民法的人都清楚，物权和债权是民法里两个非常基本的概念。可是，在判例法系国家却没有这种区分，而司法体系照常运作。那么，在成文法系的国家及地区，为什么要分出物权和债权呢？在智识上，这是一个很有挑战性的问题。在法学思想史上，也涉及有趣的一页。

从20多年前开始，我就在大学里教"法律经济学"这门课。刚开始，用的教材都是经济学者的著作。后来，我开始吸纳法律学者的著作。教材分成两部分，一部分是经济分析的材料，另一部分是部门法的材料。部门法包括民法、刑法和刑事诉讼法等。

就我个人而言，经济学是我的主要专业，法律不是，所以要边教边学。当看到民法里的物权和债权时，我颇为好奇，在经济分析里，分成买方和卖方，或生产者和消费者，可是没有物权和债权之分。那么，什么是物权和债权呢？我们用一个例子来说明。譬如，我去买了一罐可乐，拿到可乐之后，我对这罐可乐就享有物权。与此同时，我该付钱给便利店，这就是便利店享有的债权。物权涉及人的身外之物，如汽车、洋房、面包、牛奶等；债权涉及人和人之间的权利义务关系。我能理解物权和债权的意义，可是为什么要如此区分，我还是不清楚。

书里没有解释，我就自己琢磨，大概想了一个星期，终于想通了。然后，我就开始问法学界人士，为什么民法要分物权和债权。可是，我觉得很惊讶，竟然没有人能回答这个简单的问题。他们从一开始学民法就知道有物权和债权，也知道很多能够区分这两者的方法，可是不知道为什么区分。

仔细想想，分成物权和债权的原因，主要是因为买卖和交易往往不是"即刻完成"的，而是存在"时间差"。如果交易是即刻完成的，双方一手交钱一手交货，从此别过，再也没有任何瓜葛，试问，还需要分物权和债权吗？就是因为在千千万万的交易里，钱货易手之后，有时候交易方之一会发现交易过程中有瑕疵，于是就有了纷争。比如，一方交了货，另一方却拖欠钱款；或者，一方付了钱，而另一方迟迟不交货。各式各样的纷争都需要处理。于是，在成文法系里，就区分出两种权利：物权，就是针对"银货两讫"的"货"；债权，就是针对"银货两讫"的"银"。分开处理，在思维观念上，有简洁明确的好处。也就是说，物权和债权这两个概念的区分，不是凭空而来，而是人类社会为了处理纷争所发展出来的概念。在性质上是一种工具，具有功能性的内涵。

简单小结

第一，对于民法中物权和债权的区分，从"时间差"的角度，可以做出合理的解释。第二，法学的探讨，在智识上也有一定的趣味和挑战。无论是初生之犊或是伏枥老骥，对于习以为常的论点，都可以追根究底，一探究竟。

做好课堂作业了吗

这一节的内容是关于法学教育，从课堂作业开始，再延伸到比较抽象的层次，包括面对法学的态度。

20多年前，我还在大学任教，从那时候开始，我就断断续续地教法律经济学。修课的研究生主要来自法学和经济学专业。不同背景的学生一起上课，刚好各擅胜场，他们也能从不同的角度发表观点。做课堂作业时，我也有意安排每个小组四个人，其中具有法学和经济学背景的人各一半。

我曾经留过两份课堂作业，现在回想起来还觉得很有趣，也很有意义。

第一份作业：在奥运会的体育项目里，找出5个以"量"来决定胜负的项目，再找5个以"质"来决定胜负的项目，最后比较分析这两类项目的差别。这份作业很简单，小学生应该都能处理。奥运会的比赛项目里，以"量"来决定胜负的有很多，如举重、铅球、标枪、铁饼、跳远、跳高等。以"质"来决定胜负的项目同样也很多，如花样滑冰、跳水、体操、马术、花样游泳等。然而，说来奇怪，看似简单的问题，却有令人意外的答案。举重和标枪都曾被研究生归入"质"的项目。不过，大体而言，这个作业相对容易。在这个作业的基础上，我让学生做的第二份作业，就要有挑战性得多。

第二份作业：针对"量"和"质"的比赛项目，分别描述决定金、银、铜牌的竞赛规则，并且分析误判的概率有多少。这份作业交上来后，内容五花八门。大体而言，"量"和"质"的项目决定胜负的标准不太一样。"量"的项目，决定竞赛胜负的标准比较简单明确，相对容易操作。譬如，撑竿跳高和急行跳高，只需有一位裁判坐在横杆旁，再加一位记录员。横杆落地，就是没有跳过；横杆没落地，就记下运动员跳过的高度。相对而言，花样滑冰是以"质"决定胜负的。而"质"的高低，显然是一个主观性很强的判断。因此，花样滑冰比赛的场边是7位或9位裁判，扣掉最高分和最低分之后，取平均数作为成绩。这种做法，除避免裁判主观判断太强之外，还有一个重要的功能，就是尽可能避免"爱国裁判"，即对本国选手有意地打高分，对其潜在竞争者有意地打低分。

通过这两份课堂作业，学生们至少得到两点体会：一是，他们对"量"和"质"有了比较清楚的认知；二是，他们能真切地体会到，执行规则不是一件简单的事，要能做出较好（正确）的决定，避免误判，其实需要很多条件的配合。奥运比赛项目很具体，他们无须在抽象的概念里打转，就可以很明确地去分析问题。把这些体会联结到法律上，有助于他们掌握法律的规则，因为在性质上，法律也是一套规则。只不过，奥运会的规则是决定金、银、铜牌由谁获得，而法律的规则是决定行为的对错、是否有罪等。

除此之外，基于这两份作业，还可以引发我们进一步的思考。无论是在理论上还是实务上，都重要且有趣。

首先，第一个作业是找奥运项目中，以"量"和"质"决定胜负的例子。稍微琢磨一下，我们就可以发现，这只是一种粗略的划分。有些项目同时含有"量"和"质"的成分，如排球、足球、射箭、击剑等。而且，即使表面上是以"量"来决定胜负的项目，也必然隐含"质"的成分。譬如，男子100米短跑的世界纪录，是在2009年由尤塞恩·博尔特创造的9.58秒。速度更快，当然意味着运动员的体能素质有所提升。表面上是"量"，其实水面下冰山的变化是"质"的蜕变。不过，以"量"和"质"来区分奥运比赛项目，至少可以做大致的分类。

其次，引申到法律，其实"量"和"质"的问题也随处可见。譬如，以"量"而言，刑法的"过失致死"，目前最长刑期是7年。那么，为什么不是8年或6年呢？刑法里，所有的刑期都由"量"来划分，可是，这些"量"又是如何决定的，有没有一套合理的解释？再举一个例子，几乎所有的法治社会都以年龄来区分成年人和未成年人。以年龄这个"量"区分成年人和未成年人（基本上是心智的问题，是"质"的程度），合理吗？是不是有改善的空间？可见，法律里也有"量"和"质"的问题。从这个角度来检验法律，当然会增加我们对法律的理解。若有人把这个问题当硕士和博士论文的题目去研究，既有智识上的挑战，又有趣味。

最后，两份课堂作业看似平常，其实还有一个我没有点明的重要原因。根据我的教学经验，目前法学教育里，非常强调道德哲学。法律和道德密不可分，而且学子们往往有满腔公平正义的情怀，讨论问题时更是经常使用"强者""弱者""社会危害性"等字眼。然而，追根究底，法律是人们在相处中发展出来的一些游戏规则。人们借着法律这套游戏规则，希望彼此共存和共同繁荣。在相当程度上，可以不触及道德。举个简单的例子：靠右走是交通规则，大家方便，和道德无关。我设置这两份课堂作业，就是希望学生们能剥离道德的成分，直接思考规则的意义、执行规则的方式，以及可能犯错时所需要耗费的资源有多少，等等。道德的部分，可以另行处理。

简单小结

这一节里，我问了两个简单的问题：第一，民事和刑事案件适用的证据尺度松紧程度不同，为什么？第二，刑法的故意伤害和过失伤害等，为何处置轻重不同？我借着分析这两个问题，一方面，呈现了经济分析特殊的视角；另一方面，则是希望提醒学子们，在学法律时，要多问"为什么"。

"潜规则"与法律

在这一节里，我们将探讨所有社会都不可避免的"潜规则"。

"潜规则"这个词早已成为日常用语的一部分。这种说法来自吴思在 2001 年出版的《潜规则》。除此之外，还有类似概括性的说法，譬如，"关系"这个词已经被英文辞典收录。另外，在《丑陋的中国人》一书里，作者柏杨发扬了鲁迅的批判精神，提出一个概念——"酱缸文化"。

社会科学研究者在探讨社会现象时，经常提出三个问题：是什么？为什么？将如何？

第一，"潜规则"是什么？根据作者吴思的叙述，"潜规则"是指：在正式规则之外，存在着一种你知我知、行为上最好遵循的游戏规则，通常和权钱交易等不当行为密切相关。"潜规则"和正式规则（法律）并存，并行不悖。甚至有的"潜规则"和正式规则有明显而直接的相悖之处，但是大多数人也都默默接受，几乎视之为理所当然。

第二，"潜规则"为什么会出现和存在，并且代代相传？如果代代相传，稳定且重复出现，就可以看成一种均衡。支持均衡的条件，大概有两个关键。一是"潜规则"的运作涉及两方面——"施"与"受"。"施"的一方拥有某种资源，是"受"的一方所在意的，而"施"有裁量的权力。二是"潜规则"的运作，顾名思义，是潜在水面之下或阳光照不到的地方。阳光灿烂耀眼的地方，"潜规则"不好施展。当正式规则（法律）正常运作时，就是阳光普照的时刻。由于种种原因，部分地方的法律运作的程度不尽完善，"潜规则"便应运而生，经过千百年的传承和发展，终于渗入了社会的各个角落。

权力的施与受，以及缺乏"阳光"这两个特质，我们可以借一个例子加以说明。高阳在《胡雪岩全传》这本书里曾经描述地方官员进京办事的"标准作业程序"。除带些当地的土特产之外，到京之后，先到知名的古玩字画店里，依请托事项的大小轻重和所拜访的官员的喜好，买下合适的古玩或字画。第二天拜访朝中官员，依礼数呈上。朝中官员在百般推辞、勉为其难地收下东西之后，待地方官员打道回府，再差遣家丁把东西送回店里，换回折扣后的金银。

权力的施与受，加上缺乏"阳光"，这两点特质交互作用，会使"潜规则"的运作呈现出有趣的样貌。具体而言，当"潜规则"涉及利益交换时，通常不会明码标价，也通常不是固定价格。要求和呈献的礼数通常在一定区间内，只要超过某个门槛，通常就能过关，当然越多越好。

第三，"潜规则"将如何？当支持均衡的条件改变时，均衡的样貌和范围当然会因而变化。"潜规则"的第一个支持条件，权力的施与受在任何社会或时空里都普遍存在，基本上不会变化。"潜规则"的第二个支持条件，"阳光"不足才是关键所在。阳光越充足，阴暗的角落越少，"潜规则"发挥的空间自然越小。"阳光"的充足与否又和法治程度的高低密切相关。那么，法治程度在哪种条件下会越来越高呢？这当然是个不容易回答的问题，在本书的其他部分，我们将慢慢探讨这个重要的课题。

简单小结

在这一节里，我们探讨了和"潜规则"有关的三个问题：是什么、为什么和将如何。"潜规则"本身是个有趣的问题，值得学术界进一步探讨。

第六讲
"公地悲剧"

"公地悲剧"的肌理

这一节里,我将介绍经济分析里的一个重要概念,然后设法和法学建立联结。前文中,我曾强调"先了解社会,再了解法律",这一节的内容,对了解社会具有关键性的作用。

1968年,学术期刊《科学》(Science)上刊载了一篇论文,名为《公地的悲剧》(The Tragedy of the Commons),作者为加勒特·哈丁(Garrett Hardin)。论文不长,刊登后也没有引起学界太多的重视。然而,随着时间的推移,这篇文章的重要性越发显现。在经济学和政治学领域,该论文是常被引用的经典文献,但它在法学里的重要性似乎还没有得到充分的肯定。

哈丁所处理的问题其实不难描述:在一片开放的草原上,住着一些农民,青草肥沃,草原共有。每个农民都可以把自己的牲畜带到草原上吃草。日积月累,牲畜被逐渐养肥,草原面积却逐渐缩小。如果再持续下去,草原将要耗竭而消失,大家都要倒霉。有些农民意识到了这个问题,脑海里也许这么想:"自己的牲畜少吃些草好了。如果每个农民都控制自家牲畜的食草量,草可以持续生长,对大家都好。可是,如果自己的牲畜少吃一些,其他农民刚好让自己的牲畜多吃一些,那么,想带头让牲畜少吃的人，不过是饿瘦了自己的牲畜。如此一来，自己又何必当傻瓜？还是趁着有青草，让自己的牲畜多吃一些吧！"人同此心，心同此理，最终，青草越来越少，草原终于耗竭。这就是"公地悲剧"。

这种现象和民间谚语"三个和尚没水喝"的形容约略相近。用较为准确的语言描述这种情况是："每个人都选择了对自己有利的行为，但结果不一定好"。重点不在于后半句，而在于前半句，即每一个人都选择了对自己有利的行为。

我们不妨稍微想一想，社会现象中是不是有很多"公地悲剧"？过去我在大学任教时，曾受邀为公职考试出题，科目是"公共经济学"。我曾出过这个题目：中餐厅和西餐厅相比，通常前者比较嘈杂，试利用"公地悲剧"这个概念提出解释。题目和日常生活经验相呼应。问题不难，可惜能活学活用并做出合理解释的考生并不多。答案其实很简单：中餐厅里，通常空间不大，人一多，彼此讲话的声音就必须提高，否则就听不清。若其他人提高了一点儿音量，我为了能让对方听清，也只好提高一点儿音量。这样一来，最后餐厅里往往是一片嘈杂声。

现在我们把焦点稍稍转向考虑法律问题：对法学（法律）而言，"公地悲剧"及其所隐含的道理，彼此有关联吗？如果有，对法学（法律）的启示又是什么？我们不妨举两个具体的例子，说明法学中的"公地"和"悲剧"。

第一个例子是"小悦悦事件"。2011年10月13日，广东佛山市，两岁多的女孩小悦悦在路边玩耍时，被一辆疾驶而过的车撞倒后，又被后车轧过。她躺在马路上，先后有十几位成年人路过，但始终没有人伸出援手，最终只有一位拾荒阿姨上前施救。10月21日，经过多日抢救，小悦悦还是因伤重不治过世。

第二个例子是重庆公交车坠江事故。2018年10月28日，一位乘客刘某因为自己坐过站指责公交车司机。两人口角持续了约五分钟，刘某用手机攻击司机。司机还手时，一时间对方向盘失去了控制，公交车先撞上对向车道的轿车，再冲破桥上护栏，坠入江中。公交车上的司机和乘客共15人，全部遇难。

让我们先思考一下，试着辨认出两个事件里的"公地"是什么？在"小悦悦事件"里，旁观者看到幼童被车轧过，提供适当的救援，是基本的公民责任。可以做的事包括：立刻打电话叫救护车；立刻到路上拦住过往的车辆，以防小女孩再遭碾轧；有急救知识的人，还可以立刻帮忙。然而，"急难救助"这种公德（公共道德、公民责任）在这个场景里完全丧失。先后路过的十几位路人，每个人都弃守了一点点的防线，你弃守、我弃守，结果是全面弃守，公德的防线彻底崩溃。公德这种资源消失，进而形成了"公地悲剧"。

重庆公交车坠江事故的情形与此类似，但和"小悦悦事件"相比，有一点微妙的差别。在"小悦悦事件"里，十几位路人袖手旁观，不会影响自身的安危。可是，在重庆公交车坠江事故里，乘客刘某和司机发生口角，全车乘客陷入一种潜在的危险状态。因为司机情绪不稳，有可能会影响他的驾驶状态，特别是当刘某靠近驾驶座，和司机争吵加剧并开始动手时，公共安全已经面临明显的威胁。当公共安全的防线开始有缺口时，只需要一两个人挺身而出，或许就可以堵上这个缺口。譬如，把女乘客拉开，如果事后有纠纷，其他乘客可以做证。然而，在五分多钟的时间里，十多位乘客都保持旁观、沉默，每个人都选择了对自己而言合乎情理的行为，结果防线的缺口没有被堵上，最终导致决堤，大家共尝苦果。这里的"公地"是公共安全。从每个人手中，都流失了一点点公共安全，最后，公共安全如断崖或雪崩，瞬间瓦解，造成事故，无从弥补。

当然，并不是所有的公地都以悲剧收场，"小悦悦事件"和重庆公交车坠江事故可能只是例外。那么，更根本的问题是：在哪些条件下，可以避免"公地悲剧"？或者，好的价值在哪些情境下会出现呢？在后文里，我们将全面阐述这些重要的问题。

集体行动的逻辑

这一节里，我将从不同的角度，进一步探讨"公地的悲剧"，并且再次和法律（法学）建立联结。重点容或不同，但"先了解社会，再了解法律"的提醒依然成立。

1965年，经济学者曼瑟·奥尔森（Mancur Olson）出版了经典作品《集体行动的逻辑》（*The Logic of Collective Action*）。这本书阐述的主要观点很简单，适用范围很广，影响也极为深远。特别是在政治学领域里，它探讨的是"众人之事"。《集体行动的逻辑》对"众人之事"有极其深刻而细致的思考。

奥尔森洞悉世事人情的智慧结晶，可以从两个常见的例子看出来。

第一个例子，体育场里，观众都坐在座位上看球赛。球赛紧张刺激，有些观众按捺不住而站起来看，后面的人因视线被挡住，于是也站了起来。慢慢地，大家都站了起来。彼此的视野和原先坐着时并没有差别。可是，大家都站着，不如坐着看一样舒适。"大家都站着"的现象，前一节里强调过：每一个人都选择了对自己有利的行为，结果却不一定好。

第二个例子，现代社会里，一些国家会举行定期选举。可是，对一些普通民众而言，花时间去关心候选人及选举情况，自己支持的人未必会当选，或者即使自己支持的人当选，也未必会实现竞选时的承诺，那还不如把心思放在对自己更有用的事情上，如看书、听音乐、做家务，等等。一些民众对政治不感兴趣或冷漠，反而更符合他们的利益。这就是"理性的无知"（rational ignorance），"理性"的选择，就是保持对公共事务"无知"的状态。重点不在于"无知"，而在于"理性"。

理性的无知，也反映了"搭便车"（free riding）现象，即对于公共事务，很多人会袖手旁观，希望别人付出，而自己坐享其成。这是一种"大家都坐着"的状态。"大家都站着"和"大家都坐着"都具体而微妙地展现了集体行动的逻辑。这两种状态都是不理想的低度平衡。那么，如何避免这种对大家都不好的状态呢?

芝加哥大学的社会学家詹姆斯·S.科尔曼教授（James S. Coleman）曾任美国社会学学会会长。科尔曼教授和诺贝尔经济学奖得主加里·S.贝克尔（Gary S. Becker）是同事兼好友，后者也接受经济分析的基本架构。《社会理论的基础》(*Foundation of Social Theory*) 是科尔曼教授于1990年出版的集大成之作。关于规范的形成和运作，科尔曼书中有很多生动例子。比如，在公园里，有几个人散坐在长椅上晒太阳和聊天。一位年轻妈妈牵着一个小孩走过，小孩剥开手中的糖果，然后把糖纸顺手一扔。显然，这是一个不恰当的举动，小孩的妈妈没有注意到，附近长椅上的人却都看到了。对于小孩的举动，坐在离这对母子最近的人有责任提醒他们。因为，假如有人违规，其他人有责任成为"不戴警徽的警察"，帮助维系社会规范。这是"一阶制裁"（first-order sanction），是维系社会公序良俗的第一道防线。

如果坐在最近的人提醒，年轻妈妈立刻要求小朋友捡起糖纸，那么，社会规范得到了维护，小小的危机就此解除。可是，如果坐在附近的人看到小朋友扔糖纸却默不作声，这时候，坐在附近的人本身就变成了一个违规者，因为他（她）没有尽到公民的责任，在危机出现时挺身而出。附近其他的人可能会用眼神或表情对他（她）表达不满。这就是"二阶制裁"（second-order sanction），由相关的人批评那些并没有尽到社会责任的违规者。

如果坐在附近的其他人也视若无睹，那么，小朋友随手扔糖纸的违规行为，一阶制裁没有发挥作用，二阶制裁也没有发挥作用。大家都袖手旁观，都希望"坐享其成"，结果就会导致社会规范的防线瓦解。那么，在哪种情况里，一阶制裁和二阶制裁能发挥作用，克服"大家都站着"和"大家都坐着"的低度平衡呢?

诺思教授经过长期观察和思考，最终归纳出，在三个条件下比较容易避免低度平衡：第一，环境小；第二，人数少；第三，重复交往。

请大家不妨先思考一下：为什么是这三个条件？在这三个条件里，哪一个条件最重要？为什么？

想象一个传统社会的小村庄或小渔村，显然符合这三个条件：环境小，人数不多，村民彼此认识并长期交往。因此，小村庄或小渔村的村民们也就形成了淳朴善良的民风，邻里之间彼此守望相助，互通有无。很多人怀念过去美好的旧时光，就是因为传统社会的特质大致符合诺思所归纳的三个条件。在这三个条件里，从社会科学的角度看，最重要的是第三个条件：重复交往。原因很简单，但非常重要。重复交往，彼此之间才能发挥奖惩机制。你对我好，我也会对你好。邻居之间守望相助，正是因为重复交往这一奖惩机制发挥了作用。

相形之下，在现代城市里，大部分人住在楼房里，虽然也符合前两个条件——环境小和人数少，但即使是对门邻居，也可能十天半个月碰不上一次面。既然没有重复交往的条件，彼此之间也就不易发展出互通有无、守望相助的交情。好价值的出现是有条件的。当然，就现代城市的生活形态而言，如何由过去村庄里有着一、二阶制裁以及具备三个条件的状态，逐渐过渡到大的环境里也能享有这些条件的状态，显然是一个艰巨的挑战。

对于这个大问题，奥尔森提出的集体行动的逻辑、科尔曼提出的一、二阶制裁和诺思提出的三个条件，至少提供了分析和思考的起点。

"反公地"的挑战

前面两节的重点分别是"公地悲剧"和"集体行动的逻辑"，这一节里，我将继续延续学理上的脉络，介绍理论的发展，并且再次和法学问题联结。

20 世纪 90 年代，美国学者迈克尔·海勒（Michael Heller）到莫斯科参访。他发现了一个很有趣的现象，大路旁人潮如织，但很多路旁的店铺却大门紧闭，没有营业。他觉得很奇怪：这么好的位置，多适合开店营业，为什么商家有钱不赚呢？他思考了一下：存在不一定合理，但存在一定有原因。好奇心驱使之下，他开始设法找出原因。

海勒凭借敏锐的观察力、强烈的好奇心，加上自身学者的训练，果然挖出了一个值得探讨的主题。该主题不仅在学术上很有意义，而且在实务（包括法律）上也非常重要。他的研究成果发表在1998年的《哈佛法学评论》(Harvard Law Review)上，论文中提出的"反公地"(anti-commons)继而开启了一个小小的研究领域。

到2023年为止，关于"反公地"，已经有超过500篇的学术论文发表。通过深入探讨和访察，海勒所发现的原因其实很简单：苏联的官僚系统僵化而庞大，各自为政，效率非常低。如果想在大路旁开店营业，要经过一连串的申请和审批，包括消防部门、卫生部门等的检查，并且可能不止一次。只有大大小小的部门都盖章同意，商家才开得了业。这个过程冗长，不但费时费力，而且费钱。更重要的是，在这一连串的审查过程里，只要有一个单位或组织，因为任何原因（可能是鸡毛蒜皮的事）表示反对，申请就过不了审，店就开不了业。

相形之下，在附近巷子里的空旷地方，商贩搭个简易的棚子，只要和"黑白"两道（当地的警方和"地头蛇"）打过招呼，表示适当的礼貌（缴上保护费），就可以放心开张。因此，大路旁的黄金店面大门紧锁，而巷子里的商贩生意却很红火。虽然看起来奇怪，但是当海勒了解原委之后就不奇怪了，其实是有以致之。

在研究的过程里，海勒还发现了一些令人讶异的事实。有一段时间，莫斯科推动都市建设与更新，把老旧公寓拆掉，盖新的现代化公寓。可是，有些老旧公寓里住的老人已经在这里几十年了，即使开发商提出好的条件，请他们搬到别处安置，他们也不愿意搬。左哄右劝和物质奖励都用上了，也没有效果。然后，令人意想不到的事接连出现，有的老人莫名意外死亡，有的老人突然人间蒸发。根据警方公布的数字，有一段时间，老人意外死亡或失踪的人数要明显高于其他时期。原因也很简单,一点就明:不愿意搬离老旧公寓的老人,是开发商的绊脚石,开发商若想把"石头"搬开,既然文明的方法使不上力,那就用野蛮的方法来处理。

"反公地"的关键问题所在,用美国印第安人的保留地来说明最生动。北美洲的原住民是印第安人,而17世纪后,白人开始从欧洲大量移民至北美洲。两者之间不可避免地发生冲突。弓箭当然敌不过枪炮,大势已定之后,胜利的白人划出一部分土地,作为印第安人保留地,土地由族人共享,白人希望能让印第安人保留原来的生活方式。然而,问题逐渐出现。当初分配给印第安人的土地是共同持有的,经过几代之后,印第安人的人数增加,如果印第安家庭希望把土地转让或用于其他用途,必须得到全部持有人的同意。只要有一个人反对,就无法完成法定程序。由地方政府代管和经营的保留地,要把经营收入寄给所有的共同持有人也越来越麻烦。举一个具体的例子,有块土地每年的收入不过几百美元,土地持有人却有几百人,每人分到的不过几美元,而寄支票的邮费总额要上千美元。

"反公地"的现象也出现在高科技产业领域里。随着科技的发展,发明和创造越来越精细,发明者即使取得专利,可能也只是相关技术中的一环。如果要做出成熟的产品并将其市场化,可能前后相关的几个发明(专利)必须结合。然而,虽然合则多赢,但每一个专利的拥有者都有否决的权利。只要其中一个人反对(不同意),就成不了事,就和莫斯科大路边的店铺一样,只要一个监管单位不点头,就开不了业。

"反公地"和"公地悲剧"放在一起,如同一个事物的正反两面,两相对照,我们才能更容易体会两者的区别,也更容易掌握两种问题的关键所在。在"公地悲剧"里,每一个人都有明确的目标——喂肥自己的牲畜。每个人都选择了对自己而言有利的行为,结果是草原耗竭,大家的牲畜都无草可食。这种状态是资源被浪费,过度使用。相形之下,在"反公地"的情境里,只要有一个人"扯后腿",就成不了事,这种状态是资源被闲置，低度利用。当然，资源耗竭和资源闲置都是低度平衡，都是不理想的状态。那么，在这两种不理想的状态里，摆脱哪一种比较容易呢？在真实世界里，每种情况不同，个体差异很大，不易一概而论。

不过，就"反公地"而言，对法律学者的挑战，不妨以两个具体的事例说明。第一个例子，如果一栋公寓有20户，其中19户都同意和开发商合作，改建新楼，但有1户反对，由此便成了僵局。在法律上，面对这一种情况，如何避免形成"反公地"？第二个例子，在科技专利权之间，前后有相连的关系。如果其中有一位专利拥有者作梗，其他专利拥有者是否可以根据"合理使用"原则，在划拨合理商业利益给该专利拥有者后，就可以将该专利运用于产品？

显然，"反公地"带来的挑战，在理论和实务上都值得认真面对。

第七讲
共同生活的逻辑

这一讲,我将探讨文化的问题。我们要了解社会,必然会触及文化的问题。我先举一个简单的例子,反映华人文化(风俗习惯)的特质,进而间接地引出"文化"和"法律"之间的密切关联。

在大中城市的主干道上,车道的中间往往被隔开,并且隔开的方式大同小异:或用几十厘米高的栅栏,或用花草。这些方法当然有美化和绿化的作用,但主要功能在于有效阻拦路人任意穿行车道,避免影响正常的车流。

这些设施在主干道上普遍铺设,显然要花不少钱。想象一下,如果一般民众都有走斑马线、十字路口的习惯,就不需要这些阻隔设施了。硬的设施和软的思想观念都能影响外在行为,也都是一种工具性的安排,具有功能性的内涵。再想象一下,为什么要铺设硬件设施,而不是通过宣传教育来改变民众的思想观念呢?这就涉及了根本的因素:风俗习惯、思想观念、文化内涵。

不妨举一个很有启发性的、具体的例子。在日本的诸多电视节目里,曾有一个很受欢迎、老少咸宜的节目,名为《小学生30人31足全国大赛》。想象一下,30位五六年级的小朋友排成一排,彼此相邻的脚被两两绑在一起,枪响之后,步伐一致地往前冲50米。30位小朋友,性别、高矮、胖瘦不一，体能也有差别，要能不出状况地快跑齐进，当然不容易。日本全国各地的学校组成各自队伍，反复练习，然后从地方比赛开始，一路淘汰晋级，最后是全国决赛，由电视台现场直播，各地优胜的队伍两两对决淘汰。小朋友们在快跑过程中免不了会出状况，一人出错，可能整支队伍都被绊倒而落败出局。小朋友们经过长时间的训练，一路过关斩将，若在决赛最后阶段被淘汰，不免会非常难过。

日本小学的这个游戏（竞赛），有几点值得省思的意义。

首先，这个游戏是由一个群体共同完成的。对每一位参与的小朋友而言，队友的身高、体重、性别、体能、智力等方面都未必和自己一样。因此，在游戏中，每个小朋友都能深切地体会到，在自己生活的环境里，必须学会同与自己不一样的人相处。

其次，既然是群体游戏，那么自己只是参与者之一。光自己努力，也未必能使团队获胜，但如果别人出了状况，30位小朋友还可能被全部绊倒。这是一场荣辱与共的比赛，每位小朋友要团结一致，共同承担责任。

最后，也是最重要的一点：30位小朋友的身体条件不同，但是通过橡皮筋被绑在了一起。31足要能彼此协调，步伐上由慢而快，要经过长时间的摸索和反复练习。在这个漫长的过程里，小朋友逐渐培养出和别的小朋友（彼此之间没有血缘、伦常尊卑、从属关系）在平等的基础上合作的习惯和能力。"群育"的培养不能通过考试和学习书本知识获得，而是在日常的生活经验里去体会和培养。

1987年，我完成学业，回到母校任教。无论是教研究生还是本科生，我都会安排分组作业。每一组4个人合作完成，同组的人都得一样的分数。如果有问题，我只找组长，组长要负责协调，安排时间碰面讨论、执笔修改等。到了学期末，一再有学生告诉我：从小到大，过去从来没有和别人共同完成作业的经验，刚开始觉得很困难，而且很浪费时间，后来慢慢体会到兼听而聪、群策群力、集体智慧的乐趣和好处，就乐此不疲。课程结束之后，还要保持与小组组员的联系，希望能继续一起成长。

简单小结

这一讲的重点是，探讨在现代社会里，"群"和"己"之间的界限。群己关系和法律密切相关。我们探讨的方式，不是针对法律或规则本身，而是诉诸实际的生活经验，特别是如何从实际的生活经验里（包括成长和受教育），慢慢厘清群己之间那道微妙的分界线。

第八讲
水面下的冰山：法治问题的深层解读

这一讲里，我们将以真实世界里的现象为起点，探讨其背后深层的原因。看起来也许只是一个单纯的法律问题，但是进一步挖掘，我们可能对法律、法治和文化都有不同的体会。

2018年重庆公交车坠江事故发生后，各地又接连出现类似的事故。乘客谩骂和攻击司机、抢夺方向盘，导致公交车发生碰撞事故。对民众而言，看到这些报道可能会觉得不可思议：难道血的教训还不够吗？怎么还会有这些威胁公共安全的事件发生呢？难道惹祸的这些人疯了吗？根据媒体的报道，这些事件涉及的乘客并不是精神异常或饮酒过量的人。那么，原因何在？

我们不妨从稍远一点的地方开始思考。1972年，著名法学家、法官波斯纳发表了一篇论文，名为《过失理论》（A Theory of Negligence），他从经济分析的角度阐释了一个重要的法学问题。文章里提出一组数字，令人颇为惊讶。根据统计数据，贯穿美国东西部的铁路开通后，最初几年，每年约有3万人死于火车撞击事故。

现在每年死于火车撞击事故的人，除蓄意卧轨者之外，可能屈指可数。那么，为什么当时每年有上万人死于火车撞击事故呢？有一种解释是，当时铁轨和火车都是新生事物，人们还没有相关的知识和经验面对火车和铁轨。一旦铁轨和火车成为人们日常生活经验的一部分，意外死亡的人数自然就会大幅下降。

这种解释，在直觉上想来合乎情理，但对于公交车上乘客抢夺方向盘、殴打司机等事件，却无法解释。毕竟，公交车不是新生事物。虽然火车和公交车情况并不一样，但波斯纳的例子还是具有一定启发性。公交车固然是人们日常生活经验中经常接触的事物，可是有哪一个环节是人们生活经验的空白，才会出现多次乘客打骂司机和抢夺方向盘的事件？

对于这个微妙的问题，我们不妨试着从以下两点来分析。

第一，中华大地几千年的历史，都是以农耕为主的生活形态。绝大多数老百姓依靠土地过日子。然而，随着经济活动的蓬勃发展，百姓的居住条件和生活形态也逐渐改变。随着城市化的发展，城镇慢慢吸引了越来越多的人口。据统计，1980年城镇人口总数占常住人口总数的19.39%；2018年，城镇人口总数已经快速上升至61.5%。

城市的生活方式和农村的生活方式有很大不同。最明显的是，传统农村是"熟人社会"，彼此之间可以通过一张血缘的社会网络联系在一起。在城市里，人们彼此之间关系疏远。两相比较，可见人际相处时的"游戏规则"大不相同。过去是"人情式社会"，通过血缘亲情而形成的私人领域。现在城市是"非人情式""契约式"的公共领域。在公共领域里，如何与不认识、没有关系、彼此平等的各种人相处，对社会大众来说，就是一种新生事物。

第二，几千年来，社会朝代更迭。老百姓的身份就是"子民"（subject）。他们按时缴税和服兵役，当好各朝顺民即可。然而，从现代社会开始，老百姓已经不再是"子民"，逐渐蜕变为"公民"（citizen）。

现代社会里，虽然公民一样要纳税，但是公民更是社会的组成分子，是社会的中坚力量和参与者，能够共同维系现代社会生活里的公序良俗。对于一个现代社会而言，公民所要扮演的角色和承担的责任，要远远大于几千年来的顺民。

回到本讲开头我所描述的乘客谩骂攻击公交车司机、抢夺方向盘的事件，这种行为就涉及公共安全的问题。试问，在传统农业社会的生活形态里，人们有多少公共安全的意识？一个人对其他人的安危（包括司机、乘客、路人和其他车辆等）该有多少认识、承担多少责任，是日常生活经验里的一部分吗？因此，这件事看起来是一个简单的法律问题，其实在较深的层次上，涉及社会变迁、传统文化、思想观念的问题。法律问题如同水面上的冰山，只占1/10，深层的社会文化问题可能是水面下的冰山，要占9/10。

了解水面上的冰山固然重要，但能看到水面下的冰山更为重要。

专题五

民法与民事案件的经济分析

第一讲
高速公路上的铁块：侵权还是违约

这一讲的内容，是关于两个部门法之间的比较。对侵权法和合同法进行比较，不但在智识和学理上有趣，在实务上也非常重要。

对于这一讲的内容，我要明确感谢江西省某投资集团的朋友们。2018年9月初，这个资产超过2 800亿元、员工超过1.8万名，负责整个江西省高速公路营运的公司，送了近90位中高层管理人员到浙江大学培训。我应邀讲授法律经济学这门课。在课间休息时，一位学员问了我一个问题，我立刻意识到，这是一个有趣的好问题。因此，请他在下一堂课开始时提出来。

他的问题非常具体。在高速公路沿线，会发生大大小小的意外事故。有些和附近居民、牲畜有关。譬如，牛走上了高速公路，进而发生意外。有些是在高速公路上行驶的车辆发生意外，涉及高速公路的维修和设施问题。譬如，浓雾路段的警示信号灯因线路潮湿而断电，信号灯失灵，进而酿成追尾车祸。发生意外事故之后，有些当事人认为，造成事故的原因和高速公路的运营方有关，就要求赔偿或提起诉讼。过去，当事人往往引用侵权责任，现在却开始引用违约责任。法院在判决时，似乎逐渐形成了一个趋势：理赔的金额越来越高。那位学员希望知道，两者之间的差异何在，我的看法又是什么。

他提问之后,我在课堂上立刻做出回应。下课之后,我意识到这个问题很有意义,就查阅了相关资料,整理出以下内容,供你参考。我将先说明两种法律的差别,再举出具体的和高速公路有关的个案,最后再归纳出几点结论。

首先,违约责任的判定依据是合同法。合同是两方或多方经过各自的考虑,自愿签订的契约,彼此互蒙其利。签订合同的各方有各自要承担的责任,也有各自能够享有的权益,如生活里常见的房屋租赁和买卖双方。一般的交易即使没有见诸文字,一旦有了争执,也可以适用合同法。合同法的核心精神是彼此合意,各自采取约定的行为,共享成果。

相形之下,侵权是指一方的行为(可以是自然人或非自然人)对另一方的权益造成伤害。譬如,开车不小心撞了人;自己养的猫抓伤客人;下雨漏水,水渗入楼下邻居的客厅等。被侵犯的权益,过去是具体的身体生命和金钱等,现在则涵盖抽象的精神、名誉、肖像和智慧财产等。从具体到抽象,是一个转变的过程,本身就值得仔细探究。无论如何,侵权法的关键是有某一方的权益受损。

其次,把合同法和侵权法放在一起,我们可以对照比较,掌握两者差别的关键所在。合同法的核心精神,是彼此合意;侵权法的核心精神,是有人权益受损。在思考和处理相关问题时,从这两个焦点出发,更容易抓住重点。

再次,有趣的是,波斯纳教授曾经指出:合同法和侵权法,其实在精神上相通。合同法的问题,可以用侵权法的语言来呈现;侵权法的问题,也可以用合同法的观念来阐释。我们稍微琢磨,就可以体会出,波斯纳的见解很有启发性,增加了我们对法律认知的深度。仔细想想,如果有一方违反合同的内容或精神,没有采取彼此约定的行为,自然会伤害另一方的权益,而伤害别人的权益,不就是侵权吗?还有,社会的风俗习惯和法律规定,是社会大众所默认和支持的约定,可以看成一种隐性契约(implicit contract)。如果有人打破了这种默契,侵犯了别人的权益，不就等于违反了隐性契约吗？因此，抽象来看，合同法和侵权法其实精神相通，只是在实际运用上，侧重点不同。

2010年7月8日，在京台高速公路枣庄段的路面上，有一个从某辆车上掉落的铁块。之后伍某驾驶一辆车以时速约100千米行驶，前轮恰巧轧上了铁块。由于车速过快，且该车违规载货，导致车辆侧翻，最终造成后座的刘某和李某死亡。该车实际车主为金某，伍某、刘某和李某系金某雇员。事发后，金某向两位死者家属先行支付了赔偿金共80万元。之后，金某向法院提起诉讼，认为高速公路的运营方既然收了过路费，双方形成合同关系，运营方应该确保路面没有危险物。路面有铁块，说明运营方有明显疏失，应该赔偿金某各项经济损失，共72万元。高速公路运营方提出抗辩，主要论据是巡查证明。根据相关规定，对高速公路的路面，运营方必须上下午各巡查一次，而巡查记录显示，当天上下午巡查时，并没有发现地面的铁块。而且意外事件发生的路段，限速每小时90千米，出事车辆超速行驶。因此，运营方认为，出事车辆超速，致其无法有效闪避，才是造成本次事故的主要原因。

本案经过审理，法院做出判决。主要的论点是：一方面，车辆上高速公路，付了通行费，就和运营方形成了合同关系，高速公路运营方基于本身职责，就应该提供安全的行车环境，因此，对路面掉落的铁块，高速公路运营方（而不是掉落铁块的司机），应负一部分责任；另一方面，驾驶人伍某驾驶载客机动车载货行为违反了道路安全法，对于意外事故承担部分责任。但本案为追偿权纠纷，而不是机动车交通事故纠纷，且金某诉请被告高速运营方而不诉请伍某承担责任，系其对诉讼权利的处分，法院予以认可。因此，高速公路运营方依比例承担相应的赔偿责任。

关于这起意外事故，还有两点值得提出。第一，和高铁、飞机相比，高速公路上出现意外情况的可能性更大。而汽车驾驶人的驾驶能力和守法习惯参差不齐，有较高概率发生意外。第二，对高速公路的运营方来说，维护和巡视成本与发生意外事故的概率之间，当然有关系：防范意外所耗用的人力、物力，必须可堪负荷。在平时所收的过路费里，运营方应当保留一部分作为理赔意外事故的基金。

简单小结

这一讲有两个重点。一是，侵权法和合同法侧重点不同，但是在基本精神上也有相通之处。二是，高速公路的运营，很难完全避免意外事故；在维护和巡查上所耗用的资源，及意外事故造成的损失，都应该设法控制在可堪负荷的范围之内。

第二讲
牛黄案：谁的故事可信

一个农夫把两头牛交给肉联厂屠宰，并达成口头协议：牛头、牛皮、牛尾、牛内脏等归肉联厂，农夫另付工厂宰杀费7元。没想到，屠宰过程中，肉联厂发现了少见的牛黄70克，隐瞒后获利2 100元。农夫知道后表示："早知道就不把下水给肉联厂了！"两年后，农夫把肉联厂告上了法庭，认为牛黄应归自己，对方是不当得利，是侵占。

这确实是一个饶有趣味的案例。那么，法律学者和经济学者会如何来分析呢？面对问题，基本思维模式是：成文法结构完整，已经粲然大备。因此，针对案情，先找出相关的法学概念和条文，然后以请求权为基础，再论是非。"牛黄案"涉及的法律概念，可以列举如下。

一是"不当得利"。农夫和肉联厂订立的是基于委托关系的约定，农夫并没有答应把昂贵的牛黄给工厂，工厂发现牛黄后出售并获利，是明显的不当得利。二是"重大误解"。在双方约定时，只是一项单纯的委托约定，意外出现的牛黄，性质上是"重大误解"，不符合双方约定的本意。因此，无论是基于"不当得利"，还是"重大误解"，肉联厂都不该占有牛黄，而应该返还。

但是，从另一个角度讲，牛黄是牛身体的一部分，可以看成"天然孳息"或"附属物"，和内脏部分相连，通常被视为下水。而且，牛主人知道有牛黄后，只是惋惜地说："早知道就不把下水给肉联厂了！"这是明显的"默示放弃"。因此，由"天然孳息"、"附属物"和"默示放弃"这几个概念来看，肉联厂得到牛黄其实合情合理。

两个说法针锋相对。那么，和传统法学家援引法学概念相比，经济学家又会如何论述呢？

对经济学者而言，面对法律问题，通常不会先考虑相关的法律概念，而是会先考虑具体案情的意义，以及纠纷的来龙去脉。在性质上，"牛黄案"是一桩委托纠纷案。而引发问题的关键是，当初约定时，没有针对牛黄做出约定，这是合同的漏洞。合同有留白，其实很正常，因为不可能把所有的可能性都一一处理，所耗成本太大。

一旦出现特殊情况，当初合同订立双方没想到的问题，就可以利用"回到从前"的思维方法来分析：如果农夫当初委托肉联厂杀牛时，想到可能会有牛黄，又会如何约定？通常，业内会有一些众谋佥同的行规或风俗习惯。如果回到从前，农夫能想到牛黄的问题，大概不会同意把它全给肉联厂。宰杀费每头不过3.5元，而在1997年，一头牛的平均价格是4 800元，城镇居民人均可支配收入为5 160元，农村居民纯收入只有2 090元，牛黄的价格为2 100元，不是一笔小数目，因此，不太可能把它全给肉联厂，这违反了合同互利的原则。

另外，肉联厂如果发现牛黄，会全部给牛主人吗？依情理判断，大概也不会。因为屠宰时，牛主人通常不在现场，如果肉联厂（的师傅）没有得到任何好处，很容易就让微量的牛黄和其他残渣血水一起被冲掉。因此，为了自己的利益，牛主人大概也会适当考虑肉联厂（及师傅）的实际情况。由此可见，经济学者会先设法思考纠纷的性质，以及双方所处的情境，再考虑哪种做法能使双方利益均沾、长久维系。如果宰杀费仅占整头牛价值的约0.07%，那么，基于鼓励肉联厂的考虑，或许可以把牛黄所得（2 100元）的10%~20%给肉联厂。

再进一步，抛开眼前的个案，从长远的角度考虑损益，是经济分析常强调的视野。对于意外之财，不妨考虑如何处置较好。在马路上捡到钱包，里面有几千元；从自家后院意外挖出一件古董；夜晚来了流星雨，在地上捡到几块陨石……面对这些情境，有两种做法可以参考。一是无偿上交派出所或国家有关机构，若钱包无人认领，财物充公。二是同样交出，但拾获人得到一定的物质奖励：若失主出现，失主要给拾获人一定的报偿；若一直无人认领，财物归拾获人。两相对照，长远来看，哪一种做法更符合人性，不致让拾获人陷入缴或不缴的道德冲突，又能兼顾公谊私利呢？

这是1999年国家司法考试（现国家统一法律职业资格考试）的一道选择题。如果是简答题，倒是可以请法律学者和经济学者好好分析比较。

对于这个问题，我们也可以稍加引申。众所周知，法律的长臂有时而穷，而民众的生活绵延不绝。由日常生活里发展出的当地人觉得较好的做法，日积月累就成了风俗习惯。重点是，风俗习惯不会凭空而降，而是当地人经过反复试验（trial and error），慢慢地沉淀出一个大家都接受的做法。这就是风俗习惯的由来：不是来自圣人的开示，而是来自人们谋求福祉的经验。

在这个案例里，如果当地已经形成一种约定俗成的做法（杀牛数量多的地方和杀牛数量少的地方可能有不同的风俗习惯），那么，就要尊重当地风俗习惯，其重要性超过了法律学者归纳出来的"法理"。

第三讲
景区事故案中的风险负担：道德绑架只是开始

在这一讲里，我们将借着一个具体的案例，说明法律和道德之间的微妙关联。众所周知，一旦有热点事件发生，广大网民往往立刻站队，然后争论不休，而且通常是先在道德上做了价值判断，再从道德上指责对方。我们希望换一种方式，先不做价值判断，而是就法论法，先让证据说话，而后再做一步的分析。

以曾在广州附近发生的一起意外事故为例。一个国家 AAA 级旅游景区里种了一些杨梅树，树不高，果实累累。60 岁左右的吴某上树摘果时，因树枝断裂而跌落受伤。景区的救护站没有人值班，吴某送医后不治身亡。家属要求景区赔偿 60 万元。一审判决是：果树附近没有提醒和警示的标识，并且意外事件发生后，急救的设施和人员缺位，景区要承担 5% 的责任。

从道德上论述，男子的行为逾矩。意外发生后，家属还拿出了其他人攀爬的照片来指责景区。这是"别人可以（违规），为什么我不可以"的逻辑。然而，这起意外事故其实可以从不同的角度解读，或许更有启迪和教化民众的作用。

关于客人（游客）发生意外，客人和主人（游客和景区）之间的责任归属问题，受到许多因素的影响。简单做两项分析，有助于我们体会其中的曲折。一是，主人宴客，如果是受邀的来宾，那么对于来宾的安危，主人要承担较大的责任。相对而言，如果是不请自来的人受伤，主人的责任就要轻得多。二是，如果景区是收费的，对于付费入内的游客，景区当然有责任要保证其安危。相对而言，如果是免费对外开放的景区，景区对游客所负的责任就要轻得多。

这两种原则道理相通：如果客人是受邀而来的（付费游客），注意义务（duty of care）至少有一部分已经移转到主人（景区）身上。相形之下，对于不请自来的人（没有付费的游客），主人（景区）并没有理由对这些人的安危负责。

若是稍微复杂一点的情境，如开放式、不收费、游客众多的知名景区，景区的经营管理者还是要承担一定程度的责任，包括事前预防和意外发生时的应对措施。承担责任的理由很简单：虽然没有直接收费，但是公民缴的税就是为了应对各式各样的公共支出。当然，经营管理者的责任大小会受很多因素的影响，诸如景区范围大小、访客量季节性起伏、景区性质等，其所承担的责任也必须是成本可堪负荷的。

针对广州国家AAA级旅游景区游客私自上树采摘杨梅坠亡案，当事人攀爬采摘，枝断落地而受了重伤，相当程度上是自陷风险。当然，至少在两方面，景区也有明确的不足。一方面，由死者家属提供的照片可看出，有不少游客也曾爬树采果，证明景区没有设置标识，以提醒游客注意危险。从经营管理的角度看，景区确实应有适当的警示标识，或把杨梅树圈围，防止游客攀爬。另一方面，既然是国家AAA级旅游景区，景区应保证急救站能发挥作用。意外发生时，即使在下班时间，景区也应该设有紧急联络电话等。在这两点上，景区都付诸阙如。因此，一审法院判决景区管理方要承担5%的责任，并不为过。

事实上，这个判决的意义还可以做进一步的阐释。具体而言，随着经济的发展，社会资源愈益充足，可以更好地维护人的尊严。随着生活水平的提高，普通人参加户外活动、休闲旅游的机会越来越多，随之而来的意外事故在所难免。一旦意外发生，当事人很可能面临昂贵的医疗费用和针锋相对的诉讼。能弥补一定损失的方案之一，就是用保险来处理。无论是公营还是私营的景区或游乐设施等，保险犹如一张"安全网"，让民众在户外活动时，即使发生意外也可以"软着陆"。当然，有保险不一定能防止意外发生，但在意外发生时，能让人更从容而有尊严地应对。

再回到这个意外坠亡案上，或许值得我们思考的，不只是那位逾矩的违规者，还有这个景区在经营管理上的风险意识。对于潜在的意外，无论是事前的防范（警示标识），还是意外发生时的应对措施（医疗救助），景区在经营管理上显然都有很大的改善空间。前事不忘，后事之师，就这个景区以及其他所有景区和公共场所而言，希望在不久的未来，当下一个意外来临时，有一张"安全网"能够有效地减少意外带来的损失。

最后，我再补充一下这个事件在司法上的最终结果。死者家属提起诉讼，要景区管理方赔偿损失。一审和二审都酌定景区管理方要承担5%的赔偿责任。然而，广州市中级人民法院经审查，依法裁定对该案进行再审，并于2020年1月20日宣布再审宣判：吴姓男子有完全的行为能力，要对自己的行为承担后果。广州市中级人民法院撤销原审判决，认定景区管理方未违反安全保障义务，不应承担赔偿责任。

对于这个结果，读者或许可以体会到：任何一个案件都涉及很多层面。法院斟酌取舍，有相当的裁量空间。一审、二审判决景区管理方承担5%的责任，同时就意味着：吴某要承担95%的责任。所以，前后判决的差距并不是非常大。比较值得思考的是，这一讲里提到的理念，即无论组织还是个人，在面对各种风险时，都值得用保险的方式预为之计。

第四讲
"红头苍蝇做证案":法官如何思考

这一讲的重点,是借着一个具体的案例,揣摩法官的思考过程。而且,由这个民事案例联系到刑事问题,反映出经济分析一以贯之的特性。

1999年10月16日,约30位客人来到西湖边的某饭店,就座于三个独立包厢中,分别点菜就餐。酒宴过半,其中一个包厢的客人发现一盘基围虾中竟有一只"苍蝇",便向服务员反映情况。之后,前厅刘姓女经理走进包厢表示歉意,提出重新做一盘新的基围虾,并对餐费给予适当优惠。客人认为,三桌都点了虾,要求三桌都免费。刘经理表示,三个包厢的菜是不同师傅做的,另外两个包厢应该不受影响,不同意三桌都免费。

接着,服务员仔细看了那团黑点,认为是"锅炭",而非苍蝇。她向经理报告后,经理再次进入包厢,仔细观察后向客人解释,确实不是苍蝇。客人情绪激动,说:"既然不是苍蝇,你敢吃吗?"经理也有点激动,抓起黑点就一口吞下。

而后,客人先写投诉信给消费者协会,要求饭店公开道歉,并赔偿精神损失。饭店认为客人所提的要求过分,双方始终达不成和解。于是,客人在2000年2月25日向法院提起民事诉讼,以用餐吃出了"红头苍蝇"为由，要求饭店道歉，并赔偿5万元的精神损失费。

6月29日开庭，一只苍蝇引发的官司备受关注，很多媒体到现场旁听。关键所在是那只"红头苍蝇"，可是关键证物已经缺失，怎么办？在开庭审理时，饭店聘请的律师问原告："你们在盘子里看到的，确实是'红头苍蝇'吗？"原告点头称是。这时，律师呈出5只活的红头苍蝇，再用酒精灯加热，红头苍蝇瞬间变黑，无一处显红。律师盯着原告问："只是一小团黑黑的东西，你们如何判断一定是红头苍蝇？"这个戏剧化的展示很有力，令原告哑口无言。翌日，媒体大幅报道。

10月中旬，法院做出判决：当晚盘中确实有异物，是不该出现在食物中的。因此，被告应赔偿原告216元（饭店基围虾售价的2倍），并驳回原告其他要求。诉讼费由原告承担3/4，被告承担1/4。原告上诉。2001年1月中旬，中院开庭后当庭宣判：维持原判，二审诉讼费全部由原告承担。红头苍蝇和基围虾惹出的风波，就此平息。

这个案子的高潮，无疑是庭审时，饭店方律师"让证据说话"，以酒精炉现场加热红头苍蝇的一幕。然而，以后见之明来看，对于这个案子，我们其实可以再做一些分析。

首先，无论是客人还是饭店，对于盘里有一小团黑黑的东西，都没有异议。争议的焦点是，那团黑黑的小东西是不是红头苍蝇。红头苍蝇被律师用酒精炉加热了之后变黑，其实并没有增添新的信息。因为，从一开始，争议的关键就不是那一小团东西是不是红头苍蝇。而且，"苍蝇"在盘子里出现，可能是做菜过程中不小心掉入的，也可能是出菜之后掉入的。用酒精炉来加热，也无助于证明盘中的东西不是苍蝇。律师的思路虽令人赞叹，但其实和关键点关联不大。原告是自主辩护，未请律师，庭审时处于下风。

其次，关键所在其实是苍蝇。可是，那只"苍蝇"（或类似苍蝇的东西）已经被饭店经理吞下。案件的审理和判决，只能在没有关键物证的前提下进行。但是，可以从两方面来考虑：一方面，是当时双方的处置态度，以及协商的解决方案（客人要求三桌全部免费；饭店同意一桌免费，另两桌打七二折）。另一方面，是事后双方的言行举止，以及对解决纠纷的态度（客人要求饭店公开道歉及赔偿精神损失费5万元；饭店希望避免诉讼，但是不排斥诉讼）。哪一方希望合理地解决问题，哪一方有意让矛盾升级，这些点点滴滴，相信都会影响主审法官对该案的判断。在缺乏直接证据的情况下，法官只能诉诸（或求助于）间接证据，这么做是次佳方案，但合乎情理。

最后，餐饮业是服务业，出差错在所难免。一旦真的出了问题（盘中真的有苍蝇），若不是故意，只要事后诚恳地解决问题，消费者就不必穷追猛打，特别是高举道德大旗，上纲上线。穷追猛打反而容易使餐饮从业者设法隐藏或掩盖过失，同时把增加的成本转嫁到消费者身上。因此，长远来看，未必是好事。这个观点可以在刑法里得到印证：故意伤害判得重，过失伤害判得轻。人非圣贤，孰能无过？对于无心之过，可适当宽容对待。以"故意"和"过失"的观点来考虑餐饮业（以及服装、交通运输等其他服务业）出问题时应如何解决，相当于又多了一个明确的参考坐标。

简单小结

"红头苍蝇做证案"就案情而言，并不复杂。饭店聘请的律师，让活的红头苍蝇出庭做证，很有想象力。然而，外行看热闹，内行看门道。这个案件的启发，在于当法官没有直接证据时，如何通过间接证据进行判断。还有，也可以援用刑法里"故意"和"过失"的概念，跨界相助，在民法里发挥作用。

第五讲
损害赔偿：参考坐标与不同语境

恢复原状和预期利益

王泽鉴教授在《损害赔偿》这本书里提道：民法里，"损害赔偿"是最重要的主题之一。在这一节里，我们就开始探讨这个有趣的主题。

关于损害赔偿，我们不妨借对比衬托的方式，从不同的角度呈现这个主题的内涵。有两个明确的角度：民法里的损害赔偿和商法里的损害赔偿。譬如，某人借用朋友的汽车，结果发生意外，造成车头毁损；某人院子里的大树被台风吹倒，压垮了邻居房子的一角；邻家的狗钻过篱笆，咬死了隔壁家的两只大母鸡；等等。这些都是民法里常见的纠纷，涉及损害赔偿。

商法里的损害赔偿也有一些常见的例子。譬如，甲把故障的手表请乙修理，结果乙不小心划伤了表面；甲向乙订了一批纸箱，作为装月饼的礼盒，结果过节之前乙的机器故障，做不出纸箱，导致甲的月饼无法如期交货；甲向乙订了铁架，用于制作高速公路旁的广告牌，结果乙无法交货，导致甲先前花了钱铺的水泥座也只能作废。

我们稍稍琢磨和比较一下这两类例子就可以发现：在民法和商法里，损害赔偿的处理方式有明显差别。民法里，权益受损（提出告诉）的人本身无须采取任何行为。他只要按原来的生活，正常过日子即可。

别人给他带来的伤害、造成的损害，纯粹是外加的。而且，很多时候，他在事前是不知情或是完全无从预测的。两相对照，商法里的损害赔偿，通常涉及当事人双方之间的约定、合同或契约。根据合同或约定，双方分别承诺，各自要采取某种行为或措施。两人之间是一种交换、合作的关系，希望能彼此互惠，各有所获。

打个比方，民法里的损害赔偿，像是在清澈的池塘里，投下了一个泥块，原先宁静的环境瞬间受到干扰。水面出现波纹，池水也变得混浊。商法里的损害赔偿则像是两人约好同行，一起经历一段旅程，约定途中要彼此分担责任。结果，因为主观或客观的原因，其中一方（或双方）发生状况，该做的事没有做到，即使两方完成约定，情景和原先设想的也大相径庭。

这一连串的例子、对照和比喻，让我们更容易体会在处理损害赔偿时，民法和商法的基本差别。民法里损害发生，通常是原先稳定的状态被干扰。"均衡"的状态受到冲击，偏离了原来的轨道，受害人因而遭受损失。显而易见，既然原先的状态受到了干扰、脱离了轨道，最直接而明确的弥补方式就是恢复原状。谋求补救措施，让受害人能够回到原先的状态。

在观念上，这是一个极有说服力的状况，也是民法所揭示的基本原则。然而，稍稍思考就可以发现，观念上简单而明确的事，在具体实施上，却未必容易做到。时间一旦流逝，不可能重新来过。即使外在的实物场景能恢复到原先的状态，一个人内心的感受也很难回到从前。

因此，对于损害赔偿的处理，"恢复原状"在理论（逻辑）上是达不到的，但在实务上是非常重要的基本原则。该原则不仅是思考问题的起点，也是处理具体问题的一个明确有力的参考坐标。

相对而言，商法所处理的关于损害赔偿的问题，主要和合同、契约有关。契约合同涉及交换，其中就隐含了一个过程。这个过程有两个重要的时点，即起点和终点。起点，是双方意见一致并达成协议的那个时点。终点,是根据合同的约定,彼此各尽所能,合作完成的那个时点。起点,是双方还没有启动的时点;终点,是双方经由合作互惠,享受成果的时点。很明显,双方各自所获得的利益,在终点时要高于在起点时。

换一种描述的方式,起点是"起始(初始)状态",而终点是"最后(终极)状态"。一旦合同顺利完成,双方在终点的状态会超过在起点的状态。由起点往终点看,双方都期望:在终点时,自己获得的利益增多。这是合理的期望,到达终点时,各自可以得到预期的利益。在绝大部分的契约合同里,双方各自履行承诺,也各自享受了交易(合作)带来的好处。然而,在极少数的情形里,因为各种原因,在起点所做的约定,在终点并没有实现。某一方的利益受到损害,就出现了损害赔偿的问题。

对于商法里的损害赔偿,起点和终点刚好是明确的参考坐标。起点,是双方合意,但是还没有采取行动的时点,因此,以起点为标杆,就是"恢复原状"。终点,是正常情况下,双方能享受成果的时点,因此,以终点为标杆,就是"预期利益"。"恢复原状",意味着一切还没有发生,这是损害赔偿的下限;"预期利益",隐含着从合同(合作)中,正常情况下所能获得的利益,这是损害赔偿的上限。起点和终点,是思考具体问题时,可以一直放在我们脑海里的参考坐标,而下限(恢复原状)和上限(预期利益),则界定了赔偿金额的可能范围。

简单小结

对于损害赔偿这个重要的问题,这一讲里强调了两个重点。一是,在民法和商法里,损害赔偿问题的根本差异。二是,进一步表明了,商法里处理损害赔偿问题的几个重要的参考坐标。在下一节里,我们将借着具体的案例阐明,损害赔偿问题在实务上的微妙之处。

民事和商事语境下的不同导向

在上一节，我们讨论了损害赔偿的两个坐标——起点与终点，以及恢复原状与预期利益在民法和商法语境下的不同意义。在这一节，我将通过几个具体的案例，比较类似的事件。在民法和商法不同的语境下，确定损害赔偿范围的差异。

先来看看两个买卖合同的案例。第一个案例，是民事买卖。酷日炎炎，某消费者以 3 000 元的价格买了一台空调回家，用了两天，发现噪声极大且制冷效果不好。于是，他要求退货，并自行拆卸送回。第二个案例，是商事买卖。在盛夏最热一周到来之前，商场向空调厂商订购了 500 台空调。进货价格是 2 600 元，销售价格是 3 000 元。厂商送货后，商场卖出了 5 台，但因质量问题，消费者纷纷要求退货。商场由此向厂商要求退货退款，并按照每台空调 400 元的利润，赔偿损失。

我们看到，同样是买卖合同，但在不同的案例中，损害赔偿有了不同的含义。在民事买卖中，消费者的损失主要限于直接损失，可能包括为买卖行为而投入的时间和精力。最大的损失，可能就是盛夏几天，空调不能及时正常运行，给消费者所带来的不便。但是，这种损失很难量化，也难以得到事实上的赔偿。

在商事买卖中，商场的购货行为，不是商场自己用这 500 台家用空调去享受夏日凉爽，而是要售卖空调并赚取利润。这批空调的质量问题，可能会给顾客带来不好的购买体验，影响顾客对商场的评价。但是，这种影响是潜在的、难以量化的。更为直接的，则是对这 500 台空调销售利润的影响。一买一退之间，最热的一周过去了。即使新空调到货，也很难卖出。厂商的违约行为给商场带来的损失，不仅是往返运费、导购服务中时间投入的损失，还是整个购销环节经营利润的损失。

再来看看两个租赁合同的案例。

第一个是民宅租赁案。张三因为工作原因，将举家迁往外地工作两年，便将自己的房子租给了李四。双方约定：租赁合同一年一签，租金每年10万元；一年期满后，如果没有特殊原因，自动续签一次。房屋交付使用后，李四就对房子重新进行了精装修，包括在客厅安装了高档水晶灯、浴室安装了豪华浴缸等，共花了10万元装修费。但是，在装修前，他并没有征得出租人的同意。

租期满一年后，张三工作变化，需要举家回迁，于是不再续签第二年的租赁合同，并以装修未经过他同意为由，要求承租人李四拆除这些精装修的物品，恢复原状。李四则主张，张三属于提前解约，应当赔偿自己装修费用10万元，及自己另找住所的损失。问题来了：究竟应该由承租人李四拆除精装修物品并恢复原状，还是应由出租人张三赔偿李四投入的精装修费用？

如果回到起点，恢复原状，那么承租人投入的10万元装修费将血本无归。但是，承租人投入10万元进行精装修，并未经过出租人同意；出租人不仅要被动接受精装修，还要倒贴承租人费用，可能也不公平。审判陷入了两难。

第二个是商铺租赁案。某商业物业的所有权人甲公司，将一层2 000平方米的商铺出租给家具销售商，租期5年，一年一签，每年租金200万元。如果没有特殊事由，一年期满自动续签。销售商花了3个月、500万元的成本，对该商铺进行了装修。

租赁期满一年后，出租方甲公司改变经营定位，准备将整层改为餐饮城经营，要求解除租赁合同。承租方乙公司则主张：非因自身的原因，导致预期5年的租赁期提前终结，甲公司应赔偿乙公司的装修成本500万元，并赔偿后四年租赁的可得利益损失1 200万元（以第一年的经营利润300万元为基数，乘以四）。与前面民宅租赁案例相比，商铺租赁的案例的不同在于，承租方乙公司投入500万元的装修成本，包含了选址、周边客户群调研、广告投入，以及未来利润等多项商业经营的考虑。出租方突然中断租约，影响的不仅仅是乙公司前期成本投入，还有未来的收益。但是，让出租方赔偿，是一个公平的判决吗？

这两个案例的相同之处在于：都是租赁合同，都是由于出租方的原因而导致一年期满后合同未续签，进而产生装修费用的争议。但经过我们的仔细分析，二者又有一些显著的不同。一是预期不同。在民宅租赁中，对出租人而言，期满退房，装修后的固定物难以带走，承租人应有明确预期。但是，民宅本是出租人自住房，对民宅的改造未必符合出租人的本意，原状返还更符合其预期。也就是说，民宅租赁，预期是回到当初。而在商铺租赁案中，对双方而言，商铺本身是经营的工具。双方更关注期满后可以获得的收益，特别是承租方要根据租赁期的长短，考虑沉没成本是多少。提前终止合同破坏了这一预期，必然给承租方带来一系列难以弥补的利益损失。二是损失的范围不同。在民宅租赁中，损失的范围限于重置成本；商铺租赁中，损失的范围包括可得利益。

那么，问题何以产生，又何以解决呢？巨额装修费用的投入，无论对出租方还是对承租方而言，都是一种重要的负担。预期利益、时间长短、可得利益，划定了损失赔偿的范围。那么，限制和减少这种意外的、未预期的损失，最好的方法是什么呢？至少有两点：一是为避免事后的损失争议，可以"回到从前"，在订立合同的时候，就是否装修、装修投入、解约的损失范围做出约定；二是处置他人物品时，事先征得物品主人的同意。两种做法都将显著减少后续的争议。

回到主题上，法理是有损害就应当有赔偿。在民事和商事交易的不同案例中，在什么时点、按照什么标准来认定损失的范围，是一个具有重要意义的大问题。民事纠纷重在回到过去，希望恢复生活原有的状态和平静；商事纠纷影响的，往往是整个交易链条中的一环。对商人来说，他的诉求就不是回到过去，而是在交易完成的终点，从交易中可以得到的利益。也就是说，对以经营为业的商人来说，事先约定损失赔偿的范围、事先征得对方的同意，才是能够保障交易链条完整、防止意外冲击的最好的风险防范措施。

第六讲
网约车与反垄断：屠龙少年是否终成恶龙

提到垄断，法律人通常感到既熟悉又陌生。熟悉，是因为在生活中能感受到垄断带来的坏处。比如，单一供给者提供质次价高的商品或服务，但购买者不得不忍受。陌生，是因为生活中的垄断并非只有完全垄断（单一供给）或者完全竞争两种情况，更多的是介于两者之间的情况。什么样的情形才构成垄断，在法律人的工具箱里，似乎并没有可用的工具。"公平正义"的理念和价值追求，也无法为垄断提供度量的尺度。

根据行业内的生产者数量或企业数量、产品的差别程度、进入市场障碍的大小等因素，经济学将市场划分为四种市场类型：完全竞争市场、垄断竞争市场、寡头垄断市场和完全垄断市场。而厂商是否具有垄断地位，需要更为精细的数据判断。

垄断，是市场经济发展到一定阶段必然产生的现象。处于垄断地位的经营者出于自利的动机，经常有滥用市场地位、限制竞争的冲动。因此，以市场经济为主的国家，通常通过反垄断法来驯服这只"怪兽"。所以，法律人需要关注和处理反垄断问题。在这一讲里，我们就通过网约车的案例体会经济分析对于反垄断法的意义。

出租车大战网约车：波斯纳判决里的"屠龙少年"

自 2010 年网约车软件优步（Uber）在美国诞生后，以便捷、低价的特点赢得了消费者的青睐，很快在欧洲、亚洲诸多国家和地区兴起。然而，好景不长，因为动了出租车行业的"奶酪"，分走了出租车市场的一杯羹，网约车受到传统出租车行业的强烈抵制。有的地方举报网约车逃避交通监管从而构成违法运营，有的地方反映网约车刻意压低价格扰乱市场秩序，还有的地方出现了出租车直接围堵网约车的激烈对抗。而不同国家和地区的监管部门，对网约车的态度也不尽相同，有的保守，有的宽容。在利益之争中，在法律上展开攻防战的，要数美国芝加哥的事最为典型。

2014 年，芝加哥出台了一部网约车法规，制定的管理法规比传统的出租车和汽车租赁行业的法规更为宽松。出租车和汽车租赁行业不满，认为该法规侵犯了本行业的合法权利，就向联邦地区法院起诉，而后又上诉至美国联邦第七巡回法院。法律经济学家、美国联邦第七巡回法院的波斯纳法官参与了审理，并撰写了判决书。关于出租车执照和网约车竞争的问题，波斯纳指出：

> 芝加哥并未没收任何出租车执照，而仅仅是让出租车公司面临新的竞争，即来自优步和其他网约车公司的竞争。财产权并非一项免于竞争的权利。向咖啡馆颁发一纸营业执照，并不赋予该执照持有人权利去阻止其他咖啡馆开业。当涉及在市场中以特定方式营业的执照时，财产权并不包含在该市场中免受竞争的权利。专利权是赋予了专利权人制造和销售专利产品的排他性权利，但是，无权阻止竞争者通过发明（非侵权的）替代性产品来挤压专利权人的利润空间。

在判决书中，波斯纳总结道：

自 20 世纪 70 年代起，放宽管制运动（deregulation movement）席卷全美，驱动这场运动的理念是，竞争通常是一种比管制更好的工具。很多城市放松了对出租车行业的管制要求，而这正好发生在网约车出现之前。网约车的出现，为这场放宽管制运动推波助澜。芝加哥及本院都站在了放宽管制及鼓励竞争的这一边，而不是站在维护传统出租车行业垄断的现状的另一边。这个抉择是法律所容许的。

波斯纳的核心观点是，出租车牌照管理是一种管制出租车市场的方式，但不能据此排除其他交通工具和商业模式的竞争。而允许网约车进入市场，本身正是打破出租车行业垄断、鼓励竞争的抉择。换句话说，在一定程度上，网约车扮演了"屠龙少年"的角色，即打破了出租车行业的垄断，为市场提供了更优的出行产品。在对网约车的态度上，他特别强调：

> 事实上，当新技术或新商业模式诞生时，通常的结局是旧技术或旧商业模式退居二线甚至消亡。如果我们认为，旧事物的权利人拥有排除新生事物进入既有市场的宪法性权利，那么，经济发展的进程就会逐渐停顿下来。很可能，我们仍然停留在依靠马匹和马车出行的年代，而不会有出租车。

你可以发现，这种论证方式正是"向前看"的思维，而不是对"公平正义"的武断解释。鼓励创新和竞争，是法官、法院、法律会考量的一个重要的价值导向。从经济分析的角度看，出租车牌照管制和网约车进入市场，实际上包含了市场调整机制的多重考量。

就出租车的牌照管理和市场准入而言，包含了两层考量：一是市场准入的安全考量，包括对出租车司机和车辆的安全管理；二是出租车数量的市场准入限制考量，以确定打车市场供求的平衡和城市道路的车辆总体管制。由于政府对这种牌照有严格限制，事实上形成了打车市场的"法定垄断"，出租车牌照的市场价格，包含了这种法定垄断的价值。但是，网约车出现后，绕过了出租车市场的牌照管制，显著地增加了打车市场的供给，且性价比更高，这无疑是动了出租车行业的"奶酪"，进而引发了出租车行业及司机的极度反感。

网约车在中国市场出现后，也遇到了同样的问题。对出租车司机而言，牌照成本和打车价格之间的平衡也被打破，微薄的谋生收入进一步受到挤压，因此，抵制网约车是其必然的反应。但是，消费者感受到了竞争的好处。在原有出租车单一供给的模式下，出租车司机态度蛮横、欺客、拒载，部分车辆车况及卫生条件较差的情况相当普遍。而网约车平台提供的信用评价机制，为消费者提供了信息的筛选和反馈的功能，因此，车辆的舒适度和乘客的满意度得到了显著提升。由于没有高额的牌照成本（出租车牌照垄断的市场价格），网约车的价格也体现出明显的优势。因此，自打车市场出现网约车，到网约车被纳入市场监管的这个监管灰色阶段，网约车迅速以价低质优的特质占领了相当一部分的打车市场。

尽管在召车模式、计费价格、司机薪酬计付上，网约车与传统出租车有显著不同，但毕竟只是城市公共交通的一种替代品，对其市场准入的监管仍有必要。在这一过程中，传统出租车公司也接入了网络打车系统，而网约车也纳入了司机资质、安全保护等类似出租车的监管系统。二者之间，出现了一定的趋同趋势。

网约车进入城市交通的代步市场后，一个可见的变化是，出租车牌照的价值大幅度缩水。比如，在杭州，网约车出现之前，一个出租车牌照价值近百万元，而网约车进入市场后，牌照的市场价值不到以前的四成。出租车拒载的现象也显著减少，出租车司机的态度也温和了很多。消费者也有了更多选择。网约车的出现，使得司机、消费者和市场的福祉都得以显著提升。

出租车牌照本身是一种"法定垄断"（市场准入限制），无论是波斯纳的判决，还是我国的出租车市场监管，都采取了打破垄断、鼓励竞争的态度。强调市场竞争，是因为市场竞争提供了更多选择的可能性。

互联网平台与反垄断：规制"恶龙"

提到反垄断，您可能立即会想到，生活中无所不在的BAT（指中国互联网三巨头：百度、阿里和腾讯）。在衣食住行、通信交流的诸多行业，似乎都能看到它们的身影。事实上，以BAT为代表的互联网平台，在越来越多的行业占据垄断地位，而且资本实力雄厚、扩张迅速。这些在传统行业厮杀成长起来的互联网企业，会不会成为垄断的"恶龙"呢？是不是要反对所有的互联网企业呢？我们仍以网约车行业为例，一窥端倪。

作为"互联网+"的一种业态，网约车行业虽然起步晚，但发展迅猛。数年之后，网约车公司就在市场上占有一席之地，并占据相当的话语权。网约车行业也受到反垄断法的监管。值得一提的是，滴滴出行与优步中国合并案中的反垄断问题。

2016年8月，占有中国网约车市场最大订单份额的滴滴出行与优步中国宣布合并，引发了社会各界的广泛关注。2016年9月，中国商务部表示，对滴滴出行与优步中国的合并案进行反垄断调查。2018年11月，市场监督管理总局表示，对滴滴出行与优步中国合并案，正在依据《中华人民共和国反垄断法》进行调查，全面评估对消费者利益的损害，以及合并案对市场竞争和行业发展的影响。

为什么要反垄断呢？因为垄断会带来超额利润，滥用垄断会造成对竞争的限制，导致市场效率低下。那么，反垄断反对的是垄断者吗？并不是。在反垄断法上，垄断者主要是指"具有市场支配地位的经营者"。事实上，垄断者也可能是相关市场上质优价低的最优经营者，因为谁成为垄断者，通常是经过市场竞争的结果。如果反垄断的目标是反对垄断者，那等于是反对市场和反对市场竞争。但是，一旦市场上出现了垄断者，就有可能滥用自己的垄断地位，即通过垄断行为限制竞争，这才是反垄断法的矛头所指。换句话说，对滴滴出行与优步中国合并案的反垄断审查，并非出于反对市场上出现垄断者的目的，而是要审查合并行为是否具有（或者可能具有）排除、限制竞争的效果。保护竞争，才是反垄断法的立法意旨。

在一些特殊的行业和领域，并非企业越多越好。在一个行业中，若只有一个企业，可能是效率最高的资源配置方式。比如，城市的供水、供电、供暖等依赖一定的产业网络为市场提供商品和服务的行业，需要达成一定的规模，才能实现成本最小。单一企业供应整个市场的成本，要小于多个企业分别生产的成本之和。在这些行业，即便引入多个企业进行竞争，也不能提高市场效率、降低生产成本，因此，对于这些行业而言，垄断是可以容忍的，甚至是必须的。这些行业在经济学上被称为"自然垄断行业"。反垄断，并不反这些行业中的单一企业的市场垄断地位。但是，其定价行为仍然是反垄断法规制的对象：其利用自身的垄断地位任意提高价格是不被允许的。

与此同时，一个行业是否属于自然垄断行业，也会随着社会经济条件的变化而变化。比如，在交通不太发达的国家或地区，邮政系统需要高成本投入，通常由国家或者一家企业作为邮政服务的单一供应商，是成本最低、效率最高的市场结构。但随着道路交通行业的迅猛发展，城市之间的交通网络和交通方式越发便利，允许其他市场主体进入并提供邮政快递服务，就成为效率更高的资源配置方式。这就是邮政从国家邮政局一家垄断专营转为多家民营快递公司进入市场开展竞争的原因。可见，垄断和反垄断也是一种条件式的政策选择，而非静止的、绝对的。

让我们再回到出租车市场。虽然网约车的出现代表了一种新兴的用车模式和市场力量，受到出租车行业的抵制和排斥，但是，在网约车平台逐渐发展、壮大，甚至取得垄断地位以后，并不能保证它就不是"恶龙"。而反垄断法的立法目的，就是要驯服"恶龙"。

2018年5月，律师黄文得在郑州用滴滴出行打车，使用优惠券后支付了16.39元。他发现，这笔原价为18.63的车费，除了包括7元起步费、3.63元里程费、2元低速时长费，还另外新增了6元的临时加价费。黄文得认为，滴滴出行是在滥用市场支配地位收取临时加价费，因此将滴滴出行诉至法院。可见，如何防范网约车平台滥用市场支配地位损害消费者权益，受到越来越多的关注和重视。而对滴滴出行与优步中国合并的反垄断调查，重点也是此类经营者集中是否会产生排除、限制竞争的后果。

在业态上，网约车领域的反垄断，背后更广泛的意义是互联网平台的反垄断。为什么在互联网领域，反垄断问题更为突出呢？与传统行业的经营者不同，互联网平台有着自身的特殊优势。一是互联网平台以用户为核心，获取用户便捷，一旦做大，就很容易进入其他行业。二是有突出的网络效应。用户数量越多，用户收益也越大；对用户的吸引力越大，越能自我强化。三是数据优势。互联网平台通过算法，可实现数据高速和精准的匹配。这些优势的叠加，使得互联网巨头形成了雄厚的资本实力，一旦进入相关市场后，便很容易做大，形成垄断地位，实现"赢者通吃"。因此，通过竞争赢得市场地位的互联网巨头，很难保证自己不变成"恶龙"，排除、限制竞争。

事实上，在相关行业中，互联网企业先通过掠夺性定价（免费甚至倒贴）的方式将其他竞争者挤出市场，再来提高定价，或通过算法对消费者实施价格歧视，从而损害消费者利益的现象，并不鲜见。正是在这种背景下，诸多国家陆续开展对互联网巨头的反垄断调查与诉讼。在国外，针对微软、谷歌、Meta（美国互联网公司）的反垄断调查或诉讼，层出不穷。

2021年，中国国家市场监督管理总局在网站上发布了《国务院反垄断委员会关于平台经济领域的反垄断指南》(以下简称"《指南》")。一方面,进一步强调保护市场公平竞争的原则,着力预防和制止垄断行为,防止资本无序扩张,防止和制止排除、限制竞争行为抑制平台经济创新发展和经济活力。另一方面,仍然明确强调,要支持平台企业创新发展,要充分发挥平台经济在推动资源配置优化、技术进步、效率提升方面的功能。《指南》细化了《中华人民共和国反垄断法》中的规定,对于达成垄断协议、滥用市场支配地位和具有或者可能具有排除、限制竞争效果的经营者集中等垄断行为,以及在互联网平台领域的主要表现,从监管的角度进行了规制,为互联网平台的行为划出边界。一言以蔽之,防止"屠龙少年"变"恶龙"。而实现这个目的的途径,则是强化竞争分析和法律论证,增强反垄断执法的针对性和科学性。由此,我们可以看出经济分析和法律论证,一个都不能少。

简单小结

这一讲,首先,我们通过出租车行业诉芝加哥案,揭示了法律并不保护市场主体免于竞争的权利;其次,强调了反垄断法并非反对垄断者,而是反对滥用垄断地位的违法垄断行为;再次,凸显了在反垄断诉讼中,经济学的重要功能和作用;最后,通过对互联网平台企业自身特点的认识,说明互联网平台反垄断的必要性和重要性。概言之,反垄断就是要"防范和规制恶龙"。

专题六

权利的经济分析

第一讲
权利的来源：政治哲学与规范式思维

权利的界定

对法学而言，"权利"是一个极其重要的概念。这一节里，我将对这个重要的概念做阶段性的回顾和整理。我将总结出四个重要的体会，然后逐一说明。希望无论是对于法律学子、司法界人士，还是对一般社会大众，都有参考的价值。

第一，是权利的来源。在西方法学传统里，自然法和自然权利的理论是主流且正统的。在中世纪教会的说教中，自然法是上帝的旨意。然而，中世纪的君主、教会、宗教家或哲学家都曾宣称，自己所阐释主张的才是真正的自然法。相形之下，在真实世界里，毋庸代言人，权利来自实践和经验。当人们之间的权益发生重叠和冲突时，才有界定权利的必要。

第二，"权利"的概念虽然并不复杂，但在真实世界里，权利却像制陶器的黏土一样，可以被塑造成各种形态。而且，即使是见诸文字的法律，在解释上也可能产生截然不同甚至相悖的结果。追根究底，真实的权利，是权力的权重下的共识。环境里相关权力的结构，会影响并决定权利的实质内涵。

如果把我们的视野再扩大一些，人类社会共同经历的重大事件，往往对权利有直接而明确的影响。譬如，二战时，纳粹对犹太人的屠杀；美国政府曾对约12万名日裔美国人集中管理、限制自由等。基于权力的权重下的共识，这些做法当时都被默许。事后，这不仅引发了人们反省，而且对于限制政府权力、保障民众权利，都产生了实质的影响。

近一二十年来，"9·11"事件通过大众媒体的传播，给世界各地都带来巨大的冲击。就美国而言，美国宪法第四修正案明确表示："人民有保障人身……不受无理搜查与扣押的权利。"对于涉及这个条文的案件，美国联邦最高法院过去往往倾向于保障民众的权利，限制执法人员（代表政府）的权力。在内华达州的一起家暴案件里，警员曾要求涉案男子说出姓名，男子拒绝。检方起诉这名男子，而男子以宪法第四修正案提出抗辩，认为自己的隐私权受到宪法的保护。如果这个案子是在2001年9月11日之前送到美国联邦最高法院，很可能联邦最高法院会强调，除非有"相当重要的理由"，否则个人的隐私要受到保护。然而，"9·11"事件在一定程度上改变了美国民众的想法，对于公私之间的划分，天平倾斜的方向有了明显的变化。2004年6月21日，美国联邦最高法院做出判决，以5：4的微小差距，认定警方的行为合宪。主要的理由是，多数大法官认为：对于嫌疑人，知其姓名的公权利（由警方代表），要超过个人不说明自己姓名的个人权利。

以小见大，多年来，宗教极端分子和恐怖分子在世界各地发起的恐怖袭击，给普通民众的正常生活带来了潜在威胁。譬如，美国波士顿马拉松爆炸案、英国伦敦地铁爆炸事件和澳大利亚悉尼人质劫持事件等。之后相当长的时间里，当个人权利和公众安全之间发生冲突时，代表公众安全的公权力（以政府司法人员、警方为代表）的使用空间，可能不再是限缩，而是扩大。

第三，权利的界定，在真实世界里是基于"权力的权重下的共识"。这也就意味着，不是"天赋人权"，而是"人赋人权"。而且，我们可以往前再进一步：不只是人赋人权，而且是人赋动物权。在许多国家和地区，法律明文规定，动物的权利也受到保障。即使是农场动物，在宰杀的过程中，也不得以残忍的方式进行。这种做法显然不是因为经由上苍的启迪或哲人的教诲，而是随着社会的发展，人类的物质和精神条件越来越充沛丰盈，过去是不忍人之心，现在逐渐扩大为不忍万物之心。很明显，这反映了人类同理心的成熟和发展。而且，对动物的保护，也逐渐扩大到对植物的保护。

由人赋人权到人赋动植物权利，是自然而然的演化过程。这个过程所隐含的抽象意义，就是这一节最后一个重点。

第四，人是衡量一切的主体。对于这个重要的体会，我们不妨先举一个简单、明确但引人深思的例子。众所周知，美国经过独立战争才脱离英国而成为一个完全独立的国家。1776年，英属北美殖民地的人们相信，在人类最基本的政治权利里，有一种权利是：可以脱离宗主国而组成新的国家的权利。然而，美国成立之后不到一百年，当美国南方各州的民众要行使这项权利时，当年建国者的后裔却发起战争，不承认南方各州拥有类似的权利。

这段历史清楚地反映了，人才是判断和决定事物的主体。这同时意味着：一方面，人必须做出判断和取舍。上苍其实帮不了忙，人必须承担起责任。另一方面，人不可避免地会犯错和误判。承认人本身的脆弱性和局限性，或许可以更理性地面对考验以及最后的结果。当然，其中也隐含了未来必然会出现的挑战：在目前，以人所主导的世界里，"人是衡量一切的主体"。然而，随着科技的进展，人工智能正在加速发展。也许有一天，人不再是衡量一切的主体。不过，即使在那种情境里，界定权利的方式将依然是"权力的权重下的共识"。

德沃金与罗尔斯的权利建构

"权利"这个概念在法学里的重要地位毋庸置疑。刑法里，是认定为故意伤害、正当防卫，还是防卫过当，要看当事人是不是在行使合法的权利。在民法里,王泽鉴教授把"请求权"当作民法的基础,是民法的重中之重。可见,就整个司法体系的运作而言,"权利"这个概念居于关键性的地位。

这一节里,我将介绍两位著名学者的观点。一位是法律学者罗纳德·德沃金(Ronald Myles Dworkin),另一位是哲学家罗尔斯。

德沃金是当代西方法学界的重量级人物,早先在美国纽约大学任教,后来成为英国牛津大学法理学讲座教授。而后,衣锦荣归,回到美国任教。他的多本著作畅销且长销。丰厚的版税收入让他在马萨诸塞州的玛莎葡萄园岛上买了栋别墅。用"法学界的明星"来形容他,并不为过。在他的多本著作里,《认真对待权利》(*Taking Rights Seriously*)是很重要的一本,具体阐述了"权利"所涉及的基本问题。

在这本书里,有两个重点:一是关于阐述新生事物的做法,二是关于人的基本权利。这里我引述他的两三段话,希望能比较完整地呈现他的观点。首先,他认为:

> 以权利为基础的理论,最根本的观念,就是个人享有某些权利,不会被任意侵犯。

其次,他强调:

> 简单地说,以权利为基础的理论,认定权利不是法律或习惯的产物,而是独立的指标,而且,能以这些权利为基础来评估法律或是风俗习惯。

最后,他指出:

> 任何人如果赞同以权利为基础的理论,至少必须接受两个重

要观念（或之一）。第一个观念虽然含糊但是很有力量，就是人类尊严的观念。第二个观念为一般人所熟悉，是关于政治上的平等。

也就是说，德沃金认为，人的尊严和政治上的平等是两个简单明确的概念。任何以权利为基础的理论，都会接受这两个概念。针对德沃金的观点，我在介绍完罗尔斯的观点之后，将它们放在一起讨论。

罗尔斯任教于美国哈佛大学。1971 年，他出版了《正义论》。这本书被视为 20 世纪政治哲学最重要的三本著作之一，出版超过半个世纪后，仍经常被引用。

在《正义论》中，罗尔斯提出一个很有启发性和想象力的概念——"无知之幕"。在思考和分析社会基本制度时，我们可以假设，自己和别人都站在同一起跑线上，而且，每个人眼前有一层幕布，遮住了自己的视线。在无知之幕前，人们不知道，一旦幕掀起之后，自己会处于哪一种处境。自己的社会地位、阶级出身、天赋和气质，以及他们的善的观念等，都不清楚。

既然不知道自己未来的处境如何（可能富甲一方，也可能贫无立锥之地），所以任何心智正常的人都会支持：当薄幕掀起之后，制度的设计应该照顾社会中较不幸的人。社会可以容许人和人之间的差别，但目的是让较不幸的人得到更多的照顾。罗尔斯提出的这个原则，是"差别原则"（The Difference Principle），这是他分析推论的结果，也可以反映出他悲天悯人的情怀。他提出的"无知之幕"和"差别原则"引起了学术界广泛的讨论。

关于"权利"这个概念，德沃金和罗尔斯的论述有几点值得强调。一是，他们的理论都有一个明确的起点。德沃金的起点是赞同以权利为基础的人；罗尔斯的起点是社会上公平正直的人。二是，两位学者的起点都呼应了西方政治学的主流传统，也就是卢梭的"社会契约论"。自 18 世纪后，社会契约论几乎已经成为西方思想界/学术界所认定的普适价值。社会的存在、运作和延续，基于人们之间的某种默契。如同在人们之间，签订了某种社会契约。社会契约的精神，一方面强调了众人之间的共识（交集），另一方面也隐含了对个人价值的尊重——每个人基于自愿而签订了社会契约。三是，德沃金和罗尔斯的理论都清楚地描述了社会最终的、理想的状态。德沃金强调，人身自由和尊严是人应有的基本权利。而罗尔斯强调，社会里较不幸的人，应该得到更多的照顾。

两位学界大家对于"权利"的论述，当然也可以接受质疑。第一个问题，德沃金和罗尔斯的理论出发点都是理性的人、支持自由民主的人，其中隐含的假设是，大家有同样的文化和思想背景，有同样或类似的看法。如果这个隐含的假设不成立呢？第二个问题，两位的理论都推导出明确而具体的结果，是一种理想的或最终的状态。可是，即使基于相同的出发点，也可能推论出不同的结论。在"无知之幕"掀起之前，未必大家都支持"差别原则"，不是吗？关于"权利"，除他们两位的论点之外，是不是还有其他的观点呢？这个问题，就是我们后面各讲的主要内容。

简单小结

第一，"权利"是法学的核心问题。德沃金和罗尔斯的论述各有特色，都有助于我们理解和思考"权利"。第二，两位学者的论述，符合"社会契约论"的思想传承，然而，论述的起点和重点都有进一步讨论的空间。

权利来源历史考：君权、神权和社会契约

这一节里，我将延续对于权利的讨论，并且提纲挈领式地介绍几个重要的概念，这不仅有助于你了解权利这个概念的变化，更便于你了解法学的基础。

借着一个简单的对比，我们可以体会权利在经济学和法学里的差别。在经济活动里，交易之前，消费者的权利源自自己口袋里的钞票，

厂商（生产者）的权利源自自己提供的商品。彼此的权利已经界定得很清楚。经济学者关心的重点，通常是交易的价格和数量。

相形之下，在法学里，权利是讨论和分析的前提，本身就是分析的重点。譬如，到底谁有使用小区里的篮球场的权利？是附近打篮球的年轻人，还是小区里跳广场舞的大爷大妈们？"谁，拥有什么权利"是必须先处理的问题。

就西方的政治思想史而言，我们可以借着三个概念——君权、神权和民权，掌握权利在时空中的变化。对于这三者，我们简要地依次阐释，再做整合。

第一个概念是君权。当人类从原始社会开始，群体规模上进一步发展之后，逐渐形成了政治组织。无论中外，统御全局的人会成为政治领袖。而且，几乎没有例外，帝王奠定基础之后，君权的嬗递是依血缘世袭继承。朝代更替，版图张弛存亡，帝国长短绝续，尽管登场的人物不同，但是情节基本不变。成王败寇的逻辑持续了几千年。在君权主导的岁月里，老百姓是子民，对君主纳税、服劳役或兵役，得到的是安身立命的生活。21世纪初，地球上君权当道的国家和地区已经相当有限。在漫长的历史里，很多君权政权或制度已经彻底消失。其中一些比较幸运的皇室因缘际会完成了角色转换，即借着放弃政权，而保留和继续享受特权。大家所熟知的例子有欧洲的英国皇室和亚洲的日本皇室。

第二个概念是神权。在原始社会里，人们对环境的了解很有限，面对不可知事物的时候，自然而然地求助各种神祇。随着社会的发展，各种宗教之间也经历了"物竞天择、适者生存"的考验。经过淘汰和筛选，至少在欧洲地区，发展出了一些世界主要宗教，如：基督教和伊斯兰教。

宗教的力量对信徒的影响力非常可观。"日出而作，日落而息……帝力于我何有哉"，中外皆然。但生活里有太多的时刻，需要心灵的指引和精神的托付。教会未必有强大的军队（在某些历史阶段中，一些教会确实拥有武力），可是通过教会宣扬和传播的教义和宗教戒律，对民众的影响力并不逊于君权。历史上，君权和神权之间的关系，曾经十分紧密、合二为一，也曾经彼此较劲、此消彼长。

如今，在许多地方，宗教和政府（神权和政权）之间，已经有明显的分别。例如，"政教分离"的原则已明确载入美国宪法第一修正案。当然，在一些地区，神权和政权合二为一的情况也不少见。

第三个概念是民权。民权的发轫和"社会契约"密不可分。1762年，法国思想家卢梭出版了《社会契约论》（*Du Contrat Social*），把过去西方政治思想中已经存在或隐含的思想，明确地表达了出来。他认为，政治组织（政府和国家）可以看成民众所签署的一纸契约。基于共同生活的需要，民众自愿放弃一些自身的权利（包括财产、自由等），换取别人也放弃的一些权利，然后，在众人的支持下形成了政治组织。由政府和国家代表渺小而松散的民众处理公众事务。一切权利基于民众的自愿和共同约定。

《社会契约论》的精神是主权在民，与传统的君权和神权直接相悖。1789年发生的法国大革命，推翻了法国君主体制，是标志性、里程碑式的历史事件。经过多年发展，主权在民的思想终于成为更多社会的共识。现代民主国家逐渐形成，君权和神权的结构也慢慢离开了历史的舞台。

基于西方近几千年的历史经验，我们简要介绍了三个概念：君权、神权和民权。由这三个概念，可以约略体会西方社会的发展脉络以及权利的蜕变过程。在这三者之间，也值得我们进一步做整合性的比较分析，以加深对权利的了解。

君权、神权和民权，是主导权利结构的三种不同方式。在一定的时空条件下，稳定且重复出现，可以看成三种不同的"均衡"。这三种均衡的支持条件有明显差别。神权的背后有神祇的支撑；君权的背后有暴力机构的支撑。当然，一旦黄袍加身，为了加强自身掌权的正当性，掌权者也会发展出各种说法。"君权神授"——君主（或皇帝）的权力来自上苍的授予，这在某一历史阶段也曾风行一时。

相形之下，民权的基础很微妙。一方面，"社会契约论"只是一种学说，是人们脑海里的思想，没有刀也没有枪，其实很脆弱。另一方面，"社会契约论"不是凭空出现的，而是有现实条件的基础的。18世纪中叶以后，工业革命带来了大规模生产，市场大幅扩张，中产阶级逐渐形成。经济的力量慢慢地蜕变为政治力量。因此，民权的背后，是中产阶级和他们拥有的经济力量。"强权即公理"依然成立。不过，在君权和神权当道的环境里，"权利"和"权力"几乎是同义词；在民权主导的环境里，"权利"和"权力"却有着明显的区分。两者之间微妙的差别，我在后文里还会进一步阐述。

回顾历史，这三个概念出现的先后次序也有大致的脉络。很早以前，君权和神权往往合二为一。后来，两者之间的倾轧史不绝书。政教（君权和神权）分离不过是近几个世纪的事。君权和神权都有长远的历史，而民权的勃兴，则是近几百年的发展。

简单小结

这一节里，我们借着三个简单明确的概念，捕捉西方社会的历史经验。以君权、神权和民权三者为焦点，对权利的结构有提纲挈领式的体会。

"天赋人权"和"人赋人权"

这一节里，我们将继续探讨"权利"这一主题，希望像盲人摸象一般，从不同的角度来检视这个法学的核心议题。

在上一节里，我们列举了历史上（主要是西方历史）权利结构的三种形式：君权、神权和民权。民权的基础主要是《社会契约论》的思想。

《社会契约论》的逻辑反映了主权在民的思想，容易得到社会大众、特别是中产阶级的支持。然而,在逻辑上,还有一个重要的问题有待解决。社会契约(至少在观念上)是由社会成员共同签订。那么,在签订社会契约时,成员具有哪些权利呢?如果社会成员大多数是奴隶,身家性命系于主人,拿什么签订社会契约?因此,《社会契约论》中隐藏的一个问题是,参与签订社会契约的人,本身到底拥有(享有)哪些权利。

针对这个问题,"天赋人权"的观点就自然而然地填补了理论上的空隙。由早期的罗马时代开始,哲学家们就逐渐发展出"自然法"或"自然权利"的观念。核心论点逐渐形成:在国家(或其他的政治组织)形成之前,人们处于自然的状态中。在这种没有外在威胁的情境里,人们享有"生存、自由与追求财产和幸福的权利。或者,人们在自然状态下的权利来自上帝"。这种"自然法"的精神,不但充实和完善了《社会契约论》在论述上的潜在空白,而且慢慢成为西方法学思想的主流。在西方法学论述里,"自然法"的传统已经根深蒂固。"权利"和"自然法"这两个概念,几乎成了同义词,众谋金同成为论述的起点,也是无须论证、不言自明的基础。

在西方的论述里,用的字眼是"自然法"和"自然权利"。然而,在中文里,早年翻译界就译为"天赋人权"。而且,这个词广为流传,甚至比"自然权利"更为普遍。事实上,"天赋人权"慢慢衍生出了新的内涵,甚至超越了原有的"自然权利"的概念。

具体而言,在中文里,"天"有着特殊的含义。譬如,"天地君亲师""存天理、灭人欲""替天行道""天命不可违""天地有正气"等语句,都反映了传统文化里"天"的特殊地位。传统文化里,神权不是主流,君权才是主导的力量。在中华大地上,没有力量能和君权抗衡。百姓能要求的,只有"老天爷"或"上天"。因此,"天赋人权"一词,隐含了一个能和君权对立,甚至超越君权,层次更高的权威。有这种权威的支撑,人们在争取权利时,似乎更理直气壮、更有说服力。西方"自然法"和"自然权利"的概念,穿越文化的疆域之后,在中文里有了新的内涵、新的生命。

现在,回到"自然法"和"自然权利"原来的意义上。比起由"君权"和"神权"来决定权利,就普罗大众而言,"自然法"和"自然权利"的概念,显然更有吸引力。特别是在社会发生革命时,这两个概念更能得到民众的认同。因此,无论是1776年脱离英国而宣布的美国《独立宣言》,还是1789年法国大革命推翻君权之后通过的《人权与公民权宣言》,"自然法"和"自然权利"的精神,都清楚而明确地被纳入文本里。在人类历史上,由君权和神权过渡到民权,美国和法国的这两个文件,都具有里程碑式的意义。

然而,"自然法"和"自然权利"的概念也值得做进一步的推敲。我们不仅希望在学理上更严谨,也更希望能呼应真实世界。"自然权利"的概念是指,在国家还没有出现,处于自然状态下的人们会享有生存、自由、追求财产和幸福的权利。然而,国家(或有形的组织)出现之前,人们是不是享有"自然权利",恐怕有很大的争议。托马斯·霍布斯(Thomas Hobbes)所描述的"丛林社会"的景况广为人知,即在没有法律的自然状态下,人们的生活是"贫穷、孤独、肮脏、残忍和短暂的"。在自然的状态下,"强凌弱、众暴寡"可能才是常态。因此,"自然权利"的论点,很难说是对真实世界的描述,更有可能只是哲学家脑海里的想象。

更为重要的是,"自然法"和"自然权利"只是两个概念,要根据这两个概念来界定人们的权利,必须经过一个程序。通过众所接受或者至少争议不大的程序,才能界定人们实际所能享有的权利。因为这个程序是由人来操作的,所以其实是"人赋人权",即相关的人通过某种程序赋予了自己和他人所能拥有的权利,包括权利的种类、内涵和边界。

在这一点上,中文里的"天赋人权"其实有一定的误导性。"天赋人权"意味着,上苍或上天会赋予人们应有的权利。可是,"上苍"或"上天"只是人们脑海里的想象,在真实世界里并不存在。人必须借助某种方式或程序，才能具体地界定权利。因此，法学权威人士往往义无反顾地宣称："根据天赋人权，应该……"可是，其他的法学权威人士，也可以发出类似的宣称。那么，到底谁说的才是对的呢？谁才能代表"天"呢？

关于权利的赋予，我们不妨举一个具体的例子，让证据说话。前一节里提到，谁有使用小区里的篮球场的权利，是年轻学子还是大妈大爷？真实世界里，可能是依据小区管委会或相关单位的规定来决定。譬如，18时之前打篮球用，18—21时跳广场舞用。简而言之，权利的来源不是上苍、上天、自然法或自然权利，而是活生生、有血有肉的人。换句话说，不是"天赋人权"，而是"人赋人权"。

仔细想想，无论是君权、神权或民权，本质上都是"人赋人权"。"天赋人权"的说法，其实有点类似于"托古改制"或"挟天子以令诸侯"，不是吗？

第二讲
权利的形成：经济学与实证式思维

利贝卡普与《产权的缔约分析》

在前一讲里，我阐述了德沃金和罗尔斯的见解。对于权利的界定和分配，他们提出的论证，是一种规范式的看法。规范式的性质，是"应该如此""最好如此"。

在这一节里，我们将介绍名著选读的第三本书。这本书的内容刚好和前一讲的描述形成直接鲜明的对比。对于"权利"的描述和阐释，这本书有如从一个不同的角度打出镁光灯，虽然主题一样，但是角度不同，烘托出的样貌也大不相同。

加里·利贝卡普（Gary Libecap）是美国加州大学圣芭芭拉分校的杰出名誉教授，主要的研究领域是产权和共有资源问题。他的书《产权的缔约分析》（*Contracting for Property Rights*）由剑桥大学出版于1989年。书中的几个案例都涉及处理共有资源的问题。其中，加利福尼亚州淘金热时的采矿权和得克萨斯州油田的开采方式是两个极端案例，分别是成功和失败的代表。

先说第一个例子。20世纪初，美国加利福尼亚州发现金矿。消息传出之后，大批民众涌入加利福尼亚州山区，做着一夜致富的淘金梦。在矿民来之前，矿区只是一片渺无人烟的山谷、丘陵，后来成了埋藏着无穷希望的宝地。可是,人多矿少,怎么分呢?

影响矿区分配的因素或特点主要有几个:一是,矿区大多为荒山野岭,政府管理(公权力)缺失,大家只能自求多福;二是,强凌弱,众暴寡,一些矿民凭着拳头和快枪,可能逞快于一时,但无法持久;三是,每个人的体力有限,贪多反而容易吃亏;四是,金矿藏在地下,从地面上看不出分布情况。因此,在这些主客观因素或特点的交叉作用之下,分配采矿权的游戏规则逐渐浮现。大家利益均沾,相安无事。丛林社会里,慢慢演化出一种众谋金同的产权制度。后来,这种财产权制度也被官方的司法体系所承认。

再说第二个例子。19世纪中期,美国得克萨斯州发现石油之后,大量寻求"黑金"的人涌入得克萨斯州,开设大大小小的勘探公司,人人都希望能一夜致富。可是,虽然土地的所有权彼此泾渭分明,但地下的石油蕴藏不分彼此。钻一口井的成本不菲,但不一定探得到油。而且,钻井之后,会让地层的压力因为有孔的疏解而减少,这会使其他钻井的工程和抽油变得更困难、成本更高。可是,每个勘探公司都不愿减少自己的钻井数量而成全其他人。结果是,钻井的数量越来越多,大家的成本也越来越高。

在这种情形下,政府和有识之士极力推动改革:希望为数众多的勘探公司能合并,共同开发。一旦合并,共同持有的土地面积增大,就可以从大处着眼、选择性地钻井勘探。合并当然是利人利己的安排,但问题的关键在于:合并之后勘探所得的利益怎么分配?根据土地面积来分成,是最直接的做法,但是,土地面积并不一定能反映价值。只要能冒得出石油,弹丸之地的价值也可能远超荒地千亩的价值。如果按过去勘探得油的绩效分成也会有争议,因为过去成绩好的,可能地下已经无油可取。类似的争执不胜枚举,结果真正合并成功的公司非常少。

根据资料显示,各自独立的勘探方式,获油率是20%~25%,但采取联合勘探方式,获油率可以高达85%~90%。结果,在近3 000座油井里,只有185座达成局部合作协议,而达成全面合作协议的,不到12座。直到1980年,美国拥有的油井占全世界的88%,但石油产量只占全世界的14%。

利贝卡普的论点直截了当:要了解产权制度,一定要弄清楚当地情况,包括民俗、过去的做法,以及相关人和事的利益所在。产权制度不来自抽象的原则,而是被真实世界中的力量所形塑的。

另一个有趣的案例,是美国加利福尼亚州外海沙丁鱼渔场的故事。渔场的蕴藏很丰富,自19世纪就是渔民重要的生活来源。后来,捕沙丁鱼的船只越来越多,吨位也越来越大。过度捕捞之下,沙丁鱼的捕获量开始减少。捕捞活动事关渔民的生计和未来,所以最好能达成协议,即减少捕捞,永续经营。大小不等的捕捞公司和数以百计的个体户,人多且各行其是,怎么办呢?要根据哪些指标来定捕捞的限额呢?是根据船只数、吨位数、船员人数,还是往年的捕获量?事关自己的利益,谁也不愿意让步。时间一久,持续大力捕捞之下,渔场资源枯竭了。加利福尼亚州外海的沙丁鱼渔场已经成为过去式,渔民和捕捞公司断送了自己的未来。

从这三个例子里,我们可以得到一些启示。首先,在沙丁鱼渔场和石油勘探的事例里,由后见之明或旁观者的角度看,这些人是搬起石头砸自己的脚,是自绝后路(事业上的终点)。然而,这些人也是和你我一般的正常人,也知道好歹与兴革方向,只是当自己成为当事人,彼此之间涉及利益冲突且人数众多时,情况就大不相同。其次,后两个例子都生动而清楚地反映出,问题发展到最后,所达成的可能是"低度平衡",即渔场耗竭和石油公司以低效率的方式运作,这都不是理想的状态。相形之下,加利福尼亚州采矿热最后所形成的状态——彼此相安无事、共存共荣,即使不能用"高度平衡"来描述,也已经形成一种可持续、可操作的均衡状态。最后,利贝卡普书中的个案,描述的都是在真实世界里,产权(也就是权利的一种)是如何形成的。抽象来看,对于权利的探讨，这是一种实然式的分析，即让证据自己说话，而不是让理念或信念说话。

权利与资源分配：从科斯到德姆塞茨

这一节里，我将简单回顾经济学家探讨权利的故事。故事的主轴不是道德哲学，而是真实世界里曲折起伏的情节。

众所周知，收音机是人类历史上相对晚近的发明。1920年左右，收音机逐渐进入普通家庭，成为必需品之一。相对而言，广播公司也如雨后春笋般崛起，争夺市场。可是，广播电台要提供节目，就必须使用电波，而如果两个电台用同一个波段，就会互相干扰。因此，同一个波段最好只有一家公司使用。那么问题出现了，谁来决定波段如何分配？

无线电波段是重要资源，当然是由政府来管制。所以，美国历史上，无线电波段是由美国联邦通信委员会来管制。需要使用无线电波段的公司，根据需要准备相关数据，向委员会提出申请。经过委员会的内部审查程序后，最终由委员会做出决定。这是通过行政程序的方式来决定波段如何分配。时间一久，大家习以为常。

然而，潜在的问题也慢慢显现：波段也有"好"与"坏"之分，好的波段，传送电波容易，成本低，效果好；不好的波段，传送成本高，效果差，影响收听。有些小的广播公司，运气不错，申请到好的波段；有些大的广播公司，运气不佳，反而得到不太好的波段。如果把无线电波看成一种资源，如何更好、更有效地运用这种资源，显然是一个值得探讨的问题。

对于这个问题，芝加哥大学法学院的一位学生想到了一种做法——用拍卖的方式来分配波段。好的波段会落入价高者之手，他们自然会好好地利用。他把这个主意写成一篇短文，发表在院报上。由于他是在校生，所以依惯例，在文章刊出时不署名。科斯这时候已经在芝加哥大学任教。他看到了这篇文章，认为这个主意不错，和自己所想的问题相呼应。因此，就写了一篇长文《联邦通信委员会》(The Federal Communications Commission)，并发表在 1959 年的《法律经济学期刊》(Journal of Law and Economics) 上。这篇文章引发了经济学者的广泛争议。在经济思想史上，是极为特别且有趣的一页。用拍卖的方式来决定波段的使用权，确实令人耳目一新，几乎是石破天惊。

然而，在无线电波的背后，更根本的问题是，权利到底该如何分配？经济学者探讨的主题通常是生产消费和商品劳务，权利一向不是重点。原因很简单：在市场里，消费者所拥有的权利源自他口袋里的钞票；商家的权利源自货架上的各式商品。因此，彼此的权利基本上已经明确界定。经济学者关心的重点是，买卖双方如何达成交易，钱货易手。在买卖达成前后，双方对各自拥有的权利都很清楚。

然而，科斯的文章有如在平静的海面上掀起了一阵波澜，海面之下，开始暗流汹涌。敏锐的经济学者意识到，权利或产权是如何界定的，是一片未曾开垦的土地。不论是为了满足自己好奇心，还是为了在学术上出人头地，权利的来源这个问题，都是难得出现的好议题。经过一段时间的摸索、琢磨，斯坦福胡佛研究所高级研究员哈罗德·德姆塞茨（Harold Demsetsz）于 1969 年发表了一篇论文《产权理论探微》(Toward a Theory of Property Rights)。

对于产权的形成，这篇文章提出非常清楚的说明。在经济学的文献里，这篇文章可以说是产权理论的奠基之作，发表之后多次被引。如果把文章名稍作调整，就成了"权利理论探微"(A Theory of Rights)。因为在观念上，产权只是权利的一种。作者对产权的分析，只要在解释上稍加调整，就可以直接用来解释更为根本的"权利"。因此，业界把这篇文章视为近代经济学里讨论"权利"的开山之作，并不为过。

那么，作者的开创性贡献是如何处理产权（和权利）这个问题的呢？我是在许多年前看的这篇文章，里面所描述的情景至今依然能够生动地浮现在我的脑海里。

在北美大陆上，印第安人逐水而居，不同部落的人都会猎捕河狸。捕得之后，河狸的肉和皮毛都可以利用。部落之间各尽所能，彼此相安无事。1492年，北美和欧洲之间的大西洋航道终于打通，航运促进了两地的贸易。北美河狸的皮毛制品很受欧洲人士的欢迎，因此需求量大增。印第安人开始有计划地大量捕猎河狸，部落之间因利益而直接冲突。利之所在，彼此大动干戈，进而造成伤亡。后来，丛林法则被扬弃，部落之间逐渐摸索出一条和平共存之道，达成了约定，即在哪个区域、哪个季节、哪个部落有捕猎河狸的权利，别的部落不得进入。达成协议之后，部落之间相安无事，共存共荣。

对于产权（权利）的性质，从这个简单生动的过程中，我们可以总结出四点重要的启示。第一，在原始的状态下，人们各得其所，无须界定产权。但是，当彼此的权益发生"重叠和冲突"的时候，就出现了界定产权的需求。第二，界定产权的过程，通常不会平顺和缓，而是兵戎相见，物竞天择、适者生存的特性呈现得淋漓尽致。第三，由此可见，权利不来自上天的赐予或圣人的教诲，而是人在追求生存和繁衍的过程中自然而然发展出来的。第四，对于"权利"（产权）这个问题，经济学者不是从道德哲学或神学经典中寻求答案，而是把目光投向了真实世界。他们问的问题很简单：在真实世界里，权利是如何界定的？经济学是一个重视实证的学科，当经济学者把注意力移向法学问题时，他们的方法论是一样的。他们所建构的是实证法学，而不是规范法学。

权利来源问题的本质

在前面几节里，我们分别从经济学和法学的角度探讨了"权利"的由来，从不同的角度切入，希望能比较完整地呈现问题的全貌。在这一节里，我们将提出整合性的解释，正面回答这个问题：权利到底由何而来？我们先介绍一本法律学者的书以及书中主要的论点，然后以他的观点为基础（参考坐标）进行讨论并提出对照和补充，最后试着用一两个简单的概念捕捉问题的关键和核心。

艾伦·德肖维茨（Alan Dershowitz）是当代美国著名的刑辩律师、哈佛法学院教授，论著丰富。他曾经在很多重要案件里担任辩护律师，包括"辛普森杀妻案"和"克林顿绯闻案"等。2004年，他又推出一本畅销书《你的权利从哪里来？》(*Rights from Wrongs: A Secular Theory of the Origin of Rights*)。

书的主题是探讨权利的来源。一方面，他批评西方自然法和自然权利的法学传统；另一方面，他也多次对当代法学大家德沃金的权利理论提出臧否。在批评其他法律学者的立场之后，他旗帜鲜明地提出了自己的论点。他认为，从人类历史来看，通常是在重大恶行发生之后，人们才会对权利采取明确的保护（或保障）。譬如，纳粹屠杀犹太人、奴隶贩运、美洲原住民的种族灭绝、红色高棉大屠杀、亚美尼亚大屠杀、珍珠港事件之后日裔美国公民被集中管理，等等。这些恶行，往往由有组织的公权力所推动。当恶行过后，人们才会有意识地采取具体措施，界定和保障人的权利。因此，他的核心论点很明确，即权利来自人类经历的恶行。一言以蔽之，权利来自恶行（也就是这本书的英文书名直译）。

依我浅见，作者的论点独树一帜，见前人所未见，而且至少有两个明确的优点值得指出。一是，自然法和天赋人权的来源是空中楼阁，德沃金等法理学家的道德哲学是脑中世界。两者都看不到、摸不着。相形之下，德肖维茨教授的论点基于真实世界的人类经验，对错得失很容易验证，让证据来说话即可。二是，他的主要论点——"权利来自（或衍生于）恶行"，确实有解释力。人类社会的发展轨迹就像钟摆，大规模或显著的恶行之后，往往带来反省和调整。借着具体的做法，人类希望能有效地保障彼此的福祉，避免再受凌虐。二战死伤人数上千万，因此人们成立了联合国，这便是明显的例证。

当然，依我浅见，作者论述中的两个明显的软肋（弱点）也值得提出。第一，人类社会大规模的恶行会带来反思，促成对权利的保障，这在历史上确实如此。然而，在原始社会里，未必有大规模屠杀和恶行，但人类的权利早已萌芽且见诸日常生活的点滴。德肖维茨的理论，致广大，但未能尽精微。第二，这也就意味着，他所提出的是一个宏观层次上的论点。可是，权利的性质不是国计民生、存亡绝续等"大历史"；相对而言，权利的性质更像是日常生活。一个完整的理论，应该有更深入具体的微观基础。

以上，是我对德肖维茨教授权利来源理论的简单介绍和评论。以他的论点（也就是权利来自恶行）为参考坐标，我们试着提出补充性的解释，希望不只致广大，而且尽精微。在人类社会里，关于权利的界定，有两个基本的关键问题：第一，什么情况下需要界定权利？第二，权利界定的方式是什么？我们解决了这两个问题，对于权利就可以知其然，而且知其所以然。

第一个问题，什么情况下需要界定权利？在苏东坡的《赤壁赋》里，他写道："惟江上之清风，与山间之明月，耳得之而为声，目遇之而成色，取之无禁，用之不竭，是造物者之无尽藏也，而吾与子之所共适。"对于大自然的美景，每个人都可以尽情享用。

相对而言，当人们的权益发生"重叠和冲突"的时候，界定权利才有必要。在前一节里我们提到，北美印第安人捕河狸，原先各部落自由捕猎，相安无事。当大西洋通航，欧洲对皮毛的需求激增，便引发了过度捕猎。这时候，部落之间的权益不仅重叠，而且冲突。经过冲突与摩擦，部落之间最后摸索出彼此共存共荣的权利结构，即按季节和区域来决定哪个部落可以在哪个河流湖泊捕河狸。一言以蔽之：权益的重叠和冲突是界定权利的基本原因。

第二个问题，权利界定的方式是什么？在真实世界里，"强权即公理"是一针见血的论断，较细腻精致的描述是，根据"权力的权重下的共识"来界定权利。"权力"无须解释，简单明了；"权重"是指分量；

"共识"是指彼此默认、无争议。譬如，有些中小学，校方和家长达成协议：学生早上进教室后，手机集中由老师保管，放学之后返还学生。这项规定界定了上下学之间，学生使用手机的权利（为零）；涉及学生的权益，但是校方和家长实际的权力的权重大，学生有话也只能往肚子里吞。也就是说，权利界定的方式，是根据相关的人在"权力的权重下的共识"。

简单小结

在这一节里，借着德肖维茨教授的论点（"权利来自恶行"），我们正面回答了两个关键问题：权利由何而来？界定权利的方式是什么？我们得到两个核心结论：第一，当权益发生重叠和冲突，才有界定权利的必要。第二，界定权利的方式是根据"权力的权重下的共识"。

第三讲
手机是城堡吗：隐私的经济分析

这一讲的内容涉及手机和隐私权的问题。"手机是城堡吗？"这个问题虽然听起来很奇怪，但它并不像表面上看起来那么无稽和无理，答案也并不明确。事实上，为了找出这个问题的答案，美国联邦最高法院前后花了7年之久，还付出了可观的人力、物力。最后，美国联邦最高法院裁定："手机是城堡"。

可是，即使是美国联邦最高法院的决定，也未必恒久不变。在可预见的未来，很可能答案会修正为"在一般情形下，手机是城堡，但在特殊情况下，手机不是城堡"。这个问题的曲折、原委，以及所涉及的学理上和实务上的重要含义，也值得一一阐明。

2007年和2009年，在两个不同的案件里，美国警方分别拘捕了两名嫌犯。而后，警方分别取得嫌犯的手机并检查手机中的信息。根据手机里的信息，警方又破获了另外的案件，逮捕了犯罪嫌疑人。

两位嫌犯分别提起诉讼，认为警方检查其手机信息，是非法取证，侵犯了他们的个人隐私，由此获得的证据不能作为对他们定罪的依据。两地的巡回法院分别做出刚好相反的判决。官司上诉至美国联邦最高法院，九位大法官经过审理，做出一致决定：警方拘捕嫌犯后，依法可以检查嫌犯的随身物品（钱包、手袋等）——这是法律许可的做法，目的之一是保障执法人员的安全，但手机中存有大量私人的信息，是警方不得私自检查的内容。

执笔判决书的是当时新上任不久的首席大法官约翰·罗伯茨（John Roberts）。他在自己16岁儿子的中学毕业典礼上发表演讲，题为"我祝你不幸并痛苦"，发人深省，广受赞誉。他在该案中的主要论点，可以简单总结如下。

一方面，在英美普通法里，几百年来已经树立的原则（之一）是"一个人的家就是他的城堡。即使是国王，也不得随便进入平民的家"。手机的性质和一个人的家一样，公权力不得随意进入。因此，"手机是城堡"是对私人领域的尊重，和"未经法定程序，不得搜身拘留"呼应。这对于人的财产和人身自由都分别建立了重要的规范。

另外，随着科技的进展，手机的功能日渐丰富，能储存的信息也越来越多。一个人从出生、长大到结婚成家，整个过程都可以通过文字、语音和画面留存在手机里。就个人隐私而言，手机的重要性甚至可能超过一个人的家。因此，如果一个人的家受到法律的保护，他的手机也该受到同样的保护。

对美国联邦最高法院的大法官而言，推理直截了当：家很重要，长久以来一直受到法律的保护；手机（可能）更重要，理应也受到保护；除非执法人员事先取得法院的搜查许可，否则不得检查涉案嫌犯的手机。美国联邦最高法院的决定，可以说具有里程碑的地位，对人民隐私的保障又往前迈进了一步，对执法人员的行为也有深远的影响。然而，"手机是城堡"的立场，其实值得进一步探讨，这对法理和实务而言都很重要。

首先，在普通法形成的封建王权时代，私有财产如风中之烛。经过长时间的发展演变，人类社会才逐渐形成法治传统：家是一个人的城堡，其他人非法不得进入。对私宅的尊重，除了实体上的意义，还有个人在身体上和心理上的安全感：在自己的房子里，无须担惊受怕。一个人的家，就像城堡般坚固。

相形之下，手机储存的信息也许会涉及心理上的安全问题，但是绝对不会影响身体上的安全问题。暴力机关利用公权力侵入民宅，会造成居民对自身安全的顾虑；但暴力机关利用公权力翻阅他人手机，并不会使机主的人身安全受到威胁。因此，"家是城堡，手机也是城堡"的比喻，至少在人身安全这点上并不成立。

其次，手机里和个人云端账户中储存的信息越来越多，通过一个人的手机，几乎可以掌握机主所有的个人隐私。相对地，一个人在家里所保有的隐私，可能是小巫见大巫。因此，从保护个人隐私的角度来看，对手机中信息的保护几乎毫无争议。手机的功能不只是储存文字与影像，还可以和世界上任何角落的人联系。还有，通过各种社交媒体的讨论和转发，由手机传播而引发的"蝴蝶效应"也已经出现多次。特别是国外一些针对平民的、潜在的恐怖袭击和自杀行动，像是随时都可能被引爆的定时炸弹。因此，我们必须权衡对个人隐私的保护和对公共安全的维护。在某些特殊情况下，"先取得合法授权，再检查手机信息"的做法，可能未必利于公共安全的维护。这么看来，"手机是城堡"的立场，只是原则性的宣示。在某些特殊情境里，"手机不是城堡"的观点或许更符合法治的精义。在比较抽象的层面上，针对"手机是否为城堡"的考虑，其实触及了更根本的问题。

历史上，经过倾轧与冲突，王权释放出权利，民众的基本权利得到保障，"家是城堡"是这个过程的结晶。在现代法治社会里，个人和国家之间的分际也相对稳定。代之而起的，是个人和公众之间的分际该如何界定？个人的权益和公众的权益冲突时，先后、轻重该如何取舍？譬如，个人的言论自由应该受到相当程度的保障：在纽约的中央公园里，一个人可以高声宣称，立场相反的两位国家领导人属于同一个兄弟会。然而，在百老汇的剧院里，一个人有权利大喊"剧院失火了"吗？

当个人隐私和公共安全直接冲突时,"手机是城堡"未必成立。由此可见,法律的本质并不仅仅是追求公平正义,而是处理价值冲突。过去的"个人与王权"之争和现代社会的"个人与公众"之争,表面上不同,其实本质相同。

第四讲
个人利益与公共利益：法律逻辑和经济分析

当"买卖不破租赁"遇上被拍卖的赃物

这一节里，我们将初步处理一个大问题，是贯穿人类历史、引发无数争议和冲突的问题，即探讨公共利益和个人利益之间的分野。我们的做法一如往常：不由抽象的理论开始，而以具体的事例为引子，逐步思考，最后再连接到核心问题上。

2012年左右，有位上海地区的官员A收受贿赂，其中包括一套房产。他办了产权证，并在2014年把房子租给房客B，为期三年。2015年，贪污之事败露，官员A被逮捕收押。违法所得的房屋被依法追缴，而后经过法院拍卖，为公民C所取得。公民C要去点交房子时，发现里面有房客B，于是他请房客搬走。房客B表示：自己合法租赁该房屋，有合同，根据"买卖不破租赁"的原则，自己的权益应该受到保障。

无奈之下，公民C向法院起诉房客B。试问：面对公民C告房客B的这起案子，法院怎么判比较合理？一审法院做出判决，重点有二：第一，房产被法院查封并拍卖之后，就适用公法，"买卖不破租赁"的原则是私法里的原则，因此不再适用该案；第二，房客B要搬离，如果他觉得自身权益受损，可以向原房东（已经被关在牢里的官员A）索赔。房客B对判决不服，提出上诉，二审法院做出终审裁决，仍然维持原判。

两级法院依据的主要理由是：公法和私法适用的范围不同，"买卖不破租赁"是私法里的原则，一旦涉及公权力的作为，就不再适用。公法和私法的界限何在？两者之间如何切割？涉及的问题比较多，我们在这里先暂不展开讲。我们要思考的是，更基本的公和私之间的区分。

我多年前的一个经验也刚好可以拿来讨论。当时，我应邀为台湾地区一所高中的公民教育课程编撰一本教材。根据课程大纲，有一小节要介绍公共利益和个人利益。我觉得，最好的说明方式就是能对应高中学生的生活经验。因此，我以家庭单位为例：个人利益，就像是一个家庭里每个成员各自的利益；公共利益，对这个家庭而言，就像是所有成员共同的利益。更精确的表达是：公共利益，就是每个人的个人利益的交集。没想到，教材完成后由审查委员来把关时，主审的学者（一位社会学学者）认为：公共利益和个人利益不是这么区分的。教材内容需要修改重写。我以体面的方式处理这个潜在的分歧：请审查委员明确指教，公共利益和个人利益应如何区分。几个星期后，我得到了一份四平八稳的解释：公共利益和个人利益的区别源于18世纪的文艺复兴时期，个人利益是个人、家庭等的利益，而公共利益是群体、社会的利益。

看到这种解释，我现在想来仍觉得好笑。难道其他人类社会，几千年来没有公共利益和个人利益的区分？到了西方的文艺复兴时期，人们才恍然大悟，有了公共利益和个人利益的意识？道理可以浅中求，问题其实并不困难，我们很容易就能想清楚，无须援用文艺复兴时期的历史。我们可以设想一下，一间学生宿舍里住了两个学生，到了晚上12点，如果两个人都想睡觉，"安静"显然是他们的共同利益，也就是两个人这个小群体的公共利益。到了晚上12点，如果其中一个人想睡觉，另一个人想打游戏，两个人各自的利益不同，没有交集，"安静"就不是他们的共同利益。这时候，对他们两人而言，"安静"就不是公共利益。

从两个人开始,群体开始变大,先是家庭,然后是家族、社区、城镇、民族、国家、世界。或者,从两个大学生开始,扩大到这个宿舍、院系、学校、所有学生、社会人士,等等。各种大大小小群体的组成分子,当然各有不同,但在观念上其实一以贯之。个人利益就是成员各自的利益,公共利益就是成员各自利益之间的交集。换句话说,对群体成员而言都是利益的部分,就是公共利益。

在观念上,区分个人利益和公共利益并不难,可是在实际操作时,却会出现一连串的麻烦,并不容易。最明显的是衡量的问题。对于个人利益,每个人都清楚自己的利益所在。可是,一旦涉及人和人之间共同的利益,就必须通过某种方式(过程),才能表达出来。譬如,前文提到,同寝室的两个人,因为相处了一段时间,才知道彼此都希望晚上12点上床睡觉。一个家庭,因为长期共同生活,才知道共同的利益,譬如买下一套房子。那么,对这个家庭来说,买房子就是共同的利益,也就是这个小群体的公共利益。

显而易见,当群体变大,成员越发多样化,要掌握公共利益,变得越来越微妙和困难。没有人手里有量尺或天平,能清楚具体地测量出,群体的公共利益是什么。这也就是几千年来考验中外古今任何一个社会的难题,而不是文艺复兴之后才出现的。如何描述公共利益,以及在诸多公共利益之间,如何平衡与取舍?当群体变大时,要满足众人的个人利益的交集变得越来越困难。有时候,为了追求大体而言的公共利益,必须先压抑、忽略甚至牺牲一部分人的个人利益。那么,一个群体或社会该如何处理范围和种类不同的公共利益,又如何化解和部分个人利益之间的冲突?显然,这些都是人类社会的恒久挑战。传统智慧中描述的"家家有本难念的经""三个和尚没水喝",都生动而深刻地捕捉了公共利益和个人利益之间的微妙关系。

回到案情上,法院判房客败诉,是从公共利益和个人利益的角度着眼,其中至少有两点值得考量。第一,房客有合法的租赁契约,是善意的第三者。保障公民的合法权益是追求和实现公共利益的基本要求。第二，查封房产和执行拍卖的法院，应该先查明房屋有没有抵押或租赁，在适当处理之后才能进行拍卖。因为法院没有做到该做的标准作业程序，损害了房客 B 和公民 C 的权益。法院出现过失而无法实现公平正义的职能，是对公共利益直接的损耗。当然，这个案子和判决，也反映了公共利益和个人利益之间的分野是一项微妙而重要的课题。在下一节里，我们将进一步探讨这个重要的问题。

如何处理个人利益与公共利益的冲突

这一节，我们将延续上一节的主线，继续探讨一个重要但棘手的问题：公和私、公共利益和个人利益的区别。法律上的私法和公法之别，也是源自同样的考验。

关于公共利益和个人利益之间的冲突，历史上最著名的事件之一是，日本政府修建日本成田机场时所引发的征地抗争事件。我先简要描述一下过程。1962 年，日本政府决定要兴建成田机场。然而，由于政府未就选址条件等事宜征得当地农民同意，最终在 1967 年引发了当地农民的抗争。1978 年，成田机场一期工程才终于完成。

最严重的事件发生在 1971 年。政府调派 5 000 多名警察，准备驱离拒绝搬迁的农民。当地农民以及由各地赶来加入的青年和社运人士，也有 5 000 人上下。双方发生直接冲突，造成 3 名警察身亡，475 名民众被捕。其中一位抗争的民众在事后自杀，以表达严重抗议。引发抗争的主要原因之一是预定新建机场的位置。当地绝大多数人是生活贫困的农民，其中大部分人都参加了二战。战后，他们响应政府号召，到当地垦荒。然而，在兴建机场时，政府强制征收土地，没有和当地民众事先沟通协商。民众觉得他们的尊严和权利受到了严重侵犯，国家（政府）随意剥夺了他们的生存权利。

激烈的冲突过后，政府公开承诺，尊重当地民众的意愿，不再强制征收土地，并且将支付噪声污染等补偿费。即使如此，还是有近10户农民拒绝搬离。农民和政府的抗争冲突，直到1991年中立的调查团成立之后，才逐渐缓和。2002年，第二条跑道完成，只有2 500米，比原定的4 000米大幅缩短。波音747等宽体客机无法起降，机场的航运功能大打折扣。近30年的抗争和冲突，人力、物力和宝贵生命的损耗，造成居民、政府和社会大众"多输"的结果。这是极其昂贵的经验。那么，我们可以从中吸取哪些教训呢？

最直接的经验是：政府在处理和民众权益有关的事项时，最好先沟通协商，若采取强制措施，反而可能欲速则不达。这虽是老生常谈，却也是历久弥新的智慧结晶。除此之外，本书到这个环节，我们已经做了很多的铺垫，现在可以进一步探讨比较根本的学理。具体而言，建造成田机场而引发的社会问题，促使我们对公共利益和个人利益（公和私）做更深刻而平实的思考。

第一，根据前文，我们可以先标出两个典型的参考坐标。一个是诺贝尔经济学奖得主科斯所强调的：只有私人成本，没有社会成本。也就是说，只有个人利益，没有所谓的公共利益。另一个是我所提到的：公共利益就是个人利益的交集。

第二，和这两个典型的观点相比，在日常用语上，一般社会大众的观点是：个人利益是个人狭隘的利益，而公共利益则是大多数人共同的利益。在绝大多数情况下，日常用语的解读（或定义）已经够用。毕竟，拥有干净的空气、便捷的交通、良好的教育等，是社会大众的共同期盼，争议不大。

然而，随着社会的发展，多元化的价值成为常态，不同的人有不同的偏好。即使是众谋佥同的公共利益，在诸多选项之间，孰先孰后、程度如何、范围如何，也会自然而然地衍生出不同的看法。因此，有时政府以公共利益之名处理公众事务，很容易就遭遇困境。这时候，有两个思考的方向提供了可能的出路。

第一个思考的方向,当个人利益的组成变得复杂之后,追求公共利益就需要通过某种程序。在现代家庭内部,很可能是小事情由子女决定,重大事项由父母决定。社区的公共利益通过管委会来处理。乡镇城市的公共利益通过政府的各个部门来处理。范围更大的群体利益就涉及整个国家社会的公权力。这些大小不同、复杂程度不同的各种程序,都是为了追求成员的公共利益。因此,它们在性质上是一种工具性的安排,具有功能性的内涵。也就是说,公权力的存在是一种手段,而不是目的。公权力存在的目的,就是处理各种不同的个人利益,并且设法追求和实现公共利益。"为人民服务"这个原则,就巧妙而精确地反映了政府、军队等公权力存在的意义。

这也隐含了一个重要的原则:经过长时间的发展和积累,好的公权力在面对冲突时(包括公权力本身的利益也被卷进去时),能够超越眼前、短期的利益,从而追求这个群体更长远的利益。日本成田机场的经验充分地反映了这一点。为了不到10户的农民"钉子户",机场跑道不得不缩短,能够起降的飞机也直接受限,由此造成极大的经济损失。两相比较,尽管从账面上来看,机场的损失要大得多,但面对明显而巨大的经济利益,日本政府和法院却选择了尊重极少数"钉子户"的立场。这个取舍确认了公权力行使的界限。长远来看,这对于维护社会的法治传统具有极其珍贵的里程碑式的意义。

由这一点体会,刚好就联结到第二个思考的方向。虽然公共利益、社会福祉、全民利益是耳闻目见的日常用语,但这些词语只是简化思考程序、降低沟通成本的用法而已。一旦涉及根本的问题,便会有群体提出异议,就不能再用公共利益等词语来概括,必须回到源头。科斯的典型观点(只有私人成本,没有社会成本;只有个人利益,没有社会公共利益)是暮鼓晨钟式的提醒。追根究底,公共利益是个人利益的交集。宣称追求公共利益的行为,真的经得起这个严苛的检验吗?

简单小结

这一节再度阐述了公和私的区别。借着兴建日本成田机场的波折过程，我们在学理上阐明了两点。第一，对于公共利益的追求，必须通过某种程序。各种程序（包括公权力）只是手段，不是目的。第二，公共利益的源头和基础还是个人利益。对于公共利益的探讨和追求，必须牢记最根本的个人利益。

专题七

刑法与刑事案件的经济分析

第一讲
刑法与信息经济学

刑法制度背后的信息"法理"

借着几个具体的例子,我们可以体会法律和信息的密切关联。比较精确的说法是:因为信息的存在(或限制),法律才会做出如此这般的规定。

第一个例子,是对追诉时效的规定。前文曾经提到,现代文明社会里都有类似的规定,尽管具体的内容多少有差异。对于为何会有追诉时效的做法,由信息的角度可以提出有力的说明:一旦时间拉长,案情的细节开始模糊,人证、物证等的精确性逐渐流失。而且,随着时间的流逝,在误判的可能性上升的同时,惩罚所产生的效果也开始钝化。因此,立法机关权衡轻重得失,追诉时效是人为的、有意的切断正义的延伸,其背后主要的原因,正是信息这个因素。

第二个例子,是针对未成年人的规定。在现代文明社会里,都有类似的规定:对犯罪者区分成年人和未成年人,并且在法律上对其采取差别待遇。观念上有意区分的原因,是未成年人在生理与心理(心智)上还不成熟,因此应当承担不同的法律责任。然而,观念上简单明确,实际做法上却不见得容易。目前,各国都以"年龄"为划分标准,这显然是次佳方案。但是,立法机关权衡之下认为,生理年龄的信息更容易界定，心智成熟度的信息却不容易判断。

第三个例子，是举证责任倒置。在司法运作里，"谁主张，谁举证"已经是众谋金同的原则。现代社会里却逐渐出现了一些例外。最明显的例子之一是，公务员若有巨额财产且来路不明，那么，举证说明财产来源的责任就不在于检方，而在于当事人。背后的原因还是在于信息：现在网络和全球金融体系发达，由检方来举证的成本往往过高，由当事人来提供信息自证清白成本最低。因此，举证责任倒置的关键因素，还是在于信息。以小见大，我们由信息的角度思考法律条文，往往能更精确地掌握法律的意义和局限性。

司法体系的运作，大致可以分为立法阶段和司法阶段。这两个阶段的内容不同，但是本质上都和信息密不可分。

大体来说，在立法阶段主要的工作一般包括先期作业、搜集相关资料、确定立法范围、公开征求意见、拟订草案、专家审议、修订/再修订。在进入立法机构之后，初审、复审、表决通过、公布施行，每一个环节都是在处理信息问题。在司法阶段，刑事的主要过程包括案发后的搜捕、侦讯、审判等。尽管处理的事项不同，但都和信息环环相扣。相形之下，民事纠纷中的立案、陈述案情、双方举证、庭审、判决，更是在各种信息里兜兜转转。法院的判决书里，对双方证据的取证、庭审的重点论证、适用法条的运用、争讼胜负的切割认定等，也都是在信息的世界里沉浮跌宕。由此可见，无论在立法阶段还是司法阶段，信息问题都如影随形、无所不在。从信息的角度出发，阐明各个环节的意义和潜在问题，无疑有助于我们了解整个司法体系的运作。

通过两个层次的说明（具体法律条文和立法、司法两阶段的运作），我希望能阐明信息这个因素对法律/法学的重要性。如果能把信息纳入法学研究的视野，不但能加深我们对法学问题的了解，更能丰富法学研究的智识积累。

第二讲
无罪推定原则如何操作

在前面一讲里，我列举了许多事例（多种信息），希望能阐明信息和法律的密切关联。然而，对法学界而言，一个自然浮现的问题是：法学界即使过去没有特别注意"信息"这个因素，也累积了几百年（甚至上千年）的智慧。纳入信息这个因素，能为法学理论添砖加瓦吗？

对于这个具体的问题，这一讲里我将正面回应。通过两个明确且重要的问题，说明由"信息"的角度，可以对法学理论做出根本性的贡献。

教义法学和社科法学的关系

在法学界，教义法学（或"法教义学"，doctrinal analysis of law）是正统和主流。根据历来法律学者的努力，已经累积出各式各样、大大小小的法原则。利用这些众所周知、众谋佥同的法原则，法学界（包括理论界和实务界）有了共同的语言，能够明确有效地阐释和运用法律。

然而，近一二十年以来，法学界的万仞高墙之内，部分学者也开始意识到教义法学的匮乏与不足。不少学者呼吁，要向范围更广的社会科学汲取养分；基于社会科学的法学，简称"社科法学"（law and social sciences）。社科法学的学者，以振衰起弊为己任，充满雄心壮志。

他们宣称：十数年之内，社科法学将取代教义法学，成为法学界的主流。在一流的法学院之内，将由社科法学主导，而传统的教义法学将慢慢地沦为二三流的法学院。

可是，做出如此斩钉截铁的预测和论断，证据（信息）何在？或者，更简单而根本的问题是：社科法学和教义法学，这两者之间的关系到底为何？如果连基本的问题都没弄清楚，如何能放言高论？

稍稍琢磨，由"信息"的角度，我们就很容易厘清两者之间的关系。社科法学学者的预测能否成为事实，当下就一清二楚。具体而言，两者的关系是：社科法学是教义法学的基础，而教义法学是社科法学的简写或速记。经过长时间的积累，法学界已经累积了许多众所接受的法原则。譬如，善意第三人、诚实信用、买卖不破租赁，等等。这是知识的积累、分类和精细化的结果。面对相关的问题，在大部分情况下，可以直接引用法原则，而无须从头说起，辞费而耗时耗力。然而，这些法原则不是凭空出现的，而是以社会科学的知识为基础的。

譬如，"买卖不破租赁"是广为人知的法原则。表面上看起来，这个法原则保护了租户的利益，但若深入分析，其实也维护了房东的利益。如果买卖可以破租赁，租约和租期隐含了不确定性，房客愿意付的租金必然减少。如果买卖不破租赁，租约和租期有所保障，房客自然愿意付较高的租金，对房东当然有利。因此，从社会科学的角度，可以对法原则提出知其然且知其所以然的合理解释。大部分时候，人们不需要追根究底，只要援用法原则即可。这样做降低了司法运作的成本，背后的原因（驱动力）还是在于节省信息。

由此可见，教义法学是司法运作中不可或缺的核心，即使在遥远的未来，仍将是法学教育中重要的一部分。在一流的法学院里，教义法学仍将是主流，而不可能式微或消失。社科法学的学者，如果对社会科学和教义法学有较完整的认知（信息较充足），就不至于信口开河、无的放矢。社科法学的努力方向，应该是对社会科学有完整而深入的掌握，帮助教义法学立足于更稳健的基础，而不是在法学院的高墙内自说自话，侈言社会科学，却停留在皮毛和口号的认知上。

无罪推定原则的适用

"在被证明有罪之前，假设被告无罪"，这是已经成为普适价值的"无罪推定原则"。然而，就刑事诉讼的程序而言，在搜捕、侦讯、审判、执行这四个主要阶段中，除执行阶段之外，无罪推定原则适用的程度是一样的吗？在相关的文献里，对这个问题的讨论少之又少。然而，在实务和理论上，这都是一个有意义、有趣，而且重要的问题。

稍稍思考我们就可以体会，在搜捕、侦讯和审判这三个阶段里，无罪推定原则适用的程度明显不同，而且，其差别都和信息这个因素环环相扣。具体而言，一旦刑案发生，如果援用无罪推定，假设人人都是清白的，那么，警方如何找嫌疑人和设法破案？因此，在搜捕阶段，警方必然是根据相关的证据，从受害者可能的社会关系中，快速缩小目标范围，锁定少数几位潜在的、可能的涉案人。然后，通过走访与调查取得人证和物证，从而找到可能的嫌疑人。很明显，在这个阶段，警方根据有罪推定的假设来快速缩小目标范围。一旦锁定了嫌疑人，在侦讯阶段，就不是根据无罪推定来操作的。办案人员要求嫌疑人提供相关信息、说明行踪、回应相关的人证和物证的问题等，也都是在"可能涉案、可能有罪"的基础上进行。

只有在审判阶段，才是无罪推定原则真正施展的空间。但是，这是在极其特定的条件下，由检方来论证被告的涉案情况时，才会涉及。无罪推定只是控诉双方论述的起点。而且，更为重要的是，能否适用无罪推定，证据法则才是真正的关键所在。如果法庭采用的证据法则很宽松，比如只要有10%的证据，就认定被告有罪，那么，即使由无罪推定出发，也很容易就能将被告定罪。相对而言，如果法庭援用有罪推定，但是采取非常严格的证据标准，比如无罪的证据少于10%，在这种证据尺度之下，即使由有罪推定出发，要将被告定罪也不容易。因为根据证据法则，有罪的证据要超过 90%。可见，关键不在于起点是有罪推定还是无罪推定，而在于法庭所采取的证据法则。而证据法则，毫无疑问又和信息密不可分。

因此，关于无罪推定的原则，我们至少有两点重要的体会：第一，在不同的阶段，使用程度不同；第二，即使在庭审阶段，关键还是在法庭所采用的证据法则。这两点体会都是源于"信息"这个因素。由信息的角度阐释无罪推定原则，显然我们可以有更为深刻而切实的体会。

简单小结

在这一讲里，我借着处理两个层次不同的问题（教义法学和社科法学的关系、无罪推定原则的适用），希望能清楚地呈现信息是如何对法学的研究和理论做出基本而重要的贡献的。当然，这一讲所处理的问题，只是两个例子而已。在很多领域里，把信息纳入法学研究，都有望带来鲜活的养分，增添新的智识，使法学的宝藏更为丰富多样。

第三讲
"张扣扣案"的经济分析

"张扣扣案"是2019年上半年最引人注目的案件之一。在网络上，无论是专家学者，还是社会大众，都踊跃参与讨论。张扣扣的死刑判决已于2019年7月17日执行。当尘埃落定，我们回头再看这个特殊案例，可以更心平气和地总结出一些当时被忽略的、但有意义的信息。

先简单回顾一下关键的事实：1996年，张扣扣的母亲和邻居王家父子四人发生冲突，先动口再动手。冲突升级之后，她被王家小儿子用木棒打死。张扣扣当年13岁，目睹了一切。22年后，35岁的张扣扣用刀杀死了王家父子三人。王家次子因刚好在外地，得以幸免。

在审理过程中，为张扣扣义务辩护的律师发表辩护书，声情并茂且引述西方文学经典为分段的小标题。在遣字修辞和动之以情这两方面，辩护书都大有可观。辩护书发表之后广为流传，张扣扣得到许多人的同情和支持。主要的论点一言以蔽之：张扣扣为母报仇，其情可悯。相对而言，提起公诉的检察官也详细说明起诉理由，内容巨细无遗，包括当年事件发生后，司法部门的处理情况（对涉案人起诉、判决、执行等）。而且，还仔细描述了张扣扣的成长过程、就业经历、预谋犯案的准备、动手时冷静和从容不迫的状态，等等。检方的判断是：张扣扣生活中受尽挫折，因此宣泄报复，为母报仇只是托词。

对于张扣扣杀死三人的事实，检方和辩护律师之间并没有分歧。然而，对于张扣扣的行为，也就是其中的因果关系，双方做出了截然不同的解释。

因果关系的取舍

检辩双方的论述都有许多的支持者。法院也做出了最终判决，并且执行了死刑。相关的讨论逐渐趋于平息。然而，有两个微妙且重要的问题，似乎一直没有引起社会大众和学者专家的注意。一是次要问题：法官在判决时，对因果关系是如何取舍的？二是主要问题：现代社会里，法院、检察院和整个司法体系，乃至所有政府机关，都是由纳税义务人缴的税所支撑的。那么，从纳税义务人的角度，他们又希望法院如何取舍呢？厘清这两个问题，无论对于司法个案，还是更为广泛的司法体系，我们都会有更深入而全面的体会。下面针对这两个问题，让我们试申其义。

首先，关于承审法官的考量问题。在"张扣扣案"里，事实非常明确：张扣扣仔细预谋，作案时冷静从容，最终造成三人死亡。除非张扣扣精神失常，否则依现行法律，其罪行和责任非常清楚，这是重点所在。相对而言，无论是检察官的"宣泄说"，还是张扣扣的辩护律师的"报仇说"，即使与结果有某种程度的关联，权重也并不高。

在一般案件中，检辩双方的说辞也许在量刑的时候，可以纳入法官的考量。然而，在张扣扣的案件里，罪行和责任的比重巨大，其他相关因素就明显相形见绌。而且，在现代法治社会里，司法体系是处理纷争的工具。基度山伯爵式的报仇不值得鼓励，更不值得美化。在判决书里，法官甚至可以明确地宣示：司法体系这套工具未必完善，更非完美，但这是现代社会里众人所接受的制度。如果一个人有不满，并且采取法律所不容许的手段发泄不满，他当然有这种"自由"，但是也要承担相应的后果。这是现代社会的基本精神，即"社会契约"，其实就是社会成员之间的共识。

其次,关于纳税义务人对司法资源的考量问题。这是比法官的考量更为重要且更为根本的问题,但是几乎没有人提起过。具体而言,法院是司法体系的一环,而司法体系是整个政府部门的一部分。支持政府运作的是纳税义务人所缴的各式税负。因此,纳税义务人缴的税多,就可以支持更完善的司法体系;纳税义务人缴的税少,就只能支持基本或粗糙的司法体系。追根究底,问题很简单:主权在人民,老百姓说了算。那么,纳税义务人到底希望司法体系如何运作?

我们从这个角度来反思"张扣扣案",显然就有了额外的体会。如果法院要花时间斟酌二十多年前的事对张扣扣的影响,或者需要考量二十多年来张扣扣成长就业的过程对他的影响,那么,显然要耗费一定的人力与物力。而且,时间横跨二十多年,影响的因素很多,也很复杂。要明确认定因果关系是否成立,当然并不容易。这种司法运作,显然是一种"昂贵的司法"。更何况即便耗费了可贵的资源,也未必能得到令人满意、能说服众人的结果。

更进一步,如果法院着重处理陈年旧案,将会有更多的陈年旧案进入司法体系,要求济助,这将不可避免地耗用巨大且可贵的司法资源。那么,一般的、涉及短期是非的案件,人力和物力上也必然受到压缩。两相权衡,顾彼而失此,这难道是社会大众(也就是纳税义务人)希望看到的吗?

回到张扣扣的案子上,长远来看,纳税义务人为自己所缴纳的税费着想,显然不希望司法体系花费太多心力,在检辩双方的论述上琢磨和折腾。无论是辩方的"为母报仇、其情可悯"的论证,还是检方的"受尽挫折、宣泄报复"的论证,都涉及20年以上的时间间隔。检方和法官花在这段时间上的心思气力,显然不能用来处理其他案件。其他案件当然隐含了其他诉讼双方的权益。因此,从纳税义务人的角度着眼,很可能也不希望司法体系在"陈年旧账"上耗费太多资源和心思。相对而言，张扣扣的行为（预谋、冷静、连杀三人）是明确的事实，处理起来不仅具体而且争议小。

结合前后这两点考虑（法官对因果关系的取舍、纳税义务人对司法资源的考量），虽然背后理由不一样，但是殊途同归。而且，仔细想想，这两个角度的思维，不但在"张扣扣案"上有意义，而且对处理其他案件，甚至整个司法体系的运作，都是有意义的。

跨越22年的复仇

"张扣扣案"所涉及的事实，让我们运用时间轴的方法，回顾一下案情：1996年，张扣扣的母亲和邻居相处不睦，她将口水吐到邻居的脸上，邻居的三儿子用木棒猛击她头部，她重伤倒地死亡，年仅13岁的张扣扣就在一旁。

用木棒攻击张扣扣母亲的是17岁的王正军，后被判7年徒刑，4年后假释出狱。因为幼年经历和教育条件的限制，张扣扣成年之后，工作一直不顺。2018年2月15日，张扣扣用准备好的凶器（利刃）连杀三人，包括当年用木棒打死他母亲的王正军和对方父亲及哥哥。这个不幸事件的过程很清楚，检方和辩护律师争论的关键是，张扣扣的行为有没有其情可悯的地方，足以让他免去死刑的惩罚。根据前面对因果关系所做的阐释，我们可以分条说明。

第一，张扣扣的行为造成王家父子三人死亡，无论是在事实因果还是法律因果上都成立。争论的焦点是，对于这个特定案件的法律因果，他要承担多重的惩罚。

第二，就责任而言，张扣扣的行为不属于过失，而是故意（预谋杀人），张扣扣要承担法律上的责任，问题还是在于该承担多少责任。

第三，对于张扣扣的杀人行为，检方和辩方有不同的解读。辩护律师主张，张扣扣的行为肇因于他母亲被打死，事后司法不公，对行凶者没有做出适当的惩罚。因此，他刺死三人，是为母亲的死复仇，虽罪无可赦，但其情悲切，罪不至死。相对而言，检察官的主张非常明确，张扣扣杀人，为母亲报仇只是表面上的理由，其主要的原因，是他成长过程不顺，教育程度有限，多年工作不如人意，对社会充满怨恨和不满，因此他杀人只是泄愤，把他对社会的怨恨宣泄在仇家父子身上。

辩方和检方的解释，可以分别用"复仇说"和"泄愤说"来表示。然而，我们稍稍琢磨就可以发现，无论是"复仇说"还是"泄愤说"，在张扣扣的案件里，都涉及了相当长的时间。在长达22年的时间跨度下，哪一种因素更为重要，似乎并不是一清二楚的事。也就是说，长期的、间接的因果关系，并不容易界定。相形之下，张扣扣准备行凶工具和作案路线，以利刃连续击杀三人，其行为和结果之间是直接、具体、时间跨度短的关联。在目前的社会体制之下，对这种行为的惩罚，显然已经超过无期徒刑。

第四，"向前看"，如果重点放在"复仇说"或"泄愤说"上，法院将来要面对各式各样的犯罪理由，时间跨度可以长达数十年。法院的负荷加重，因果关系判断的不稳定性上升，长远来看，对司法体系和社会大众而言并不是好事。相对而言，法院只是把"复仇"和"泄愤"当作案件背景，仍把重点放在短期、直接、具体的关联上，这样做不仅论证明确，提升了司法的稳定性，还向民众传递了明确的信号。"向前看"，法院该着重的方向其实非常清楚。

当然，以上分析也可以从另一个方向来论证。如果张扣扣不是在22年之后才动手，而是在王正军出狱之后动手；如果张扣扣不是击杀三人，而是只针对用木棒打死他母亲的人；如果张扣扣的工作、生活正常，对社会没有不满，在这些条件下，"复仇说"会更有说服力，其情确实可悯，以无期徒刑惩罚可能是适当的。然而，值得我们注意的是，这三个"如果"所描述的情况，都符合"短期、直接、具体"的特性。在这些情况下，对因果关系的认定比较容易和稳定，因此也符合"向前看"的考虑。

第四讲
护民难还是护渔难

　　21世纪初,我国有近14亿人,社会上三不五时会发生一些特殊事件。这些事件吸引了社会大众的注意力,引发了诸多争议。对社会科学研究者而言,这些特殊事件则像是一张张试纸——测试社会科学的理论,能否明确而具体地回应三个问题:是什么?为什么?将如何?

　　2016年11月,"罗一笑事件"平地一声雷,引发网上热评。6岁的小女孩罗一笑身患重症,医疗花费高昂。其父在网络上连续发文,希望借着众筹得到善款。《罗一笑,你给我站住》这篇文章,标题醒目,内容感人。文章被大量转发,博得了广大网友的注意力和同情心。短短三五日内,捐款就超过200万元。(后来罗父资产被曝光而引发的争议是另外的问题。)

　　罗一笑得到的援助令人心暖眼润。相形之下,"小悦悦事件"却是另一幅画面。2011年10月13日下午5时30分,在路边玩耍的小悦悦被疾驶而过的车碾过,车子没停,陆续经过的多名路人也视若无睹。最终,小悦悦不幸伤重过世。"小悦悦事件"不是个案。2017年6月7日,在河南驻马店,一名站在斑马线上的女子被车撞倒,从监控画面上可以清楚地看到,经过的人和车无动于衷。不久之后,另一辆疾驶而来的车辆将一息尚存的女子辗死。

两相对照，令人触目惊心，小悦悦和驻马店女子情况紧急，危在旦夕；罗一笑住院治疗，并不会立刻有生命危险。可是，小悦悦和驻马店女子却没有立刻得到任何帮助；两封求助信之下，罗一笑却得到了数量可观的精神和金钱上的援助。这是不折不扣的轻重失序。存在虽不一定合理，却一定有原因。我们设身处地地想，原因其实很简单。

置身小悦悦的情境里，如果我们出手相救，可能后面是一连串的麻烦：配合送医报警的笔录、小悦悦家可能产生的猜测和置疑，等等。假如当时有人出手，我们可能愿意当第二个，然而都等着别人当第一个出手的人。人同此心，心同此理，第一个出手的人终究没有出现。在"罗一笑事件"里，我们看到的是罗父声情并茂的求助信，通过转账送上一些捐款，我们立刻可以"很方便地"帮助别人。和小悦悦的情况相比，对大多数人而言，向罗一笑伸出援手，助人的"成本"可堪负荷。也就是说，看起来是我们在道德上的取舍，其实是对成本效益的斟酌。

小悦悦和罗一笑所涉及的问题并不复杂。相比之下，"于欢案"所触及的问题要微妙得多。2016年4月14日，于欢母亲因为借了高利贷而到期未还，几个讨债者到于欢母子二人的公司暴力催债。讨债者不仅限制了他们的自由，还对于欢母亲做出侮辱性的举止。于欢报警，两位民警到了之后，只表示"可以要钱，不得伤人"，就准备离去。于欢求助无门，就用水果刀刺伤带头讨债的人。讨债的人自行就医后，因伤势过重不治死亡。一审以犯故意伤害罪判处于欢无期徒刑。该事件经媒体报道后，引起了民众的广泛关注。不少网民表示："若母亲受辱，当如于欢。"舆论影响之下，山东高院做出二审判决：认定于欢构成故意伤害罪，但属于防卫过当，依法对其减轻处罚，判处5年有期徒刑。

在于欢案备受讨论期间，我给我的学生留了一份作业：基于于欢案，比较分析护民和护渔（护航）的难易高低。不少研究生仔细论证"护鱼"的曲折。差之三点水，失之千里矣。

"于欢案"的关键所在是,民警来了之后又离去。于欢发现,向警方求援,却得不到公权力的充分保护。在情绪激愤下,他才动刀刺人。显然,如果民警到场之后能采取更积极的行动,也许就不会出现那个转折点,于欢也不至于逾法(讨债者限制于欢母子的行动,已经明显涉嫌限制剥夺人身自由)。一言以蔽之,当民众处于危难而求救时,民警没有尽到护民的责任。相对而言,自2011年起,我国军舰驶进印度洋,在海盗横行的区域护渔(护航)。因此,我才会布置这个作业,比较护民和护渔(护航)的难易高下。

　　表面上看,为护渔(护航)而出动的船舰不可能只有一艘,几千海里长途跋涉,海况凶险。相对而言,护民工作是常态性的,而且距离近。公权力拥有的资源远超一般民众。警察把护民工作做好,似乎并不困难。然而,我们稍稍琢磨,就知道情况并非如此。护渔(护航)相对简单,护民要难得多。

　　护渔(护航)工作,任务的目标很清楚,敌我分明,只要船舰设备符合要求,官兵训练扎实,后勤补给充足,要圆满完成任务并不困难。可是,护民工作看起来简单,实则复杂。于欢所在的城市,借高利贷、欠钱、讨债的情况较为普遍,并且于欢母亲多次涉及借贷纠纷。在三四线城市,借贷纠纷错综复杂,谁是谁非,理未易明,而且可能存在的部分"保护伞"情况,导致基层民警有时难以作为。因此,存在虽不一定合理,却一定有原因。护民工作要做好,可能比护渔(护航)还难。

　　前面的问题[小悦悦与罗一笑、护民与护渔(护航)]还可以在法理上往前推进。1991年诺贝尔经济学奖得主科斯,得奖时的演讲题目为"生产的制度环境"(*The Institutional Structure of Production*)。他认为,生产活动所置身的环境,包括典章制度、法令规章、执法程度等,非常重要。他的主题可以扩大为"生活的制度环境"或"司法的制度环境"。好的制度环境可以降低公民做好事的成本,也可以降低警察护民的成本。

道理其实简单明白：好价值的出现是有条件的。有肥沃的土壤，自然容易长出丰硕的果实。胡适尝言："要怎么收获，先那么栽。"庶几近之。

第五讲
是抢劫还是家庭纠纷

这一讲的主题是一个实际的案例。重点所在是如何处理具体的纠纷，以及如何在案例中提升抽象思考的能力。

故事的背景值得先稍稍说明。我在 2014 年加入浙江大学，除正常的教学工作之外，偶尔也会应邀在培训班里授课。培训班学员大多来自公检法界、企业界和政府行政部门等。教学相长，从课堂的讨论互动中，我也学到了很多法律实践中的知识。

几年前，我曾经教过一个浙大进修班，该班学员来自江苏省宿迁市检察院。下课休息时，一位检察官问我，最近检察院在处理一起刑事案件，案情并不复杂，但是用什么罪名来起诉，检察院内部一直存在分歧，希望能听听我的意见。他先简述了一下案情。一对年轻夫妇感情不好，经常吵架。后来男的气病了，过了一段时间病重过世。男方的亲属很生气，认为就是女方造成的。因此，几个男方亲属就到女方家里打砸家具以泄愤。在打砸的过程里，男方亲属发现了一些金银细软，就强行把这些贵重物品带走。

事后，女方报警并请了律师。女方强烈要求检方以抢劫罪来起诉。众所周知，抢劫罪是很重的罪名，一旦罪名成立，判罚很重。检察院里有两派意见：一派认为，有暴力胁迫，有财物转移，因此应以抢劫罪起诉；另一派认为，毕竟是家庭亲戚之间的纠纷所引起的，因此不应以抢劫罪起诉。两种意见都言之成理。检察院内部开了几次会，都不能达成共识。因此，检察官想知道，我的看法是什么。

当他描述案情时，我脑海里已经慢慢浮现出一个参考坐标。以这个参考坐标来考虑这个案件，其实并不困难。想一想，回到当初，刑法专家在拟定刑法中抢劫罪这个罪名时，必然有一些考虑。对于标准的抢劫罪，他们会想到的大概是哪一种情况呢？第一种，是不认识的人之间，当面持凶器抢夺财物；第二种，是亲戚之间，因为细故纠纷所引发出的财物转移。标准的抢劫罪到底比较接近哪一种呢？我们想一想电影和电视里的银行抢劫，或是小说里描述的拦路抢劫，显然，抢劫罪的立法意旨更接近第一种。

而且，还有很重要的一点：一般的抢劫罪，受害人的人身危险性很高，只要受害人稍加反抗，就很可能受伤，甚至命都没有了。而在宿迁的这个案子里，毕竟彼此是亲戚，而且原本男方亲属只是要打砸家具泄愤，女方在身体上被严重伤害甚至致死的概率显然不大。所以，在课堂上，我的回答很明确：以"回到从前"这个参考坐标来看，这个案子可能适合以抢夺罪或是非法侵占罪起诉，但并不适合以抢劫罪起诉。

这是几年前的事，宿迁市检察院后来究竟是以何罪来起诉，我也不知道。2018年6月17日，我应邀到宿迁市中级人民法院做报告。当天，除现场有该院的法官参加之外，还有所属法院的几百位法官通过视频的形式参与了讲座。当我讲完这个案子之后，我说："今天我真的很高兴，能到宿迁市中级人民法院来交流。因为，我一直很好奇，宿迁市检察院后来到底以什么罪名起诉该案？"当天，第一排坐的是宿迁市中级人民法院主管刑事案件的副院长。副院长立刻清楚地回应，他说："虽然我不记得看过这个案子，但如果检察院以抢劫罪起诉，法院会变更起诉罪名。因为，这个案子的案情不适用抢劫罪。"他干净利落的回应，不但印证了我的分析和判断，也让我之后的教学素材更为丰富和扎实。

据我了解，这次讲座在宿迁市中级人民法院引起了一定的反响。很多法官过去受的是正统的法学训练，对于判案有一套行之有效的分析方式。我所介绍的经济分析提供了另一种考虑案情的视角；两种分析方式相互呼应，我们对于案件才能有更深入而贴切的掌握。宿迁市中级人民法院之行，可以说是宾主尽欢。

后来，在另一次课程里，事情又有了新的后续。这是另一个省的法院人员来学校接受培训，我应邀上课。当我介绍了这个案子的情节之后，还没有开始分析，坐在第一排的头发灰白的院长立刻朗声说道："以我处理刑事案件数十年的经验，如果我面对这个案子，根本不会准许立案。"全场立刻鸦雀无声，一片寂静。他接着说："应该先设法调解，修补亲属关系。"

他的论点显然为问题提供了另一个思考的方向。具体而言，原来我们思考的焦点是案情是否适合以抢劫罪来起诉，而这位刑法老院长的判断，却跨越以何种罪名起诉的纠结，而聚焦于处理这桩纠纷的本质——亲属间的纠纷。在打砸家具泄愤时，女方发现金银细软被强行带走，只是事件过程中的一个环节。问题的症结其实是亲属之间的冲突。麻烦一旦开始升级就愈演愈烈。而且，不论以哪种罪名起诉，亲属间必然会彻底撕破脸，从此形同路人或更糟。相反，如果设法调解，让男方亲属返还财物、赔偿损失，才能化干戈为玉帛。

抽象来看，面对这个特殊的案例，以"回到从前"探索抢劫罪的立法意旨，是学理上的论断，这有助于我们厘清问题，纲举而目张。老院长阅尽人生百态，胸有千万里。他提出的"修补亲属关系"，可谓一针见血。他面对的是法律问题，却看到了法律之外的深层意义，这不只是学理上的洞见，更是人生智慧的结晶。

过去，我常在课程中强调：法律条文只是一个点（"抢劫罪"只是三个字），而真实世界是一条线、一个平面或一个立方体。如何从这个点连接到线、平面或立方体，要看自己的知识数据库够不够丰富，也要看自己的工具箱里有没有适当的工具。经过这位老院长的诤言，以后我可以再加上一句：法律的功能（之一），是妥善处理不幸和意外事件，让社会尽快回到常轨之上，起诉和审判是重要的工具，但也只是工具之一而已。

第六讲
行善者责任的界限

这一讲，我将从一个具体的案例入手，主要探讨两个焦点：第一，是法律上对责任的认定；第二，是刑事责任和民事责任之间的微妙区分。

2015年6月26日下午，云南省昆明市，60多岁的银某去学校里接孙女放学。刚好碰上一位严姓男子在偷电瓶车。银某和学校保安及小卖部的老板，三个人合力制服了严某。他们用塑料包装绳把偷车男子的双手绑在身后。严某不断挣扎，并且叫喊："我记得你们了！"银某担心自己和孙女会被报复，就把严某的尼龙外衣罩在他头上，并且把外衣袖子交叉搭在严某的肩膀上，以防止衣服被甩脱。校方报警之后，民警赶到现场，发现严某躺在地上，已经没了动静。等120的急救人员赶到时，严某已经身亡。经过鉴定，严某的死因是：罩在头上的外衣不透气，造成缺氧，在缺氧条件下诱发其自身潜在的疾病急性发作，属于心源性猝死。

2017年9月18日，公安局侦查终结；以银某涉嫌过失致人死亡，向检察院移送案件。经过检察院和公安局往返公文，2018年3月12日，昆明市五华区检察院认为，第一，银某挺身而出，制止违法犯罪行为，属于见义勇为，应当予以支持和鼓励；第二，严某本身有重大过错，而且长期吸毒，体质比常人弱，死亡是多种原因所致。因此，检察院对银某做出不予起诉的决定。

银某见义勇为,逮住偷车贼是好事。然而,把尼龙外套罩在严某头上,导致他死亡,是令人遗憾的结果。怎么处理比较好呢?我们循序渐进,逐一考虑,尽可能清晰地呈现论述的依据,希望能提炼出抽象的原理原则,可以适用于其他案例。

先看本案的焦点:对于严某的死,银某是不是构成"过失致人死亡"?让我们先针对这个部分考量,暂时不考虑前面见义勇为、合作逮贼的环节。关于严某的死和银某的责任,关键在于因果关系。如果法律上的因果关系成立,他就需要承担责任;如果法律上的因果关系不成立,他就不需要承担责任。

就事情的发展过程来看,银某把严某的外衣罩在他头上,导致严某最终死亡。前后环环相扣,这是事实。然而,法律上的因果关系要经由司法专业人员(包括检察官、法官等)的考量,做出专业上的判断,即是否愿意在"法律上"认定因果关系成立。那么,接下来的问题自然是:如何判断?判断因果关系,依据的方法或指标是什么?

对于这个问题,我们可以"大题小做",一言以蔽之:运用"向前看"这个方法来判断。如果今天承认这个因果关系,将来会有好的结果,就承认;如果今天承认这个因果关系,将来会导致不好的结果,就不要承认。"向前看"的思维提供了一个简单明确、容易操作的评估方法。

以严某意外致死这个案例而言,有几点事实值得纳入考量:第一,银某有一定年纪和社会经验;第二,从日常经验可判断严某的外衣是尼龙质料,不透气;第三,尼龙外套罩在头上,严某在窒息的过程中,外观(肢体动作)上会有一些迹象,银某只要稍稍注意(得注意、应注意、当注意),就可以避免意外发生。

根据这些因素(背景条件),如果承认法律上的因果关系,银某要承担法律责任。向前看,以后处在相同或类似的情况下,对于其他潜在的犯罪者、其他热心市民都会小心谨慎,提高注意的程度。以后再发生意外事件的概率会减少。相反，如果不承认法律上的因果关系，银某便不需要承担法律责任。向前看，相同或类似的意外事件很可能会再次发生。因此，由"向前看"的角度着眼，值得承认法律上的因果关系，可提醒人们在对别人采取措施或手段时，要多加注意。

如果认定银某"过失致人死亡"，下一个问题自然是：如何量刑和处理较好？根据目前的《中国人民共和国刑法》，过失致死最长的刑期为7年。对于银某的处理，有两个因素应加入考量：第一，他毫无犯意，不是故意，而且是为了避免自己和孙女遭报复才用外衣罩严某的头；第二，他是共同阻遏违法行为。因此，比较周全的处置是，在认定构成过失致人死亡罪的前提下，酌情从轻处罚。经过这两项权衡，检察院做出不起诉的决定，而不是单纯地认定银某完全无过错，是比较妥当的。

这样处置维系了法律的完整性和一致性，既符合"过失致人死亡"处置方法的法治精神，也兼顾了银某的义举。而且，一旦检察院对被告做出有过错的评价，也就隐含了民事责任上的义务。严某的家人可以根据刑事判决，提起民事诉讼，要求银某损害赔偿。严某偷电瓶车虽违法，但他所受的惩罚应该符合比例原则。偷电瓶车显然罪不至死。在后续民事责任的问题上，最终以银某向严某家属支付5万元补偿金的方式，了结了此事。

简单小结

借着一个具体的案例，我们再次阐明经济分析的特殊视角。考量因果关系时，采取向前看的思维方式。因为，"我们处理过去，是为了未来"。

专题八

道德的经济分析

第一讲
道德的来源

鲁滨孙的世界有"道德"吗

我们先介绍了经济分析的基本框架以及与法律的联结,然后,我们开始探讨法学里重要的议题。这一专题的重点是"道德"。道德和法律的关系之密切,毋庸赘言。

然而,对于道德的认知,很多法学界的论点过于简单。我们循序渐进,先探讨道德的由来。我们不妨先思考两个具体而重要的问题:第一,道德到底是什么,主要内涵为何?第二,道德的起源为何?本章的章名,原先是"道德起源论",就是援用达尔文的"物种原始论",希望能究其精微。我们从一个简单的情境着手,请问:在鲁滨孙的世界里有道德吗?

笛福(Daniel Defoe)笔下的小说《鲁滨孙漂流记》(*Robinson Crusoe*)于 1719 年出版之后,畅销全球,被翻译成多种文字。对世界各地的小朋友而言,《鲁滨孙漂流记》几乎是他们成长的一部分。

当鲁滨孙孤零零一个人时,他要面对生产、消费、储蓄的问题。当星期五出现之后,两人要面对合作、交换、分工的问题。因为这些情节,后世有人认为,作者笛福是一位经济学者,他借着鲁滨孙和星期五的故事,实际上是在阐释基本的经济学概念。对法律学者而言,星期五出现之后，两人之间可能有摩擦，才会有法律问题。

不过，假设鲁滨孙孤身一人成长、生活，他会不会有道德观念呢？要回答这个问题，最好对鲁滨孙的一人世界稍作琢磨。他也许是某次船难后幸存的婴儿，在猿猴、狮虎的呵护下长大。他的言行举止没有受到其他人类的影响，一切的一切由他开始。在成长的过程里，鲁滨孙要面对虫鱼鸟兽以及各种病痛的危险和考验。以打猎为例，我们可以设身处地地思考他和环境之间的互动。

出门打猎，他要穿越森林与沼泽，每条路的难易程度不同。经年累月，他可能慢慢踩出了几条路，而后循路而行。同样，长年和鸟兽为伍之后，他也慢慢总结出了一些经验：靠近动物时，脚步要轻慢，不能有声响；看到某些虫蛇，最好保持距离；岛上哪些区域鸟兽多、危险少，哪些地区相对安全。

无论探路或狩猎，经过归纳和类推，鲁滨孙逐渐形成一些行为模式或行为规则。这些行为模式或行为规则都是由经验而来，而且其中隐含着一些奖惩：小心接近猎物，便容易手到擒来，这是"奖"；穿越溪流时，不小心翼翼就可能滑倒受伤，这是"惩"。

虽然鲁滨孙是一个人，经年累月之下，还是积累了很多可贵的经验。这些经验会令他产生一些情绪，如：惊奇、意外、欣喜、懊恼。然而，无论是哪一种情绪都和某些因素有关。譬如，狂风暴雨，他感到惊奇；在陌生的山林里，发现奇草异花，他感到意外；一箭射中野鹿（假设他自己发明了弓箭），他感到欣喜；不小心被毒虫咬到或吃下毒果，腹痛如绞，他感到痛苦。

这些经验里，有些和他的行为无关（狂风暴雨不是他带来的），有些经验，则是直接由他的行为所引发（譬如，瞄准野兽，一箭撂倒）。从这许许多多、大大小小的经验里，他自然而然地体会出一些心得：自己的行为是原因，造成了某种结果；而对于各种因果关系，他情绪上也有对应的起伏。

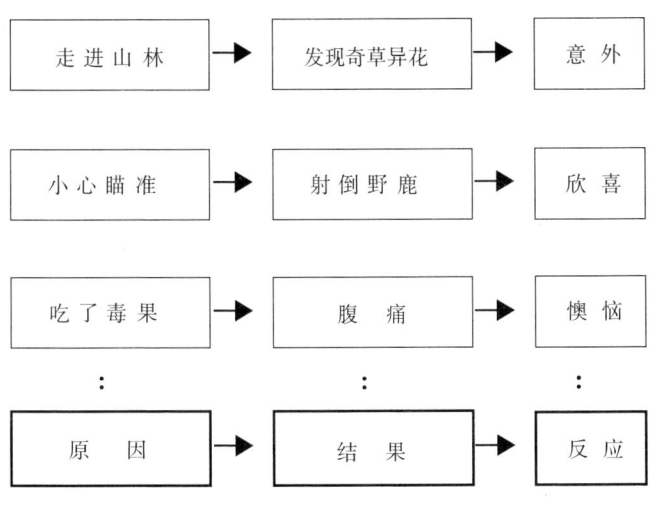

```
走进山林  →  发现奇草异花  →  意 外

小心瞄准  →  射倒野鹿     →  欣 喜

吃了毒果  →  腹 痛        →  懊 恼
   ⋮           ⋮             ⋮
原 因    →  结 果        →  反 应
```

图 8-1 经验和因果关系

图 8-1 标明了相关的环节,而且有一点重要含义。对于类似的因果关系,可能会引发相同的情绪反应。譬如,吃了毒果,腹痛如绞,他觉得懊恼;没有瞄准,箭矢和野鹿擦身而过,他觉得懊恼;晒在架子上的肉干,忘了收好,被猴子偷走,他也觉得懊恼。换一种说法,对于同一类别的因果关系,鲁滨孙可能会产生同一种情绪。也就是说,生活里可能面对上百种情境,他可能只运用十种情绪来处理。

从不同的经验里,他会发展出很多不同的情绪。抽象来看,这些情绪可以分为两大类。图 8-2 的结构反映了情绪的类别。原点是一种不好不坏的状态。相对于原点,一类是比原点好,一类是比原点坏。若换一种描述的方式,则相对于原点,"好"意味着奖赏,而"坏",则意味着惩罚。

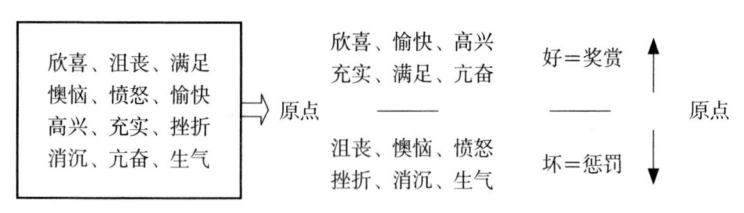

欣喜、沮丧、满足		欣喜、愉快、高兴	好＝奖赏 ↑
懊恼、愤怒、愉快	⇒ 原点	充实、满足、亢奋	
高兴、充实、挫折		——	—— 原点
消沉、亢奋、生气		沮丧、懊恼、愤怒	坏＝惩罚 ↓
		挫折、消沉、生气	

图 8-2　情绪和奖惩

鲁滨孙面对的情境，不是只此一次的单回合博弈，而是日复一日、年复一年的多回合博弈。因此，他对因果关系的解读，以及他情绪上的反应，都经过了漫长的过程而形成。这也意味着，他会以他的认知水平（因果关系）和情绪反应，去面对生活里的各种情境。譬如，从自身的经验里，他知道野鹿容易受惊，所以要小心地接近。如果他切守要领，射中一只野鹿，他觉得高兴，因为他做对了；如果他不小心踩上枯枝，发出声响，吓跑野鹿，他觉得懊恼，因为他做错了。也就是说，他的认知和情绪会影响他的思维、判断和行为。

根据《牛津简明英语字典》，"道德"（morality）的意思包括"关于约束和节制行为"（dealing with the regulation of conduct）和"与区分对错有关"（concerned with the distinction between right and wrong）。鲁滨孙的行为，显然会受到自己的认知和奖惩对错观念的影响。可见，在鲁滨孙的一人世界里，也有道德的踪迹。

而且，道德是从他的生活经验中自然发展而出的。道德不是来自圣人的教诲或宗教的指引。

道德由何而来

在上一节里，我们借着鲁滨孙的故事得到两点启示：第一，在鲁滨孙一个人的世界里，也有道德；第二，道德不是来自上天或圣人的赐予，而是人类真实生活经验的产物。在这一节里，我们将从另一个角度阐释道德的由来。

哈佛大学教授、哲学家桑德尔的公开课和畅销书《公正》几乎家喻户晓。他提到两个假设，问大家如何取舍。

第一个假设，一列有轨电车疾驶向前，刹车失灵了，不远处有一个分岔口，往左有五个工人在轨道上，往右有一个人在轨道上。那么，如果你是电车司机，会往左还是往右？

在公开课里，面对演讲厅里近千位修课的学生和旁听者，他请大家举手表示自己的选择。结果，绝大部分的人都举手支持"电车向右行驶"。向右，撞了铁轨上的一个人，可以救左边铁轨上的五个人。不得已的情况下，牺牲一个人救五个人，这个选择还不难。

第二个假设，你站在桥上，轨道就在桥下。你身旁有个身材魁梧的人，把身材魁梧的人推下去，可以挡住疾驶而至的列车，救轨道上的五个人。那么，你将如何抉择？是不是同样选择牺牲一个人救五个人呢？

这时候，桑德尔再次请现场听众选择。结果，赞成把身材魁梧的人推下去的人大幅减少。在性质上，还是牺牲一个人救五个人，可是，愿意把身材魁梧的人推下桥的人，明显少于一半。前后两种情况的对照很有趣，也很值得我们仔细思考，可能涉及人的多方面考量。不过，桑德尔不在这个问题上进一步发问，他直接进入下一个重要论点。

桑德尔接着介绍，人在抉择时的两种判断方式：规范式思维和后果式思维。在往下论述分析之前，让我们先说明一下桑德尔所用的专有名词。"后果式思维"，英文是"consequence"（后果）；"规范式思维"，英文是"category"（类别）。桑德尔所用的专有名词，也可以翻译为"戒律式思维"。不过，在中文里，"规范"的意义更为明确，也更普遍。因此，我们还是以"规范式思维"来表达，和"后果式思维"对照。哲学上看，对就是对，错就是错，这是规范式思维。根据结果的好与坏来取舍，是后果式思维。桑德尔指出，社会上的多数人是用规范式思维思考的。为了达到目的（结果），不择手段，这是结果式思维。只考虑对错，不计后果，是规范式思维。因此，从道德哲学的角度看，显然规范式思维要高于结果式思维。在第二个假设里，大部分人可能明显地意识到：把别人推下桥、被火车撞死，是"不对的"。因此，赞成"撞一个救五个"的人大幅减少。

然而，桑德尔没有进一步追问，这两种思维方式到底由何而来，彼此之间的关系如何。这两种思维方式之间的关系，其实很简单，一点就明。在人类长期的进化过程中，面对大自然的考验，要趋福避祸，设法生存和繁衍。经过长时间的经验累积，人类知道有些行为会导致不好的结果。譬如，雷电交加时，人在旷野里行走，就会逐渐被归类为不好的行为。因此，结果式思维其实是规范式思维的基础，而规范式思维则是结果式思维的简写或速记。

也就是说，在一般的情境下，我们不需要再思考行为的结果如何，只要根据情境的类别，即各种规范，就可以应付自如。规范式思维降低了思维和行动的成本，有助于人类的存活和繁衍。好坏、是非、善恶、对错的规范（也就是价值判断），不是凭空而来的，也不是根据哲人圣贤的教诲而得出的，而是人类在进化过程中所提炼出的结晶。偷东西是不好的，因为长此以往会导致不好的结果；（行有余力）帮助人是好的，是因为在大部分情况下，会带来好的结果。

我们可以再往前推论，进一步思考。在结果式思维和规范式思维这两者之间，有没有先后之分？是某一个先出现，还是同时出现？这个问题的答案很清楚：先有结果式思维，后有规范式思维。人类在进化的过程中，通过许多生活里的实际经验，得出一些结果（也就是因果关系）。比如，人在狂风暴雨的时候出门，容易遭遇意外或患病；人在打猎时，动作要小心，才容易逮到猎物。而后，人再将这些大大小小的因果关系分门别类，对错、是非、善恶的划分和归类便由此而来。因此，先有结果式的思维，后提炼出规范式思维。

再往前推进一步，这两种思维方式如何运行呢？结果式思维涉及行为未来的结果。当未来的结果出现时，才会有相应的是非、善恶、对错、好坏之分。就现在这个时点而言，结果在未来才发生，对目前的影响不大。相形之下，规范式思维是在目前这个时点上，根据是非、善恶、对错、好坏的类别（规范），立刻做出决定。如果自己做的决定是对的、好的、善的，自己肯定自己，心理上会立刻有小小的肯定和鼓励。也就是说，结果式思维的奖惩发生在未来；规范式思维的奖惩发生在当下。

那么，由谁来操作奖惩呢？当然就是自己。在援用规范式思维时，当事人（自己）会根据自己的判断做出选择；而后，根据选择隐含的是非、善恶、对错，对自己在心理上做出奖励或惩罚。自我奖惩，是规范式思维的配套措施，抽象来看，这正是道德在发挥作用。

和前一节里鲁滨孙的故事一样，道德隐含了两个元素：行为的尺度和对应的奖惩。因此，我们从不同的出发点，再次总结出道德的来源。道德是从人类实际的生活经验里慢慢衍生而出的，而非来自上苍或圣人智者。对于"人之所以为人"的说法，比较好的解释是，在物竞天择的进化过程里，人慢慢地发展出各种"武器"，以增加存活和繁衍的能力，而道德正是其中一件有利（有力）的武器。

第二讲
道德与法律

道德与法律、裁判与法官

前一讲里,我们分别以鲁滨孙的故事和桑德尔的故事为起点,从两个不同的角度探讨道德的由来。在这一讲里,我们将道德和法律放在一起做对照和分析。虽然做法不同,但目的是一样的,即从多个方面思考和体会道德这个重要的概念。

关于法律和道德的关系,我需要先介绍一下美国哈佛大学斯蒂文·沙维尔(Steven Shavell)教授的观点。他在就任美国法律和经济学协会会长时发表演讲,简明扼要地分析了道德和法律的相对关系。他认为,法律所处理的问题可以大约分成三类:小问题、中问题和大问题。涉及利益的大小不同,也可以称为"小是小非"、"中是中非"和"大是大非"。

对于小是小非(譬如,在马路上被穿高跟鞋的人踩了一脚或者和朋友约好看电影却被爽约),可以用道德来处理,用不上法律,因为利益小而动用法律的成本高。对于中是中非(譬如,朋友向我借了 2 000元却迟迟不还、宠物咬伤了小孩),可以用道德谴责,也可以用法律申诉。对于大是大非(譬如,某上市公司财务报表造假、用假油或假酒当食品原料),道德几乎无能为力,只能依靠法律。

沙维尔的划分方式相对笼统，但他的核心论点很有启发性。最重要的启示有两点：第一，法律和道德可以看成两种工具，尺有所短、寸有所长。这两种工具在处理问题时，既有交集，又各有所重。第二，对于小是小非（鸡毛蒜皮般的纠纷摩擦），无须动用法律：用大炮打小鸟，虽然火花四射，但是浪费了珍贵的司法资源。对于大是大非（涉及的利害比较重大时），不要期望道德能发挥作用。运用法律来处理，务实而有效。

以沙维尔的论点为基础，我们可以进一步发挥。先向后看，在原始社会里，由于资源有限，因此只有一套工具，即道德和法律合二为一，道德即法律，法律即道德。这个道理很简单，在原始社会里，既没有民法和刑法之分，也没有实体法和程序法之别，更不会有金融法、票据法等。当道德和法律区分开时，说明随着社会的发展，资源逐渐增加，社会生活里的人际关系也渐趋复杂。在这些条件之下，才让道德和法律有所区分，各有所重。从粗糙到精致，从必需品到奢侈品，是社会发展的自然轨迹，也可以解释法律和道德的演化。再向前看，随着科技的发展和城市化程度的提高，道德和法律的"交集"会扩大还是缩小呢？以道德为主导力量的小是小非的空间（法律无须进入），会不会逐渐缩小？以法律为主导力量的大是大非的空间（道德帮不上忙），会不会慢慢扩大？这两方面的问题都很有挑战性，也深具智识上的趣味。

不过，让我们以沙维尔的"法律-道德"二分为跳板，在这个二元结构上进一步深耕。对于法律和道德，沙维尔是以适用范围来比较、分析两者的差别的。相形之下，我们换一种角度，由操作方式来比较两者的差别。具体而言，我们稍微想想就可以体会，法律和道德这两种工具（或者称为两种"机制"），操作（或运作）的方式有明显差别。在法律的运作方式上，"运动员"和"裁判"是不同的人；在道德的运作方式上，自己既是"运动员"，又是"裁判"。

让我们先针对法律的运作方式仔细说明。在现代社会里，法律由专业的执法人员贯彻执行。执法人员包括警察、检察官、法官、律师，以及相关的从业人员。而被执法的对象，是一般的社会大众。"裁判"是执法人员，"运动员"是一般民众。为了公正起见，"裁判"和"运动员"不能是同一人。法院在审理案件时的"依法回避"和"申请回避"，就是避免在"运动员"和"裁判"之间存在直接或间接的关联，从而影响司法的运作。

相形之下，道德的运作，基本上是"运动员"兼"裁判"。自己既是"运动员"，又是"裁判"。道德发生作用，通常是自我奖惩。譬如，扶老人过街，自己觉得有点高兴，感觉头顶上有一个小光环，这是道德上奖赏。不小心踩了别人一下，自己觉得不好意思，这是道德上的惩罚。无论奖惩，都是由自己启动和执行的。即使看起来是由别人参与，但最后的一关还是在自己。譬如，大家都知道的"千夫所指，无疾而终"，是指当大家都指责一个人的时候，有道德的人可能羞愧而逝。当别人都谴责或批评我的时候，我都无动于衷，那即使千夫所指，又与我何干？

道德发挥作用，是由自己来运作的。这个观点，也可以从其他学科的理论中得到支持。在心理学中，弗洛伊德的精神分析学派是非常重要的理论。根据弗洛伊德多年执业的观察，加上他自己的思考分析，他认为：一个人的人格是由三个部分组成，本我（id）、自我（ego）和超我（super ego）。本我是与生俱来的生物性欲望，包括生存和性。自我是在社会化过程中慢慢塑造而成的，是日常生活和生理欲望的管理者和仲裁者。超我是社会化所孕育出的道德性情怀，包括公义、善恶、美丑等。本我、自我和超我各司其职：本我的生理需求由自我来调节，希望得到超我的肯定和鼓励。

对个人而言，经过社会化的过程，把社会的风俗习惯、思想观念转化为自身道德之后，等同于在自己脑海里构建了一个小小的司法体系。一周7天，每天24小时，一年365天，道德可以全年无休地发挥作用。行为对错、是否逾矩，无庸外而求也，都由自己来认定。因为，自己又是"运动员"又是"裁判"。

简单小结

这一节有两个重点：第一，法律和道德是两种不同的工具，适用的范围不同。第二，对于法律的运作，"运动员"和"裁判"应由不同的群体承担；道德的运作，则自己又是"运动员"又是"裁判"。

道德的考验：撞一人还是撞五人

这一节里，我将继续阐述"电车难题"。除探讨这个很有挑战性的难题之外，我还会强调分析问题的技巧。而且，我将进一步讨论更根本、更困难的问题。

桑德尔教授在他的公开课里，提出了关于"电车难题"的有趣假设：一列即将驶来的电车原本走左边的轨道，这个轨道上有5个人，而往右的轨道上有1个人，但列车不会经过，因此那个人暂时是安全的。情况很清楚：假设左边轨道上的5个人代表"错的"，右边轨道上的1个人代表"对的"。火车即将驶过，如果你是电车司机，你会让电车照原定路线，走左边的轨道，撞那5个人吗？或者，你会让电车走右边的轨道，撞那1个人？也就是说，撞1个人，可以救5个人。你的选择如何？

毫无例外，在任何课堂上讨论这个问题时，听众总有两派意见。而且，两种立场都言之成理。赞成维持既定方向撞5个人的听众，主要理由有两点：一是，应维持规则，才能发挥规则的作用。如果不守规则，不承担后果，以后谁还会守规则？二是，就电车司机而言，维持既定路线，他是按规定操作，因此没有责任。相对而言，赞成改变电车方向撞那1个人的听众，理由也很清楚：即便行为上有对错之分，但生命很可贵，因此，牺牲1个人救5个人是值得的。而且，对于被撞的那1个人，可以由另5个人的家庭进行事后补偿。

这个问题，不同立场的人，可以争论一整天都没有结论。那么，我们能不能另辟蹊径，为这个问题添一点新意呢？我先介绍分析的技巧，其实很简单：如图8-3所示，第一步，先画一条水平线，左边画一个方格（高度是5块砖），右边画一个方格，高度大约是1块砖。左右方格的高度，分别代表左边轨道上的5个人和右边轨道上的1个人。第二步，在右边方格上，往上增加高度；因为他代表"对的"，所以除方格数量1之外，还有增加的价值。第三步，在左边的方格上，往下减少高度，因为他们代表"错的"。有趣的转折就在这里出现。减少高度之后，有两种可能的结果。第一种结果，减少高度之后，还是高于右边的总高度（1再往上增加一些的结果）。这表示，即使5个人代表"错的"，减少高度之后还是高于右边1个"对的"。一加一减之后，还是应该救那5个"错的"人，而去撞那1个"对的"。第二种结果，左边减少高度之后，低于右边的高度。这时候，就应该去撞那5个"错的"。

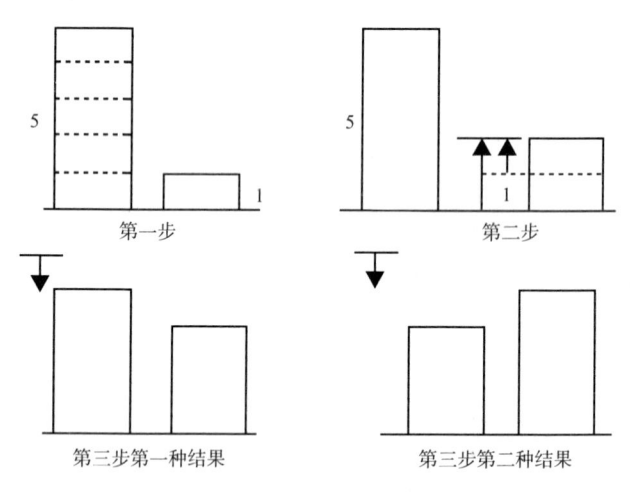

图 8-3 电车难题的分析路径与方案选择

这两种可能的结果正呼应了前文所描述的争论：有人赞成撞左边的5个人，有人赞成撞右边的1个人。如果仅止于此，还是各有所据、各说各话。两种立场都有道理，也都应该被尊重。不过，我们可以把问题往前推进一步：当5∶1的时候，坚持撞左边那5个人，可以不争论。可是，若在5后面加一个0，变成50∶1，这时候，是不是还要撞左边的50个错的人呢？如果后面再加一个0，变成500∶1，有谁会坚持，只要是"错的"就撞，维持规则更重要？或者，我们换一种问法：你希望国家的决策者采取哪一种方式来管理社会？一种是维持规则，只要是"错的"，不论是5个人、50个人、500个人，都应该撞。另一种是看情况判断。5个人的时候，也许维持规则比较重要。50个人的时候，就要慎重考虑。如果是500个人，伤亡就太重了。即使是"错的"，规则还是值得容许有例外。

不知道各位的取舍如何，我可以很清楚地表示：我希望自己培养出来的学生，能够权衡轻重、知道变通，而不是顽固不化、一意孤行。对一个家庭、一个公司、一个社会而言，第二种思维方式，长远来看，可能比较有利于竞争和存活。

对于这种分析，我们还可以再补充两点。第一，曾经有人质疑，50个人或500个人不可能在同一条轨道上。的确如此，但桑德尔所提出5个错1个对的情景，也是一个假设性的情况。重点是借着各种情景，我们得以形成更好的思维方式。第二，前面所介绍的分析技巧（在方格的高度上增加或减少），虽然简单，但是适用范围很广。每个人在面对人生选择（出国留学或国内深造、先成家或先立业等）的时候，都会自觉或不自觉地运用这个技巧。在方格上加减高度的做法，是让思考的方式更具体明确。当我们面对生活里的大小事项，习惯性地比较一下得失，对于重要的事项，可以理性地列出所有的考量因素。一旦做出决定，就不再瞻前顾后，因为已经是考量各种因素后的取舍。而且，抽象来看，这种分析问题的方式，正巧妙地反映了法官在面对原告与被告时的斟酌。原告和被告的权益正是天平的两端，所有的理由，无论是金钱、精神、名誉、故意或过失等，都要放在天平的两端。加减之后，两边的重量就决定了天平两边的高低，也就是法官最后的取舍。

既然所有因素都要转换为砝码的重量，那么，这是不是具体地反映了思维方式很重要？因此，我们自己的工具箱里有没有足够的、好的工具，确实值得好好检验。

第三讲
命与价：道德评判与法律裁判

"同命同价"还是"同命不同价"

在这一讲里，我们要处理的问题，一直有比较大的争议：也就是"同命同价"或"同命不同价"的问题。讨论这个问题，很容易就令人兴奋。我们将循序渐进，理性地分析和处理这个问题，最后再与法律联结。

让我用一个假设性的情境当作起点。假如我在市区里开车，不小心撞死一个人，他的月薪是 3 000 元。我心里紧张，踩油门想逃逸。结果，15 分钟之后，又撞死一个人，这个人的收入很高，月入 5 万元。责任很清楚，都是我开车肇事。我们需要讨论的是善后赔偿的问题。对于这两位遭遇意外死亡的人，在善后赔偿的问题上，到底是赔偿金一样比较好，还是不一样比较好？这就是"同命同价"或"同命不同价"的问题。

问题很简单，但是社会大众的看法有很大的分歧。我曾应邀给很多进修班授课，即使是法院和检察院的同人，对于这个问题往往也有不同的看法。在有些进修班里，赞成赔偿金一样的人和赞成赔偿金不一样的人几乎各占一半。那么，从经济分析的角度着眼，到底哪一种做法比较有说服力呢？

如果在法学院里讨论这个问题，可能有人会从"生命无价""人生而平等"这些角度出发。经济分析处理的方式不太一样，我们不预设立场，而是问一个简单的问题：赔一样多比较好，还是赔不一样多比较好？评估好坏、高下的标准，就是"让证据说话"。

我们来仔细考虑一下，两种做法的结果是什么？先考虑赔一样多，并且用3 000元的标准来赔。对于第一位车祸意外死亡的人，既然原来月入3 000元，所以家庭的衣食住行等花费是根据3 000元来安排的。因此，以3 000元的标准来赔，这个家庭的生活水平没有大的变化。接着，考虑月入5万元的那一位，这个家庭原来月入5万元，所以可能住的小区比较高档，开的车比较昂贵，房贷也比较高，家中幼儿可能就读双语幼儿园。现在，用3 000元的标准来赔，这个家庭除面对家人意外死亡之外，其他人的生活也会受到很大的影响。因为以3 000元的赔偿标准，离这个家庭原来的生活水平太远。

接着，我们考虑用5万元的标准来赔，结果又如何？对于月入5万元的家庭而言，可以维持原来的生活水平。相形之下，原来月入3 000元的家庭，现在用月入5万元的标准来赔，把这个家庭撞离了原来生活的轨迹，问题也扩大了。

由此可见，用同样的标准来赔（同命同价），总会引来更多的问题。法律的重要功能之一是，希望能尽快解决不幸事件所引发的纠纷，让社会回到常轨之上。我们换一种做法，采取不同的赔偿标准：月入3 000元的家庭，以3 000元的标准来善后；月入5万元的家庭，以5万元的标准来善后。这么做，能够针对两个家庭的不同情况分别处理，结果反而比较好。原因很简单：因为对这两个家庭而言，意外事故造成的"坑"大小不同，填补"坑"所需要的资源也不一样。

这表示，从经济分析的角度，我们得到的结论很清楚：不同的赔偿标准带来的社会效果比较好，所以值得采取不同的赔偿标准。主要的理由，不是根据道德哲学而得出的，而是让证据说话，看看哪一种做法得到的结果比较好。以上是我对此类事故简单而明确的法理分析。接着，我们可以看看法律实际的规定。

关于交通事故造成死亡的赔偿标准，《最高人民法院关于审理人身损害赔偿案件适用法律若干问题的解释》规定得很清楚：死亡赔偿金就以受诉法院所在地上一年度城镇居民人均可支配收入来计算决定。计算的方式也很简单：以受诉法院所在地上一年度城镇居民人均可支配收入标准，按二十年计算，就是死亡赔偿的金额。如果受害人年过六十岁，每增加一岁，赔偿金减少一年，到75岁以上，按五年计算。这个公式（赔偿标准）的含义，我们也可以稍微说明。"以受诉法院所在地上一年度城镇居民人均可支配收入标准，按二十年计算"，这表示：北上广深等一线城市，交通事故意外死亡会多赔一些；二三四线的城市居民，交通事故意外死亡会少赔一些。想想居住在一线城市的居民的房贷和家庭支出，一般而言，是高于二三四线城市的居民的，我们由此就可以体会到，不同的赔偿标准是符合现实条件的。而法律背后的逻辑和前文我所描述的"意外事件造成的坑，大小不同"，恰好彼此呼应。

顺着这个逻辑思路，我们还可以进一步预测：随着社会的发展，未来的赔偿标准会更加细化。目前是同一所在地用同一个标准，将来同一所在地也可能会用不同的标准，能更精确地反映意外死亡人的不同实际情况。

生命的价值：实证观点

这一节里，我们将延续前一节的讨论，对生命价值做进一步的考量。毕竟，"法律的本质，是经验而非逻辑"。这句话，是美国联邦最高法院大法官霍姆斯的名言，经常被引用，但是常常被忽略。

关于"同命是否同价"，赞成的人往往理由充分：生命的价值是一样的，没有贵贱、愚智贤不肖的差别，所以应该平等对待。这种看法，在观念上很有吸引力，而且情感上也容易得到许多人的支持。不过，在真实世界里,实际情况是不是如此呢?

假设有一位住在杭州市中心的小朋友得了急性盲肠炎,打120请求救助,大概5分钟之内,救护车就会鸣笛赶到。原因很简单,杭州人口超1200万,城市化程度很高,医疗救护的设施已经很完备。再想象一下,有一位住在杭州市外远郊地区的小朋友也得了盲肠炎,也打120请求救助。在这种情形下,救护车可能1个小时都到不了。由此可见,都是小朋友,但是不管在医疗、卫生、教育、文化等各方面,两个小朋友所享有的资源就是不一样的。谁说生命的价值是一样的?让证据说话,真实世界并不是如此。

再讲一个真实的故事。2015年,我应邀到中国社会科学院法学研究所做讲座。有一位律师对法律经济学有兴趣,就顺便来旁听。讲座中,我也分析了"同命同价"的问题。结束后,这位律师告诉我,他最近处理的一个案件:一对农民工夫妇,从农村到北京打工,做的是基层劳力性质的活动。不久前,男的在马路上发生意外,被一辆疾驶的车子撞成重伤,送医抢救了几天,还是不幸死亡。肇事车辆属于一个有相当规模的公司,该公司就请律师出面善后。除承担医疗费用和丧葬费用之外,该公司愿意赔偿80万元,双方签字和解。

律师描述完该案过程之后,他说,从发生车祸、受害人过世、协商和解、签字付钱,大概有两三个星期。律师和那位受害人的配偶一直有接触。他觉得有点奇怪,那位妇女似乎一直很平静,即使后来她丈夫不幸死亡,她也没有特别难过的表情或举动。律师认为这有一点反常,但是想不出原因何在。在晚上的讲座中,当这位律师听到意外死亡赔偿的问题时,他突然有点想通了。如果没有这个意外,这对夫妻靠体力赚钱过日子,扣除生活花费,在北京也许一年能存下5万~8万元。要存到80万元的存款,不知需要多长时间。对这位妇人而言,这个意外事件虽然使她失去了配偶,可是手上有了80万元的赔偿金。她回到老家,至少可以花四五十万元在村里盖一幢体面的房子,还有三四十万元可以做个小生意，不需要再起早贪黑，靠体力过日子。贫贱夫妻百事哀，两相比较，至少从她的反应和表情来看，她所遭遇的意外似乎不一定是坏事。

我很清楚自己听了之后的感受。我知道，他的描述和揣测都很真实。人其实是很脆弱的，而现实的考验却是活生生、血淋淋的。

关于"同命同价"的讨论，我还有一个故事可以分享。2017年中，我应邀到南京审计大学演讲。报告厅座无虚席，连过道上都或站或坐着不少人。当我讲到"同命同价"的问题时，一位中年男子举手。我猜大概是一位社会人士，对知识和学习有兴趣。他问："如果你驾车，下坡时刹车失灵，前面窄窄的路上有两个人，一个是家财万贯的富翁，一个是衣衫褴褛的乞丐。那么，你要怎么选择去撞哪一位？"他的脸上，似乎有一点"问了个聪明问题，等着看好戏"的意味。

我立刻正面回应："这个问题，明显隐含着道德上的高下和取舍。让我把问题转换一下，再考虑怎样取舍较好。假设你骑着单车去市集，结果刹车失灵。狭窄的小路旁，一边是卖瓷器的，摆了许多瓷器，另一边是卖大白菜的，摆了许多大白菜。试问，如果你面对这个情况，自行车非翻倒不可，那么，你是倒在瓷器堆上还是倒在白菜堆上？"我直接看着刚才提问的那位男士，请他回答。他似乎愣住了，半天讲不出话。

我前面所描述的三个故事，都和"同命是否同价"的讨论有关。三个故事各有所重，我们不妨稍稍整理和比较，希望能总结出一些有意义的信息。无论是对于学理还是社会，希望都能帮你获得更深刻的体会。

第一个故事，处在不同区域的小朋友，享受的社会资源不同，这是事实，无可争议。"人生而平等或人应该是平等的"，只是人们脑海里的想象，不是事实。在讨论公共政策（包括法律）时，我们最好以现实为基础，这样提出的方案基础扎实，就可以避免沙上建塔。第二个故事，农民工车祸死亡，家属获赔80万元，其配偶并不是特别难过。对到北京打工的农民工而言，80万元无疑是一笔可观的金额。其配偶的心路别人不得而知，但这个真实事件，对于我们了解大千世界，思考夫妻亲情和艰辛生活的意义，以及夫妻之情和金钱之间的轻重取舍，无疑都是值得品味的。

  撞富翁或是撞乞丐，这个问题容易引起大家的讨论。问的人站在道德的高地，而被问的人似乎被挑衅。其实，问题不怕难，可以切割分段来处理。我们先不讨论撞富翁或是撞乞丐的问题，先讨论倒在瓷器堆还是白菜堆上的问题。先分出轻重，而不处理"道德"的成分。那么，对于这个问题，你是如何做出选择呢？

  一言以蔽之，结论是："先了解社会，再了解法律""先处理简单的问题，再处理复杂、麻烦的问题。"

第四讲
死刑应该被废止吗

这一讲里，我们将处理一个棘手而富有挑战性的问题：死刑存废。也许重要的不在于结论，而在于我们如何来思考这些复杂的问题。

死刑存废的理由

对于生命（这里主要指动物）的礼赞歌咏、感叹神伤，史不绝书。"视死如归"这个词，是形容把生命看得稀松平常；"人命如草芥"一词，是把乱世时的生命比拟为随风飘荡的种子。生命本身的意义到底如何，似乎不容易有定论。但是，我们借着各种极尽巧思的比拟，可以对生命有更深刻的体认。而且，抽象来看，这种比拟和比喻还透露出一个重要的信息：一件事物（包括生命）的意义，是由其他事物所衬托而出的，是被充填和被赋予的。

不同的学科里，对生命有轻重不同的论述。在法学论述里，生命的意义是重要无比的课题。历来的法学巨作也一向赋予生命崇高而尊贵的地位。然而，绝大部分的讨论是以道德理念为基础，再诉诸古今中外哲学家的权威。相形之下，以比拟的方式思考生命的内涵，或许能带来一些新意。

死刑和器官买卖，是两个既热门又争议不断的议题。反对死刑的诸多理由，理直而气壮，掷地有声。其中，最有说服力的理由（之一）是，一旦执行死刑，就是不可逆的。人死不可复生，死刑也可能是误判，人因为误判而被执行死刑，这种疏失的代价太高，应该避免。当然，针对这个理由，支持死刑的一方也有具体的回应。波斯纳教授就曾经撰文表示：至少在目前，美国死刑判决的程序已经非常严谨。死刑的案件都经过一审再审，因此，除非证据确凿、罪行重大，否则案件只要有一丝疑点，嫌疑人都不会被判处死刑。

有一个赞成死刑的理由，似乎从未在文献上出现过。具体而言，当两军在战场上交战时，兵戎相见，不是你死，就是我亡。打仗不是请客吃饭，兵者死生之事也。对于敌人，我们无须也无从怜悯，剥夺敌人的生命，就是保障和捍卫自己的生命。既然如此，对于社会外部的敌人（敌军），我们可以毫不犹豫地剥夺他的生命，那对于社会内部的敌人（杀人、抢劫、强奸或杀害幼童等的罪犯），我们为什么不能剥夺他的生命呢？

战场上的军人大多只是平凡的百姓，敌我之间未必有深仇大恨，更没有个人恩怨，只因为是敌我关系，就一律杀无赦。对比之下，社会内部的敌人，对被害人及其家属不仅造成了巨大的伤害，而且给社会上其他人也造成了严重的威胁。这些内部敌人的危害和可憎程度，难道就小于战场上的敌军吗？那么，为什么可以剥夺社会外部敌人的生命，却不能剥夺社会内部敌人的生命？

相形之下，有一个最明显的例子。挪威年轻人布雷维克是极端的种族主义者。2011年7月22日，他使用汽车炸弹和枪，袭击了奥斯陆市中心的平民以及市郊于特岛上参加夏令营的学童和年轻人，造成77人死亡，96人受伤。因为挪威已废除死刑，所以案件经过审理，布雷维克只需在设备良好的监狱里服刑21年。这个案子足以促使人们省思：废除死刑，是不是在所有情况下都适用？

人们讨论死刑废立问题时，通常是针对这种做法的本身，分析利弊得失。而且，在讨论时，人们往往在道德上做出价值判断。譬如，"生命是崇高无价的，任何人没有剥夺他人生命的权利"。

相形之下，我们前文的分析采用了不同的论述方式。我们先把焦点从死刑上移开，再标出一个相关的点作为参考坐标，然后借着点对点的比较，呈现出问题的不同面貌。这样做，我们对问题可以有多角度的认识和体会。在分析方法上，这是很简单的"A-A'对比分析法"。

从社会外部敌人或社会内部敌人的角度来思考死刑的做法，是借着比拟对照的方式，对生命的意义赋予某种新的含义。

带有艾滋病病毒的器官能移植吗

这一节要处理一个具体的案例，这个案例既涉及法律的责任、善后与赔偿，也隐含了更广泛的法学思维。这个案例就是发生在2011年台湾大学医学院的一起器官移植医疗事故。

因为一连串的失误，台湾大学医学院误将艾滋病患者的器官移植到5位患者身上。意外事件发生之后，当然有诸多问题要处理，其中最重要的问题之一是，对于接受器官移植的患者及家属，如何弥补和赔偿？

如果在法庭相见，官司胜负将非常清楚：台湾大学医学院没有遵守标准作业程序。他们本应先确定待移植器官未受感染再动手术。因此，在该案件中，接受器官移植的患者及家属的权利受到了严重的损害。家属所受的心理煎熬、患者日后的医疗问题等，我们这里暂且先不考量。我们仅针对患者本身被误移植带有艾滋病病毒的器官的问题，讨论该赔偿多少金额。

关于侵权和契约的赔偿，有两个常用的参考坐标：恢复原状和履行契约。假如汽车坏了送修，结果修理厂不但没修好，还损坏了其他零件，车主要求恢复原状，就是解除契约。如果修理后，车况和修理厂原先承诺的仍有差距，那么，修理前后的差距所隐含的损失，就是该赔偿的金额。

乍看之下,在带有艾滋病病毒的器官移植的案件里,这两个参考坐标都不适用:恢复原状是指把已经移植的器官摘除,让受捐者回到原先等待移植的状态;履行契约是指移植后,患者和其他移植手术术后一样,经历正常的复健和风险。然而,带有艾滋病病毒的器官,即使移除,患者也(几乎确定)已经感染了病毒,生命的性质大不相同,再移植健康的器官也无法改变。两个参考坐标都可望而不可即。

不同患者可能选择不同

站在目前这个时点上,我们不妨问一个假设性的问题:如果在手术之前,患者就知道待移植的器官带有艾滋病病毒,那么,他会如何选择?是不接受移植,继续待在等候名单上,还是接受移植带有艾滋病病毒的器官,尽可能延续一段生命?

对于不同的人,在这两者之间,显然有不同的选择:身体状况相对好、排在名单前列、比较执着的患者,并且所等待的器官供应并不紧张的话,可能倾向于继续等候。身体状况差、排在名单靠后位置的患者,可能倾向于接受移植。与其继续等候,不如移植带有艾滋病病毒的器官,尽可能延长自己的生命。

应祭出惩罚性赔偿

由此可见,在接受器官移植的患者里,以患者本身的条件,大致可分出以上两种类型。对于这两种类型,在赔偿金额的计算上,可以有不同的取舍。事实上,在极端的情形下,时日无多、但已知情并同意移植带有艾滋病病毒的器官的患者可能不要求任何赔偿。

当然,无论援用哪一个参考坐标,对于这些患者的金钱赔偿,都应该包含一项对该医学院的惩罚性赔偿,也就是说,对于故意或重大过失造成的伤害,要从加害人的角度出发。对台湾大学医学院实施出惩罚性赔偿,不只是为了处罚涉事医学院,更重要的是为了警惕世人:现代文明社会里,尊重标准作业程序,就是保护别人和自己。

除了善后和赔偿的问题,这个不幸的事件也引发了一些相关的法学讨论,值得我们借这个机会稍稍引申。

第一,在法学的讨论和教育里,我们通常高举公平正义的大旗,有些响亮的口号令人振奋。譬如,西方法学谚语:"为了公平正义,可以天崩地裂。"然而,在鲜活的、具体的案例里,公平正义是什么,有时却很模糊。在误移艾滋器官的这个案例里,医生没有遵守标准作业程序,如何惩罚和善后,才符合公平正义的原则呢?而且,从前面的分析里我们可以看出,至少在某些情况下,对某些等待器官可移植的特殊病人来说,移植带有艾滋病病毒的器官,有时候比没有器官可移植来得好。这是不折不扣的"错比空好",为这个意外事件又增加了另一个思考维度。

第二,在许多法学讨论里,也经常提及"生命崇高""生命无价"。相形之下,经济分析通常探讨商品劳务的买卖交易,显得市侩,俗气无比。对于"生命无价"的立场,在这里不适合做进一步的申论。不过,就事论事,在具体的法律案件里,如果意外发生,但是无法恢复原状,试问要如何来处理?在原始社会里,人们采取"以眼还眼"的善后方式。这种做法在现代文明社会里已被舍弃。取而代之的是,用金钱来衡量和弥补损失。即便是身体或情感等受到伤害,在没有更好的方式下,只好以金钱来衡量和弥补。这是退而求其次的做法。然而,大千世界里,我们经常面对各种限制,只能用次佳方案来处理。批评经济分析的人士,不妨试着提出一个比金钱赔偿更合理、操作更容易、争议更小的替代方案。让我们也思考一下,有没有这种替代方案。

专题九

伦理的经济分析

第一讲
伦理与社会

我们探讨这个主题，有两个重要的原因：第一，前文我多次强调"先了解社会，再了解法律"。伦理、家庭和一般的人际关系是社会很重要的一个部分，值得我们深入了解。第二，司法体系所处理的各种官司，很多涉及伦理、家庭和人际互动。深入掌握伦理、家庭和人际互动的本质，有助于我们面对各种相关的官司。

从古到今，无论中外，在大部分时候和大部分地区里，家庭都具有非常重要的地位。除了传宗接代，家庭还是主要的经济单位和社会单位。然而，在21世纪初，无论中外，家庭这种古老的组织，却面临着前所未有的考验。我举两个具体事例，可以以小见大。

先讲一个事例，贝克尔-波斯纳博客（Becker-Posner Blog）的主人是诺贝尔经济学奖得主贝尔克和法律经济学大家波斯纳法官。从2004年12月开始，他们定期在博客里发表文章，接受网友质疑并做出回应。2005年4月，在两篇同时发布的文章里，贝克尔和波斯纳分别提到：性，过去一向具有很多社会功能（譬如生育、组成并维系家庭），但是，当今美国社会，至少在有些方面，性的诸多社会功能已经渐渐被剥除殆尽，剩下的只有很单纯的功能——一种娱乐性活动而已。

再讲另一个事例，我在专题三第二讲中提过一个关于公公与儿媳能否结婚的案子。

长久以来，家庭都是社会的基石，是维系社会结构的重要支柱。因此，伦理关系和男女关系都具有稳定而持久的内涵。然而，前面这两个事例却粗暴地掀开面纱。一旦社会的基石开始崩解，人们该何去何从呢？另外，在面对争议性官司时，美国联邦最高法院多次表明：考量是非曲直时，美国联邦最高法院的立场是采取一个"与时俱进的标准"。当然，令人好奇也引人深思的是，这个"与时俱进的标准"受哪些力量的影响，如何与时俱进？还有，在宪法守护神的立场上，美国联邦最高法院又要如何确定这个标准？

伦理关系问答

在这一节里，我将以伦理关系为主轴，首先探讨伦理关系的性质和变化的轨迹，其次探讨伦理和法律之间的关联，最后则是从论述中做出总结。我先借着一些问题自问自答，再试着呈现出伦理关系的基本性质。当然，这一节里的论述是从社会科学的角度着眼，和传统规范式、道德式的看法可能有相当的差别。

问题1："夏虫不可以语冰"是什么意思？

这句成语有几种含义。第一，只在夏天活的虫，不知道冬天的冰是何模样。因此，和夏虫语冰，等于对牛弹琴、问道于盲。第二，只在夏天活的虫，无缘认识冰。因此，对夏虫谈冰，超越了它的经验集，浪费时间和气力。第三，只在夏天活的虫，无须为过冬做准备。因此，夏虫的身体上没有厚重的皮毛，脑中也不需要有"冰"这个概念。

问题2：若露营五天，除帐篷、炊具等装备之外，我们要不要带冰箱和空调？

大概率不要。杀鸡用鸡刀，割牛用牛刃，处理不同的问题，使用不同的工具。到郊外露营五天，不是长住，我们只需要带上简单的装备，能应付过去就好了。冰箱、空调等大件家电，即使派得上用场，往返搬运与安装都耗费人力、物力。因此，我们考量一下轻重便会发现并不值得。

问题3：中小学里有班主任和科任老师，在管理班级上，两种老师的做法有何不同？

班主任要负责整个班，而科任老师和学生相处的时间较少，责任也相对较小。由于角色不同，在管理班级方面，老师通常会采取不同的做法。班主任会投入较多的心血，掌握较多的信息；科任老师大概只要维持上课秩序即可。因此，科任老师有点像新兵训练中心的班长，带兵带形；班主任却像部队里的思想辅导员，带兵带心。

相对而言，学生对班主任和科任老师的态度不同。同样的道理，小兵在新兵训练中心和真正进入常规部队之后，言行举止也不一样。相同的人，面对不同的环境（诱因），会有不同的选择。

问题4：交警和消防队员，在性情和人格特质上有何不同？

交警通常一个人独立执行任务，十分考验一个人面对问题和处理问题的能力；消防队员在火场里，生死往往在一瞬间，队员们同舟共济、生死与共。因此，消防队员之间最好有手足般的情感。如果没有手足般的情感，就很难在危急时为队友赴汤蹈火、两肋插刀。也就是说，交警和消防队员在性情、能力等特质上都有明显的差别。这种差别，有以致之。

简单小结

人被称为"万物之灵"，但也只是大自然里的一种动物，也要面对自然里的考验。在面对生存和繁衍这两大考验时，人类慢慢进化出一些器官、情感、思维。我们从这种角度了解伦理关系将会更为客观。我在这一节提出的四个问题，为下一节的伦理关系进阶提供了背景。

伦理关系进阶

在上一节里，我并没有直接论述伦理关系，而是借着几个问题和答案，呈现出人类的行为特质，即人面对环境的考验，会发明和使用不同的工具。在这一节里，我将以这种体会为基础，用问答的形式直接讨论伦理关系。

问题1：通常而言，为什么人会认干爸干妈，而不认干叔干婶？

一些父母希望自己的孩子有干爸或干妈，显然是希望将来孩子能多得到一些照顾。相对而言，干爸干妈比较亲近，干叔干婶比较疏远。关系更亲近就意味着带来的照顾更多，因此，既然要认，就认个较近的关系。伦理关系发挥功能的例子所在多有。在传统文化里，大人会让小朋友叫男性长辈为叔叔、伯伯，朋友之间互称兄弟、乡亲等。人们希望建立起更亲近的关系，以享受伦理关系所带来的好处。

问题2：为什么很多人对朋友比对家人好？

答案很简单：对朋友不好，朋友就不再是朋友；对家人不好，家人永远是家人。得罪朋友的成本高，得罪家人的成本低。成本高的大错，要少犯；成本低的小错，偶尔犯无妨。可见，伦理关系的维系也受到成本效益考量的限制。

问题3：为什么当我们做了对不起父母的事时，往往会有罪恶感，而换作朋友，却不太会有罪恶感？

父母和朋友都能发挥照顾和支持的功能。常言道：在家靠父母，出门靠朋友。然而，特别是在传统农业社会里，两者的重要性差别较大。

父母和子女之间，要经历养育、共同生活、养老照护等过程。在这个漫长的过程里，不同的阶段，父母和子女的相对能力不同，各自拥有的资源也不同。为了圆满走过这条漫漫长路，父母与子女之间最好能保持浓厚亲密的情感。父母与子女之间极其特别的关系的重要功能（之一）就是彼此关照——子女年幼时，由父母照顾；父母年纪大时，由子女照护。子女对父母的歉疚、懊恼、悔恨、亏欠的情感，就是维系亲子关系的支持条件。

简单小结

在这一节里，我们明确地勾勒出了伦理关系的性质：伦理关系，从工具性来理解的话，具有功能性的内涵。

伦理关系实证

对于伦理关系的性质，前面两节从经济分析的角度，提出了工具性、功能性的解读。这种观点和普通人的认知有一定差异，不但有争议性，而且有点离经叛道。然而，真相到底如何，我们让证据来说话。在这一节里，我再次通过问答的方式，探究真实世界里伦理关系真实的面貌。

问题1：在21世纪初的现代社会里，对父母而言，子女比较像"消费品"还是"投资品"？

养儿防老，一语道尽伦理关系的性质之一。在传统农业社会里，农民看天吃饭，没有社保，一旦有天灾人祸，只能自求多福。大家庭在生产、消费、储蓄和保险各方面，能充分发挥其功能。在这种环境之下，子女是"投资品"，殆无疑义。在现代社会里，农业部门的就业人口较少，其他部门的经济活动，比较不受天气的影响。而且，在不同的部门里，有各自的社保，更不用说，还有各种商业保险。在生产、消费、储蓄和保险上，不再需要大家庭发挥功能。核心家庭的兴起有以致之。而在核心家庭里，通常只有一两个子女。对父母而言，子女作为"投资品"的意义已经大幅下降，继之而起的是一起共享家庭生活与快乐时光。

子女性质的转变，从子女的数目上就能看得出来。在农业社会里，男丁越多越好；在工商业社会，多数家庭至多有两个子女。除此之外，有些家庭完全没有子女，取而代之的，是小狗小猫之类的宠物。

问题2：在现代社会里，到底谁是孝子？

1950—1970年出生成长而后为人父母的人，往往自嘲为两代的"孝子"——他们遵循传统风俗习惯，孝顺自己的父母，同时，他们也全心全意地呵护、宠爱着自己仅有的一两个子女。在孝顺父母和照顾子女之外，他们还要好好照顾自己，因为当他们年纪大时，子女不一定会在身边照顾他们。他们必须未雨绸缪，早为之计。这并不是个案，而是普遍存在的现象。在中小学校和课外班之间穿梭接送孩子的就是这群人。然而，他们不但不以为苦，还乐在其中。

启示

从这两个具体事例来看，伦理关系事实上已经迥异于往昔。而且，在以上小节里，我先后提出多个问题和说明，从这些问题和说明中，我们可以总结几点体会。

首先，伦理关系的变化悄然而至。对渺小的个体来说，并不见得会感受到这种转变。伦理关系的变化是好几种力量交互运作的结果。在不知不觉之间，农业社会奉行千百年的行为规范，正在滴水穿石般地慢慢改变。

其次，对一个个核心家庭而言，其所面对的是本身的利害，也就是本身的成本效益。因此，受到直接或间接的影响，个体家庭基于本身的考量，选择只养育一两个子女（或拥有一两只宠物），选择成为"孝子""孝女",较少视子女为"投资品"。如此行动的个体变多后,这种行为逐渐成为社会的趋势和举目皆是的社会现象。

再次,既然是个体家庭所做的选择,无论是主动还是被动,都是自主的决定,而不是屈从于政府等权威的规定。因此,选择再奇怪,也是基于个体家庭地方分权式的决定。个体看来合情合理的决定,汇总之后,便可能引发意想不到的社会变化。然而,无论是在个体还是总体层面上,人们都不容易、不应该做价值判断。

原因很简单,在个体家庭层面上,每个家庭面对的不是社会整体的利害,而是个体本身的利害。因此,根据本身利害考量所做的决定,在合情、合理、合法的范围之内,无可非议。在总体层面上,总体现象也许是奇怪的,但总体现象只是个体现象的加总汇集。既然在个体层面上无可非议,在总体层面上也无可非议。

第二讲
伦理关系和时代的巨轮

前一讲的论述说明了，和农业社会相比，现代工商业社会的伦理关系已经有了非常根本的改变。然而，是哪些因素造成这种巨大的变化呢？在这一讲里，我将先从两种因素层面阐释相关的含义。这两种因素，一个是宏观层面上的变化，另一个则是微观层面上的变化。

宏观因素：工业革命

以文字为记载的人类文明的历史，大概有五千多年。在这段历史长河里，绝大部分的时候是年复一年，几乎没有什么改变可言。然而，18世纪的英国工业革命，却引发了一连串、滚雪球式的巨变。

若把至今为止的人类历史的长度比作一天24小时，工业革命前大概占了23小时30分，工业革命后到今天约200年的时间，大概只占了30分钟。然而，这30分钟里发生的变革，无论就深度还是广度而言，都超出了前面23小时30分钟的总和。这一切都归因于蒸汽机的发明，之后，其所掀起的滔天巨浪，至今仍然影响着传统社会的各个方面。伦理关系的变化，只是其中的一个方面而已。

工业革命带来的冲击涉及诸多层面，和我们有关的，主要集中在两条轴线上：直接的是，对经济活动的影响；间接的是，对家庭带来的变化。两条发展的轴线可以简单勾勒如下。蒸汽机、火车、轮船等发明，原先只是技术上的变革，后来，在经济活动上，使大规模生产成为可能。大规模生产将过去为少数人所享有的纺织品、家电等产品，变成了普通家庭的必需品。市场的规模大幅扩大。人们对经济利润的追求，进一步激发了下一轮的生产—消费—生产的循环。电话、电灯、汽车、飞机等的陆续问世，更进一步扩大了市场的范围。21世纪初，地球约60亿人口里，绝大多数人的生计都直接或间接依附市场往来。当然，互联网的发展，更是让市场进一步扩大。

和经济这条轴线平行发展的是家庭这个传统的组织。而这条轴线的发展，脉络也一样清晰分明。原先，在农业社会里，经济活动（农业生产）的地点就在家的附近。人们日出而作，日落而息。工业革命之后，工厂需要大量的劳动力，因此，男人慢慢地离开了生于斯长于斯的土地，走进工厂。后来，女性也走出了厨房，离开了家庭，进入了职场。这时候，男人和女人都离开了家。晚上，男女主人下班回家，子女放学回家，家里才又有了人。

这三个时点——男人和女人都在家、男人外出工作、男人和女人都外出工作——显然意味着家庭的结构、组成、伦理关系等都发生了深远的变化。而这一连串的改变，追根溯源，都是由工业革命引发的。

微观因素：社会革命

二战后，20世纪50年代中期开始，女性大量进入职场。一个家庭里，过去只有一个人外出工作，现在两个人都外出工作，便有了两份收入。从统计数字上，便可以明显地看出这种趋势。譬如，据1988年的统计资料，美国有54%的已婚女性外出工作，双职工家庭的比例为62%。

女性大量走入职场，受到了很多因素的影响：二战伊始，大量男性奔赴战场。战后，阵亡负伤的男性较多，工作必须有人接手。然而，除这些因素之外，还有两方面的发明，产生了不可忽略的影响，即避孕套和避孕药这类计生用品，以及洗衣机、烤箱、烘干机、洗碗机、微波炉等家电产品。有了计生用品，女性有了更多的生育选择权。有了洗衣机等家电产品，女性可以大量缩短操持家务的时间。因此，这两方面的发明、推广和普及都大幅度地提升了女性的自由度，将女性从家庭主妇的职责中解放出来。她们走入职场和男性竞争，同时还能兼顾家庭。

夫妻都工作的双职工家庭和传统男主外女主内的单职工家庭相比，大不相同。女性一旦在职场上找到立足之处，就未必会再受婚姻和家庭的束缚。这一连串的发展，对家庭和伦理关系都产生了根本、深远和不可逆的影响。

第三讲
家庭变迁和法律的联结

在前面两讲里，我论证了家庭和伦理关系的性质，描述了家庭和伦理的变迁，并且为变迁做出解释。可是，这些材料和法律有什么关系呢？在这一讲里，我就要建立起这个联结。对于家庭和伦理变迁，我将先归纳出抽象的意义，之后，再进一步推论出上述联结对法学论述和公诉的启示。

伦理变迁的意义

回顾前面几讲，首先，我借着对伦理关系的问答，呈现出伦理关系的基本性质；其次，是伦理关系的进阶，我描绘了伦理关系的运作方式；再次，我阐述了伦理关系的实际状况，让证据来说话；最后，则是借着时代巨轮的滚动，我为伦理关系的变迁做出解释。从这个描绘和推论的过程，我们可以总结出几点重要的体会。

第一，在农业社会和工商业社会里，伦理关系有不同的面貌。然而，无论形式如何，都是工具性的安排，具有功能性的内涵。也就是说，伦理关系能发挥某种功能，达到某种目的。

第二，伦理关系的变迁，反映了环境的变化。这也反映了人是受环境影响的动物，人更是会计算成本效益的动物。面对不同的外在条件，人们会自觉或不自觉地选择对自己比较好的安排，希望能谋求福祉。同时，支持伦理关系的社会规范也会与时俱进。

第三，如今家庭方面的伦理关系呈现出多种形式：已婚已育、单亲家庭、丁克族、不婚族，等等。抽象来看，这是从单一均衡演变为多重均衡的状态。过去的社会，已婚已育是主流价值观，现代社会已形成了多元价值观，主流价值观的地位和独特性已经慢慢模糊。对法律而言，这种转变当然有非常重要的含义。

案例分析：祖父母和父母的权利重量

在这一节里，我们将探讨一个具体的案例。我将借着这个标志性的、颇具启发性的真实案例，处理一些重要的法学问题，从中可看出家庭伦理、法律的结构和变迁的过程。

案子的本身其实并不复杂，但案情的内涵却相当丰富。2000年左右，美国一对名叫特罗赛尔和格兰维尔的男女相恋并同居。他们没有结婚，前后生了两个女儿。后来，两人因性格不合而分手，特罗赛尔搬回家和父母同住。每个周末，他会将自己的女儿接回家小聚。两年之后，特罗赛尔不幸过世。格兰维尔再婚，格兰维尔的两个女儿也与他们一同生活。

这时候，特罗赛尔的父母（也就是两个女儿的祖父母）希望孙女常来，至少每个月有两个周末，以及暑假里有两个星期的时间回祖父母家。格兰维尔和丈夫则希望孩子们回祖父母家的频率低一些，每个月只去一天。因此，两代人之间发生冲突，而后诉诸法院。

对于这个官司，祖父母希望扩大探望孙女的权利，下级法院援引华盛顿州的州法以及判例，认定基于"子女的最佳利益"，可以让祖父母和孙女增加相处的时间。然而，华盛顿州的最高法院否决了这个判决，并认定下级法院的判决违反了宪法所保障的"父母抚养子女的基本权利"。接着，这个案子就上诉到美国联邦最高法院，因为已经涉及宪法层面的问题。

在这个点上,我们不妨想一想,美国联邦最高法院面对的问题是什么?还有,如果这个官司发生在我国,最后的判决又会是什么?

让我们循序渐进,先考虑美国联邦最高法院所面对的问题。具体而言,这个案件牵涉很多环节,对联邦最高法院而言,至少有两点非常明确。第一,无论是先前的《独立宣言》还是后来通过的《美利坚合众国宪法》,都找不到相关的规定可以处理"祖父母探望孙辈"和"父母的子女教养权"之间的冲突。若恪守条文,这便是"条文主义"(textualism);符合当初立法精神,这是"原旨主义"(originalism)。可是,两百多年前,谁会想到这个伦理问题会变成一个法律问题?就实质问题而言,宪法中没有可遵循的条文,帮不上忙。第二,美国的建立,是由当初的 13 个州联合,组成邦联。各州都有相当的自主权,只要宪法没有明确规定属于联邦政府的事项,都由各州依各自情况决定。还有,只要州的立法不与宪法相悖,而且经过合理的立法程序,联邦最高法院就无权干预。因此,虽然问题很具体(祖父母的探望权和父母的教养权之间孰轻孰重),并且美国联邦最高法院大法官有至高无上的权柄,但如何处理这个具体的问题,还是令他们颇费思量。

经过考虑,联邦最高法院做出裁决,有两个重点:第一,祖父母和父母之间的冲突,至少在现阶段不好处理。因此,大法官们决定先不碰这个问题。第二,只处理"技术违规"的部分,也就是说,既然美国宪法规定,父母有养育子女的责任,那么,当祖父母向华盛顿州下级法院提起诉讼,而孩子的父母的态度是明确要进入司法程序时,法院必须先认定父母的决定占优先的顺位,否则就是违宪。

隐含的意思是,依美国宪法的精神,在联邦政府的体制之下,鼓励各州尝试适合自己的路径。对于祖父母和父母冲突的实质问题,在全美 50 个州的各州法律还混沌未明的时候,联邦最高法院自我克制,不借箸代筹。也就是说,在这个案件里,只处理了程序问题,而不处理实质的问题。

现在,我们不妨将这个问题换一个场景。21世纪初,如果在中国发生类似的纠纷,法院该如何处理比较好呢?所谓"比较好",至少是符合当事人的利益,符合社会的实际情况(包括现在和未来),也符合法制结构的稳定性。

就该案来说,方向其实相对清楚:孙女和祖父母平时有持续的互动(每个周末都去)和延续的交往(由原来的每周2次降为每月2次)不仅有助于保持祖孙之间的亲情,也能维系和过世父亲的精神纽带,因此,除非父母有明确的反对理由,否则祖父母的主张应该得到支持。当然,对个案的斟酌必须考虑到社会的一般情况以及未来的趋势。在这一点上,中国的情形和美国其实很类似。美国的大法官们引述了实际的资料:1996年,所有18岁以下的孩子里,有28%(接近1/3)来自单亲家庭。1998年,大约有4万个孩子和祖父母同住,约占5.6%。也就是说,当单亲家庭的比例持续上升时,由祖父母填补空白、养育孩子的比重增加。

这种情况在中国可能更为明显。一方面,城市化的趋势还在不断推进;另一方面,在城市里,双职工家庭已经是常态。在这两大力量的影响下,由祖父母来照顾孙辈的隔代养育,在比例上超过了美国。因此,祖父母对孙辈的成长的重要性在持续增加。从社会、群体和国家的角度着眼,扩大祖父母的权益,既符合实际需求,也有明显的益处。

最后的问题涉及微妙的"法制"结构。我国人口约14亿,是美国的4倍多。国土面积大、人口众多,而各地的经济发展程度不同,风俗习惯也不同。对于各地特有的事物与情况,政府应保留多元文化,因地制宜,不做统一、硬性的规定,而要有意培养和塑造不同的面貌,让各地尝试不同的发展轨迹,促使文化内容更为丰富。避开"一刀切"的做法,或许可以避免单一发展轨迹所隐含的风险。

面对棘手的实质问题,美国联邦最高法院有意地选择回避,把权力留给各州，由各州决定适合自己的做法。这种选择的用心和着眼，具有一定参考价值。

案例分析：亲子关系的难题

这一节里，我们将描述具体的案例，从美国开始，再延伸到海峡两岸类似的实际情况。重点是通过对照和比较，让大家对司法的功能有更深刻的体会。在内容上，我只做描述，不做价值判断。价值判断由各位来决定。

美国《华尔街日报》曾经报道，关于家庭和亲子关系，有一连串的官司引人注目。在描述之前，我先提供一个信息。根据实际调查，在美国，去做亲子鉴定的父亲中，有30%发现孩子不是自己亲生的。

多年来，我曾参与规划和主办不少培训。2016年，我们和浙江省金华市中级人民法院合作，举办了一期培训。课程内容主要是由经济学者向法官们介绍，如何利用经济分析这套工具处理法律问题。

培训结束后的两三个星期，浙江省东阳人民法院的一位女法官学员在微信群里表示，上午处理了一个离婚案件，结果圆满，很高兴和大家分享。一对年轻夫妇要离婚，男方付抚养费。此外，对于4岁的小女儿，女方也要求男方支付额外的营养费、才艺班费用等。男方态度很明确，说："去做亲子鉴定，只要证明是我的女儿，我就付钱。"

这位女法官评估各种因素之后，告诉这位年轻的爸爸："你有选择去做亲子鉴定的权利，也有知情权，但你也要仔细想清楚，你的4岁小女儿很可爱，我看得出来你们的父女感情非常好。如果你去做了亲子鉴定，发现她不是你的女儿，你是否就此割舍与她的父女感情？你能否接受这个事实，以及孩子从此失去爸爸的事实？"经过她的开导，这位年轻的爸爸反复思索，最后做出两个决定：第一，不做亲子鉴定，珍惜父女之情；第二，主动拿出20万元和解。如果按照一般的做法，父亲就去做亲子鉴定，结果可能会发现女儿不是亲生的。得到真相，但是父女感情因此破裂，值得吗？这位爸爸的选择是不要真相，而要珍贵的父女之情。

试问，在文化上的亲子关系和生物上的亲子关系之间，你会如何取舍？在真相和亲子之情之间，你又会如何取舍？这一讲的结论并不简单。

第四讲
伦理变化对法律的影响

在前面几讲里，我们不仅介绍了伦理关系的特性，还描述了随着时代巨轮的滚动，伦理关系发生的变化。在这一讲里，我们将具体描述，当伦理关系发生变化后，在法律上所带来的影响。法律的变化往往有滞后的特性。如果我们能多了解社会，知其然且知其所以然，那么，我们在观念上也许就可以及时反应、预为之计，在实际做法上，就可以因势利导、有效因应。

随着社会的发展，一旦主流价值观不占优势，由单一价值观逐渐变成多元价值观，人们内在的思想观念，外在的典章制度——支持主流价值观的配套措施，就会发生蜕变。这种蜕变隐含两个方面的问题。一方面，在单一主流价值观的情况下，价值观体系明确，好坏高下的价值判断很容易做。然而，当主流价值观逐渐动摇，并且多元价值观出现时，价值观体系本身会调整和重塑。在这个过程里，显然不容易有明确而稳定的价值判断。另一方面，多元价值观之间彼此竞争，也彼此冲突。在具体的案例里，一旦有两种（或多种）价值观相矛盾时，司法体系该如何取舍呢？譬如，前文提到的英国的案例：公公与儿媳是否可以结为夫妻？个人自主是一种价值观；传统伦理是另一种价值观。支持前者，是承认并支持多元价值观；维持后者，是力保传统价值观。司法体系该如何判断呢？特别是在成文法系国家里，以法律条文为参考坐标，而法律条文的变化远远赶不上社会的递嬗，更不用说互联网的快速发展了。

这两方面的问题指向下面的联结：从伦理变迁到法律变迁。

由伦理变迁到法律变迁

伦理变化和法律之间的关联，可以借图 9-1、图 9-2 来表现。

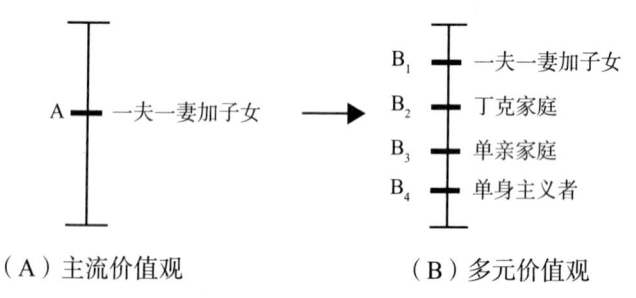

```
        A ┤━ 一夫一妻加子女    →    B₁ ┤━ 一夫一妻加子女
                                    B₂ ┤━ 丁克家庭
                                    B₃ ┤━ 单亲家庭
                                    B₄ ┤━ 单身主义者

        （A）主流价值观              （B）多元价值观
```

图 9-1　伦理关系的变迁

图 9-1 的左右两边，呈现出伦理关系的变迁。在传统社会里，一夫一妻加子女是主流价值观。但时代演变至今，伦理的光谱上，不再只有一个均衡点。除了一夫一妻加子女，还有丁克家庭、单亲家庭和单身主义者。

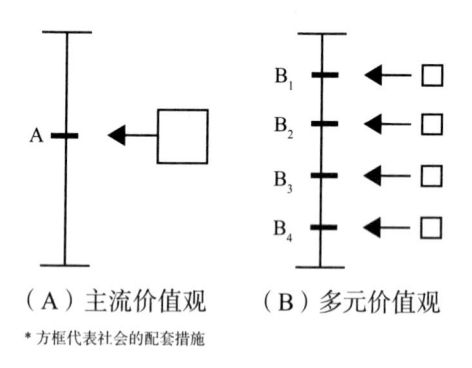

```
                            B₁ ┤━ ← □
        A ┤━ ← □            B₂ ┤━ ← □
                            B₃ ┤━ ← □
                            B₄ ┤━ ← □

        （A）主流价值观       （B）多元价值观
```

* 方框代表社会的配套措施

图 9-2　伦理关系和配套措施

图 9-2 呈现了伦理关系和配套措施之间的关联。在单一均衡的情况下，人的思维、风俗习惯、法令规章、典章制度等都以主流价值观为中心。当单一均衡变成多重均衡时，每个均衡都需要一些辅助性的配套措施。

从这两幅图里，我们可以清楚地看出两个彼此相连的问题。第一，当主流价值观作为唯一的标准时，只有一个价值体系。当多元价值观出现后，价值体系必须重组。在多重均衡之间，彼此很难分出高下。举个简单的例子：当主流价值观为一夫一妻的家庭时，若遇到谁家有家庭纠纷，人们通常主张劝合不劝离；当多元价值观形成时，"劝合不劝离"就不再是唯一的解决方案。第二，当主流价值观为单一均衡时，其与典章制度等配套措施之间，彼此密切配合，是一对一的关系。当多元价值观形成多重均衡之后，每个小均衡都需要一些辅助性的配套措施。就法律论述而言，过去只要一种法学论述的大理论，而现在，针对多重均衡，必须有好几个小的理论。如何发展出多个小理论，小理论之间又要如何整合，能不能再形成一以贯之的一个大理论，显然都是法学理论上的课题。

司法的回应

在成文法系的国家里，处理官司纠纷的最高指导原则是法律条文，而不是判例。即使如此，对于法律条文的解释，还是有很大的空间。当家庭和伦理关系已迥异于往昔，面对这种巨变，在法律条文修订之前，司法体系应如何裁量呢？

根据前面几讲的论述，我们也许可以归纳出两个原则，以作为处理相关案件时的依据：第一，面对大问题时，采取保守立场；第二，面对小问题时，采取开放立场。具体而论，对于牵涉层面广、影响范围大的问题，最好保守一点，维护传统的主流价值观。对于牵涉层面窄、影响范围小的问题，可以采取开放、有弹性的态度，容许和鼓励多元价值观。

"大问题保守、小问题开放"的立场，听起来简单明确，但是操作起来却未必容易。什么是大问题，什么又是小问题呢？还有，介于两者之间，不大不小的问题又该如何呢？尽管有诸多困难，但面对家庭和伦理关系的变迁，司法体系采取这种"双轨制"的立场，有一些明显的好处。

　　如果案件涉及的问题较严重，就采取保守的立场；相反，就采取开放、弹性的立场。采取中间路线的好处是，犯错的成本较低，不至于食古不化、抱残守缺。捍卫单一均衡，等于捍卫社会价值体系的核心部分。在社会变迁的过程中，司法体系可以稳步更新，避免带来巨变和阵痛。支持多重均衡，是让社会尝试不同的轨迹，兼容并蓄，而且有机会慢慢调整，支持各个小均衡的配套措施。而且，双轨制的立场隐含微量、渐进式的调整，这种变化比较容易被现有的体制和人们所接受。社会是由许多部门所组成的，司法体系应是社会较稳定的部门，应采取稳扎稳打的策略。跳跃、大胆、激进的做法或对现有体系冲击较大的做法，并不适合司法部门。

第五讲
伦理关系和社会资本

在这一讲里,一方面,我们对伦理的讨论做出回顾和省思,另一方面,我们进一步往前推进,介绍一个和伦理关系有密切关联的概念。

伦理的意义

我除了在学校里教本科生和研究生,还曾在进修班教了很多班次。我主要教的是经济学的基本概念以及在公共政策上的应用。一般到了学期末,我都会让学生们写一份心得报告。

曾有年过四十的学员在报告中写道:"课程里指出伦理关系是一种'工具性'的安排,具有'功能性'的内涵。听到这种观点,我感到自己原来的世界观受到震撼,好像脚下的地面突然崩陷下去的感觉。"我感到有点意外。我认为自己阐释的是很平实而合理的概念,没有想到激起的不是涟漪,而是巨浪。不过,他们也表示,一旦了解和接受这种观点之后,对周遭世界的理解会变得更真实和丰富。

乍听之下,伦理关系像工具并有其功能,这种说法很吓人。其实,这种描述不但是对伦理关系的一种礼赞,还为伦理关系提出了学理上的合理解释。仔细想想,人在进化的过程里,为了延续自己的基因,自然会设法慢慢发展出一些工具性的安排,其中必然包括实际的行为和思想上的配套措施。

因此,我们对伦理关系的自然而然、根深蒂固的认识,正反映了伦理关系的特殊和重要。所以,在我们的思想上或潜意识里会在进化的过程里对其做特殊处理。这就像在五金店买器材一样,如果是昂贵且重要的器材,通常要包裹紧密;如果是随手可丢的耗材,自然无须做特别的维护。

伦理的塑造

父母、子女、亲戚、宗族这些关系,是经过长时间的演变而逐渐形成的。要回溯这个演变过程,显然并不容易。不过,相形之下,朋友算是一种后天形成的人际关系。从朋友关系形成的过程中,我们或许可以间接地感受到,血缘关系的塑造可能也受到同样力量的驾驭。

也许有人会说:"为朋友当然要两肋插刀、义无反顾,哪会有成本效益的考量?"可惜的是,讲话的人通常只是说说而已,无法真正面对考验。每个人只需要问自己一个简单的问题:在事业上,是希望自己升迁,还是希望自己的(好)朋友升迁?大部分的人会说:"希望自己升迁,然后再帮朋友升迁。"很少有反过来的说法。

常有学生告诉我,他们也慢慢地接受了经济学对伦理关系的解释,可心里总是觉得怪怪的,好像经过经济学的"放大镜"放大后,原来视为理所当然的事,竟然只是赤裸裸的成本效益作用的结果。虽然真实,但是有点残忍和令人难过。

我的解释(也是自己思考与挣扎之后的心得)正好相反:一旦体会到血缘亲情的真实而原始的本质,反而能加倍珍惜这种特殊的关系,也更能体谅和宽容人的局限性与脆弱性。

旁观者的心情和视野

每次我在课堂上讨论到伦理关系这个主题,而且从经济学的角度加以阐释时,总有人(几乎是义愤填膺地)提出反驳:"有的父母舍身到火场救子女,有的父母耗尽心血和金钱去照顾已成为植物人的子女,从经济学的角度看,这些人难道都是傻瓜吗?"

这些父母的行为当然令人尊敬,但我们应该把焦点从这些事例上移开,看看更多其他的普通人。比如,那些为了宣泄自己的情绪,把气出在自己子女身上的父母又有多少?

用经济学分析家庭,其实非常有启发性。我们可以把家庭看成一个小的经济组织,然后探讨这个经济组织之内的生产、分工和消费。这个经济组织的变动,会明显受到市场经济的影响。只要回顾过去几十年的发展,我们立刻可以看出两方面显著的变化。一方面,当女性可以外出工作以赚取收入时,她们所(愿意)生育的子女越来越少。如果子女就是父母的宝贝,子女应该和以前一样多才是。另一方面,城市化的发展,使许多家庭从乡村进入城市。人口集中后,居住空间缩小,市区的房价上升。因此,和住在乡村的家庭相比,城市里的家庭子女数比较少。这不就是受到经济力量影响的直接后果吗?

家庭,可以说是人类最古老的组织或制度。在原始社会中,家庭这个制度的形式、内涵和变迁,自然会受到环境里各种条件的影响。人类为了求生存繁衍而趋利避害,不就是基于成本效益的考量吗?经过长期的演化,家庭里的伦理关系衍生出许多道德的成分。因此,人们可以对不起陌生人,但是不能对不起家人。不过,在某种比较抽象的意义上,这不正说明家庭里的伦理关系太重要(利益太大)了,所以要以特别的方式来维护吗?

经济学并没有把家庭和伦理关系庸俗化。相反,通过经济分析,我们可以更平实地、更深刻地体会到家庭和伦理关系的奥妙和可贵。而且,一旦接受了经济学对伦理关系的解释,就可以试着利用同样的分析方法,去探讨其他社会组织和社会现象。经济分析的重点在于分析角度的特殊,而不在于得到某些特定的结论。

美国著名社会学者科尔曼教授在其论著《社会理论的基础》中,

采用的是经济学的分析工具。书中有一个观点常常在我的脑海里浮现。当谈到人际关系时，作者指出，如果某个社会里人与人之间有基本的互信，那么，社会上就存在着一种"社会资本"，这是一种人们可以依赖和利用的资产。

譬如，书里说，如果一对夫妇在底特律郊区生活，那么，他们一定不敢让自己的小孩独自在街巷附近玩耍。原因很简单，底特律这个大城市里人际关系淡薄，同一栋公寓里的邻居可能永远不会往来。街巷之间毒品犯罪泛滥，谁也不知道什么时候会有横祸飞来。相反，如果这对夫妇住在耶路撒冷，那么，在那个受宗教影响的环境里，街坊邻里彼此都认识，不用担心小孩会被坏人拐走，万一有大事小事，街坊邻居也会彼此照顾，所以，自然可以放心让小孩出去玩耍。

"社会资本"的概念对经济学者有很大的启发性。经济学里研究的多半是厂房或机器等有形的、具体的物质资本，最多再加上对"人力资本"的探讨。当充足的人力资本和良好的物质资本结合之后，就可以结出丰硕的果实。可是，物质资本是有形的，人力资本是蕴藏于个人的，而社会资本则是无形的，是积蓄在人和人之间的。

社会资本当然不只是一个人对环境的熟悉或心理上的安全感，也可能是一种对别人、对典章制度的信任。在一个社会资本很充裕的环境里，人们一方面享用现有的社会资本，一方面本身也呵护和积蓄社会资本。相反，在一个社会资本贫瘠的环境里，没有多少资源可以依恃利用，人们当然也缺乏意愿付出和投入。在这种情形下，自然也不会有太多的社会资本。

把伦理关系和社会资本放在一起，我们可以得到一些有趣的体会。两者的共同点是，在人与人之间发挥了"一加一大于二"的效果，在两个独立的个体之间，孕育出新的、正向的、额外的资源。两者的不同点是，伦理关系是在家庭之内，而社会资本是在家庭之外。借着这样一种描述，可以把这两者巧妙地联结在一起，即伦理关系是家庭内的社会资本，而社会资本是家庭外的伦理关系。

2011年，发生在广东的"小悦悦事件"，就生动而深刻地反映了社会资本匮乏而导致无人伸出援手的问题。这种现象其实中外都有，不过，比较值得我们深究和细思的是，在哪些条件下，才容易生成和累积社会资本？换句话说，如果把社会资本看成一种均衡，那么，支持这种均衡的主要因素是什么？

第六讲
黑手党和社会资本

这一讲里，我们将借着一本经典著作探讨两个问题。第一，"法律经济学"这个学科以及这个课程，是从经济分析角度探讨法学问题。这是在经济学和法学这两个学科之间所建立起的交流。它们原先是各自发展的学科，现在尝试建起沟通的桥梁。不可避免地，经常会出现的质疑之声是：到底哪个理论、哪种解释比较好？这一讲里，我就借着一本名著，先简单说明一下什么是好的理论。第二，上一讲里介绍了"社会资本"的概念，这里我们将从另一个角度阐述这个重要的问题。

我们先来介绍这本名为《使民主运转起来：现代意大利的公民传统》（*Making Democracy Work: Civic Traditions in Modern Italy*）的著作。这本书由罗伯特·D. 帕特南（Robert D. Putnam）的团队于1993年出版，问世后广受重视。1970年，意大利进行了一场制度变革实验，打破了统一后形成的长达一个世纪的中央集权模式，把权力下放到地方政府。帕特南是美籍政治学者，他持续追踪并探讨这个重大变革对意大利各个区域的影响。

在长期的探访调查之后，他的团队发表了令人讶异、发人深思的结果：意大利的北部和南部几乎是两个截然不同的世界。面对制度变革提供的民主化契机，北部迅速发展，日新月异，所以公民化程度较高；

而南部似乎原地踏步，所以公民化程度较低。

几项数字可以反映南北之间的差距：北部的省份，每377人就有一家体育俱乐部；南部的省份，每1 847人才有一家体育俱乐部。北部某省，每1.5万人有一家家庭诊所；南部某省，每385万人才有一家家庭诊所，在某些地区，甚至没有任何家庭诊所。地方政府预算的执行率，北部某省达到97%，而南部有两省的执行率为0。南部民众向民意代表游说请托的比例达20%，而在北部省份游说请托的民众只占5%。

帕特南认为，造成这些差距的原因主要是南北区域的历史经验。从11世纪起，意大利北部地区就和欧洲其他地区密切往来，所以早已发展出各种专业和民间组织。相形之下，南部地区一直封闭自足，依赖错综复杂的人际网络（黑手党的温床）。一旦权力下放，原有的社会资本成为北部快速发展的基础；相反，因为一向匮乏社会资本，即使有机会当家做主，南部地区也无从发展。因此，结论似乎很令人沮丧：以11—12世纪的状态为基础，就能预测近10个世纪之后意大利的社会发展走向。

就个案研究而言，帕特南团队的著作颇为可观，这本书几乎已成为当代政治学的经典之作。对世界各地的人而言，书中的发现也很有启发性：民主的制度不是凭空而来的，也绝不是立竿见影的。只有长期灌溉施肥的土壤，才可能绽放出美丽的花朵，支持民主代议的制度。

然而，从理论的角度着眼，我们也可以对帕特南的著作吹毛求疵。根据搜集到的丰富材料，帕特南描绘出一个极其有趣的画面。可是，他并没有总结出一般性的原理，也没有提炼出核心的分析性概念。如果我们将帕特南的洞察用来分析其他的政治（或经济、法律）现象，会觉得无所遵循，不知道该如何下手。

当然，帕特南下笔时的自我定位，很可能只是呈现田野调查的成果。他希望娓娓道来一个引人深思的故事，而不是试图勾勒一个完整的理论架构。那么，在其他的社会科学门类里，是不是有这种"吾道一以贯之"的雄心壮志呢？对于这个问题，我们从经济分析的框架探讨法学问题，至少是理论上一以贯之的尝试，也是本书的意义和精髓所在。

在处理第二个问题之前，我先说一下帕特南这本书里的一个小细节，它颇有智识上的兴味。众所周知，我们的日常用语中也融入了不少外来谚语或格言，比如，"条条大路通罗马"。在中文里，这个谚语通常的解释是：通向成功有不同的途径，只要坚持不懈就总有成功的时刻。然而，从这本书里，我们可以发现，至少在意大利某些区域，这句话有不同的含义。

罗马一直是意大利的政治中心。各个地方的官员、士绅或利益集团，如果有些事情得不到解决，就会到罗马去寻求支持。然而，你在罗马有关系，我在罗马也有人脉。因此，"条条大路通罗马"在意大利某些区域的意思是，不要认为只有你在罗马有靠山。地中海文明发轫得早，攀附的现象似乎是悠久文明所共有的现象。

回到主题上，这一讲所要处理的第二个问题是社会资本。上一讲里强调，社会资本是在人与人之间积蓄了一种无形的、可以利用的资产。而且，与伦理关系类似，二者都能发挥彼此支援、互通有无的功能。因此，在这种意义上，伦理关系是家庭内的社会资本，社会资本是家庭之外的伦理关系。

然而，伦理关系和社会资本都发挥了非常正面和积极的功能，但这两者之间，有一点微小却重要的差别。具体而言，两者与法律的关系不太一样。简单而言，社会资本和法律之间是兼容和互补的关系；相形之下，伦理关系和法律之间可能是相斥和替代的关系。

社会资本充裕的地方，每个人像是"不戴警徽的警察"，对于他人逾矩的行为，能发挥臧否和奖惩的功能。社会资本填补了公权力不足的空间，有助于维持社会的秩序和正常运作。伦理关系是维持家庭之内的互动，也隐含了一套奖惩的机制。国有国法，家有家规。无论中外，当国法和家规发生冲突时，国法都保留一部分空间，对家规做出让步。原因很简单，对于任何一个社会，伦理关系的重要性无可替代，它值得让步。最简单的例子，无论中外，法律都在某种程度上承认亲亲相隐，即具有血缘或亲戚关系的人，无须指认亲人的罪行。

回到帕特南书里描述的，黑手党之所以在意大利南方势力强大，某种程度上是因为黑手党把伦理关系扩大化，让成员之间的关系类似于家庭内的亲人的关系。其组织内的规则比法律更严，势力范围所及取代了司法机制。意大利北部和南部的对比，正是社会资本和黑手党（扩大化的伦理关系）的对比。"先了解社会，再了解法律"，帕特南的经典之作可以说是对这句话生动而鲜活的诠释。

第七讲
孝的过去与未来

这一讲里，我们将继续通过探讨伦理关系了解华人社会。我们将聚焦于华人文化传统的重要议题——孝。焦点有二，即孝道的性质和孝的变化。

在华人社会里，"寿"是一个吉祥字。书法里有"百寿图"，大户人家的门框上也有百寿浮雕。寿比南山是公认的祝福，过去如此，现在也是一样，甚至在可以想象的未来，也没有改变的迹象。相形之下，虽然没有"百孝图"，但"孝"是传统文化里的核心观念。百善孝为先，孝可以感动天地。虽然几千年来，孝的重要性无与伦比，但现在呢？未来呢？在华人文化里，"孝"有未来吗？

对社会科学而言，探讨各种社会现象，主要回答三个问题：是什么？为什么？将如何？套用在"孝"这个重要的德行上，我们则要讨论：孝到底是什么？为什么华人文化里特别重视孝？在华人社会里，孝的未来又将如何？

尽管问题看起来很抽象，但鉴古可以知今，至少对于前两个问题，答案简单明了。华人社会几千年来都是农业社会。大部分人以农耕为主，过着日出而作、日落而息的日子。然而，天灾人祸时常发生。在传统农业社会里，百姓没有社会保险，只能自求多福，因此，依靠（大）家庭，无疑是一个相对保险的选择。

一方面，在农事过程中，大家庭中的成员可以互相帮助；另一方面，当天灾人祸降临时，大家庭可以发挥互通有无、同舟共济的功能。在农业社会里，家庭承担了重要的保险功能，殆无疑义。可是，大家庭就像一个小型公司，家庭成员要如何来经营这个组织呢？

在现代公司制度里，有首席执行官或总经理，循组织和指挥体系运作。在传统社会的家庭里也是如此。妯娌手足，由伦常来规范；大家庭的操持，以长者为核心。而贯穿家庭运作的核心思想，就是"孝"这个概念。父慈子孝，兄友弟恭，长幼有序，三纲五常，一切都是以孝为核心，再往外延伸扩散。以孝为中心的思想，不仅解决了平时领导统御的问题，而且当大家长年老力衰、不堪农事、生产力下降，甚至成为负担时，孝的思想也可以处理老年照养的问题。农业社会里，没有退休金或养老院，因此，老年人的安养，靠的不是怜悯，而是孝道。

可是，公司的总经理或首席执行官的手里有萝卜和大棒，可以利用奖惩领导统御。大家长的权柄威望，特别是在他年老力衰时，靠的又是什么呢？事实上，这正是孝的奥妙所在。萝卜和大棒是外在的、有形的奖惩，更有效的奖惩是内在的、无形的。只要观念上塑造出"孝"的思想，一个家庭即使没有丰厚的物质条件支撑，一样可以发挥奖惩的作用。因此，千百年来的传统文化，一点一滴堆砌出"孝"的思想，相当于发展出一种低成本、高效益的工具。人们借着这个工具（孝的思想），便可以维系家庭这个组织的有效运作。

当我们做了什么对不起朋友或同事的事，可能会有歉疚之心，但是不太会有罪恶感。可是，如果我们做了对不起父母、违背父母期望的事，内心的罪恶感和羞耻心便油然而生。原因无它，孝的思想一旦形成，便自然而然地开始发挥奖惩的作用。对于行为的影响，无庸外而求也，就在自己的脑海里和胸腹间。因此，回顾过去中国几千年的历史，孝对于华人社会的重要性有以致之。然而，面对近一个世纪以来巨大的变化，家与孝这个古老的组合早已不如往昔。

几个主要的因素影响着华人社会里的家庭和孝道。首先，随着经济的发展和转型，传统农业社会逐渐变为工商业社会，以大家庭为单位不再是最适合社会发展的竞争模式。同时，城市里人多地狭，每个人居住的空间相对较小，因此要维持大家庭，有实质上的困难。其次，中华人民共和国成立后，政府进行了一系列的历史变革，对传统的家庭组织形成了一定影响。再次，中华人民共和国成立后，政府积极推动男女平等政策，大大提升了女性的地位。连带地，传统的家庭和伦理思想也迥异于往昔。最后，是对传统文化的艰巨挑战。20世纪七八十年代，随着经济的发展和人口的增长，我国曾提倡和推行计划生育政策。也就是说，每个家庭只生一个孩子。独生子女从小不知道有亲兄弟姊妹是什么感觉，更重要的是，部分父母溺爱独生子女，导致一些独生子女长大后不知道孝为何物，而且认为这样理所当然。

那么，对于华人社会和这个延续数千年的古老文明，孝还有未来吗？和诸多社会现象一样，"是什么"和"为什么"这两个问题的答案相对简单，至于未来将如何，社会科学研究者不是预言家，能讲的话非常有限。

第八讲
身体发肤，受之父母：孝与法律

这一讲里，我们还是关注伦理关系，但是焦点开始转移到伦理和法律的关联上。一方面，思考伦理的观念如何反映在具体的法律里；另一方面，从法律的变迁，回溯伦理关系的变化。

华人文化里，非常重视家庭，而要维系家庭，伦理观念自然重要无比。父母与子女之间有诸多规矩和原则。"身体发肤，受之父母，不敢毁伤也"，不过是其中的一点。然而，以小见大，这个深入人心的教诲（传统智慧），经得起检验吗？

头发，特别是女性的长头发，具有一定商业价值，可以做成假发。因此，把头发剪下来变卖，是一种经济行为。

头发也是身体的一部分，也受之父母，和身体分离之后变为金钱，在道德和法律层面是可接受的。那么，既然头发和鲜血可以买卖，为什么身体的其他部分（譬如肾脏）却不可以买卖呢？都受之父母，都是身体的一部分，为什么却有明显的区别对待呢？从表面的道德层面看，头发和其他组织器官都受之父母，如果有毁伤，都是不孝行为。然而，抛开道德层面，我们尝试捕捉背后的思维，或许才能掌握事物的本质。

法律里，涉及"主物"和"从物"的定义：主物，是物体主要的部分；从物，是附着于主物的部分，即使脱离也不至于影响主物的功能或价值。譬如，汽车里的引擎是主物，一旦没了引擎，车就动不了；汽车车身上的漆是从物，即使毁损，车还是能发动。换一种角度，主物和从物的区别，也可以从成本的角度来理解：从物，是即便脱离它，整体也能运转的部分；主物，是一旦脱离它，整体就无法运转的部分。

从这个角度再回头看头发和其他组织器官的区别，就一目了然。头发相当于从物，脱离身体的成本，可堪负荷。相形之下，其他组织器官，脱离之后所导致的直接或间接的成本身体可能无法承受。因此，头发可以买卖，其他器官却不能买卖。都是身体的一部分，法律上却有区别，其实有以致之。

事实上，从伦理道德着眼，往往会迷失于千变万化、日新月异的世事，进退失据。相反，从世俗的成本效益着眼，却往往一以贯之、以简驭繁、直指鹄的。法律对婚外情的处理，就是一个具体的事例。

婚外情，所用的字眼容或不同，指的是已婚者与配偶之外的异性产生感情或者亲密接触。然而，单纯从用语上看，从过去到现在，已经大不相同矣——通奸、出轨、外遇、婚外情、婚外恋，从极为难听的词语（通奸），到较中性的词语（外遇），再到带有浪漫色彩的词语（婚外恋），为什么？

更重要的是，不只是遣词用字不同，法律上的处置方式也有极其巨大的变化：婚外情，过去是按刑法处理，犯者受鞭刑伺候或入狱服刑；现在，许多国家已经把婚外情除罪，不再按刑法处理，而是视为侵权行为，按民法来处理。为什么呢？都是婚外情，性质一致、构成要件不分轩轾，为什么过去适用刑法，现在却适用民法？

我们的直觉反应是，现在社会较开放，对男女关系的态度已经不同。但是，这些都是结果，更重要的是找出原因，才能知其所以然。在传统农业社会里，乡里近邻彼此守望相助、互通有无。在这种相对封闭的社会环境里，一旦有了婚外情，就会给双方的配偶和亲友带来巨大的冲击。而且，社会的流动性低，人们不易迁徙，婚外情的冲击不易消逝。

因此，为了避免这些后果，就以刑法论处。这看起来是事后重惩，其实是事先警告，防患于未然。

相形之下，现代社会隐私性高，公寓里同一层的邻居，可能大半年也碰不到一次，亲戚朋友更是散居各地，往来有限。即便有了婚外情，造成的伤害也有限。而且，社会开放，流动性高，一个人在一个地方惹了麻烦，可以迁居他处，重新开始。再加上现代的避孕措施远胜于往昔，婚外情对血缘延续的潜在威胁大幅度降低。

还有，现代社会里，有男女接触频繁，工作中的长时间相处和彼此之间的日常互动，往往多于与枕边人的互动。精神上的交往和肉体上的接触往往只有一线之隔。而且，这不是个例，而是常情。因此，婚外情过去是大问题（成本难以负荷），现在是小问题（成本可堪负荷）。杀鸡用鸡刀，剖牛用牛刃，婚外情的适用法由刑法变为民法，是因为构成要件虽然没变，问题的性质却已经迥异于过去。实质因素的变化给人们带来了思维观念上的调整，最后再反映在法律等制度上。

"身体发肤，受之父母，不敢毁伤也。"听起来有一定道理。可是，如果我们的手足（甚至父母）需要肾移植，亲人之间排异的可能最小，那么，我们是不是该权衡轻重（成本大小），有所取舍呢？

专题十

因果关系的经济分析

第一讲
大千世界里的原因和结果

众所周知,因果关系是法学里极其重要的一个问题。从这一讲开始,我们将运用丰富的材料,从不同的角度来阐述这个主题。除法律实践上的意义之外,我们也希望能呈现法学在智识上有趣且很有挑战性的一面。

让我们先描述几个真实案例,其中一些法院已经定案,另一些还在审理或上诉之中。第一个案例,一位电动车的车主,把电动车放在楼梯间充电。一个小偷想偷车,结果在拔除充电器时不幸触电身亡。小偷的家属起诉电瓶车的车主,认为他要对这起意外死亡事件负责,要求赔偿20万元。第二个案例,两辆汽车在行驶中轻微擦碰,两车车主下车之后,并没有吵架或动手。在等交警和保险公司过来处理的时候,其中一位男性车主突发心肌梗死而亡。死者家属认为是双方争吵导致该男性车主意外死亡,要求对方赔偿105万元。第三个案例,小两口离婚,对财产做了划分。法院和小夫妻去清点财产时,岳父出现,并和女婿发生争吵。岳父大骂女婿,女婿回嘴,被法官劝阻。结果,岳父突然心脏病发,倒地身亡。女方及家属强烈要求检察院以过失致死对女婿提起公诉。

这几个实际案例都涉及因果关系。如果因果关系成立,当事人就需要承担法律上的责任。然而,该如何判断因果关系是否成立呢?我们先不针对这几个具体的案例,也不针对因果关系这个概念本身,而是先从一个较广泛的角度着眼。我们问一个简单而明确的问题:因果关系的成立与否,会影响哪些人的权益和福祉?

首先,考虑意外事件(诉讼)的双方,如果因果关系的解释比较松、比较容易成立,显而易见,受到伤害的那一方比较容易得到赔偿。相对而言,另一方很容易就要承担责任,要负责赔偿损失。一松一紧,总有一方得利,而另一方利益受损。稍微想想,天有不测风云,世事难料:在被卷入意外事件时,自己有可能是受害人,也可能是另一方。因此,在这三个案子里,受害人和另一方的角色很清楚,因果关系的松紧,对双方利益的影响明显不同。然而,在考虑司法体系长远的利益时,我们不该仅关注眼前的案件,还要考虑到司法的稳定性。对于法律的解读,必须前后一致。换句话说,案件当事人的权益固然重要,但也要考虑未来当事人的权益。

其次,除当事人的权益之外,我们也要考虑司法体系的利益。在判例法系中,如果法院对因果关系做比较松的解释,受害人比较容易得到补偿,那么,将来会有更多的案件进入法院,法院需要处理的案件增多,负荷自然加重。相反,如果法院对因果关系做严谨的解读,而且形成判例,就会产生自动过滤的功能。久而久之,以后与法院的解读不一致的案件,不会再进入法院。因为案件即使进了法院,法院会维持判例,诉讼是徒劳无功的,多此一举。长此以往,法院的案件不会增多,法官工作的负荷减轻,对裁判的质量和司法的稳定性有一定正面的影响。

最后,除案件的双方当事人和司法体系之外,对因果关系的解读还涉及另一群人的福祉。具体而言,在现代社会里,政府机关(包括司法体系的运作)是由纳税义务人所承担的税负来支持的。而且,除当代的纳税义务人之外,未来世世代代的子孙也要承担未来的税负。因此,他们的福祉是任何公共政策都必须考虑的。那么,从一般纳税义务人的角度着眼,对于因果关系的解读,他们的立场又是如何呢?

纳税义务人所考量的问题，不再只是"自己可能是当事人之一"，而是自己所要承担的税负有多少。司法运作也要考虑成本。如果每一个十字路口安排交警，每一个小区安排民警巡逻，交通事故和盗窃事件当然会大幅下降，但要维持这种交警和民警的勤务，显然所费不赀。我们可以扪心自问愿意负担多少税负。

对于因果关系的解读，我们也可以做类似的考虑：因果关系成立的条件比较松，会有比较多的案子进入司法体系。案件增加，司法人员也要增加。因果关系成立的条件比较严，会有比较少的案子进入司法体系。案件数量少，司法体系人力与物力的负荷较少。因此，大体而言，因果关系从宽解释，司法体系运作成本高，纳税义务人要负荷较高的税。因果关系从严解释，司法体系运作成本低。问题是：一般纳税义务人愿意选择成本高的还是成本低的司法体系，自己所愿意负荷的税负又是多少？

前面所描述的三个案例，我们在本讲暂时不具体分析，会在后文做详尽的处理。在这里，我们不妨对前面的论述稍作回顾，并且说明意义所在。

这一讲里，我们先用三个案例当背景，反映出因果关系是否成立，其实有模糊的空间。因果关系是否成立，涉及的不仅是逻辑，更主要的是判断，而且判断的背后就是价值的取舍。价值的取舍也几乎必然涉及资源的运用。我们明确地指出，纳税义务人愿意承担多少税负，是一个好的切入点。人们对于因果关系这个概念，可以有更广泛而全面的认识。人们对于法学问题，也可以大处着眼，从社会的角度来考虑。

不妨想一想：前面我所描述的三个案件，法院怎么取舍比较好？

第二讲
因果关系的历史名案

在法学里，关于因果关系的讨论，可以借着一件历史名案来阐释。帕斯格拉芙诉长岛铁路案发生在 1924 年，此案对侵权、行为责任等概念的认定影响深远。

当年 8 月的一个周日的早上，纽约长岛铁路公司位于纽约东部的车站里，乘客都准备乘车到长岛海滩游玩。帕斯格拉芙太太是一位离异的职业妇女，她和两个女儿也在月台上候车。不久，当一列火车正慢慢驶离月台时，突然有两三个人抱着包裹冲过月台，跳上火车。火车上的工作人员伸手把他们往车上拉，月台上的工作人员也从背后把他们往车里推。推拉之间，其中一位旅客携带的包裹掉落在铁轨上，包裹内竟然装的是爆竹。由于最后一节火车的车轮轧过爆竹，最终引发了爆炸。

一声巨响过后，月台上浓烟弥漫。烟雾散去后，大家发现木质的月台被炸坏一大块。月台上的一个秤被震倒，恰巧砸到帕斯格拉芙太太。当时，共有十余人受伤送医，帕斯格拉芙太太的伤势无须送医，但几天之后，她出现口吃的症状。医生认为，她的症状是由于受到巨响以及秤撞击的惊吓所致。帕斯格拉芙太太控告铁路公司，因为工作人员的疏忽而对她造成了伤害。她要求获赔 6 000 美元（相当于 2023 年的 6 万～8 万美元）。初审时，陪审团判定帕斯格拉芙太太胜诉，上诉法院维持了原判。但是，纽约州最高法院推翻了下级法院的判决，裁定原告败诉，并且要承担诉讼费用。

判决书的执笔者是当时纽约州最高法院的首席法官卡多佐。卡多佐后来成为美国联邦最高法院大法官，也是美国司法史上最著名的法官之一。帕斯格拉芙诉长岛铁路公司这起官司的判决书就是卡多佐最广为人知且最有影响力的判决之一。

在法官的传统思维里，有一个众谋佥同的原则可以判断事件的因果关系——"若非"原则（but-for test）。在观念上，"若非"原则很简洁清晰，即如果不是因为A，就不会有B，那么，A就是造成B的原因，A和B之间具有因果关系。但是，根据"若非"原则，虽然可以厘清"事实上"的因果关系，却未必能界定法律上的因果关系。事实上的因果关系是客观存在的、逻辑上的概念，法律上的因果关系是法律所愿意处理的、所认定的概念。在帕斯格拉芙太太的官司里，卡多佐法官一针见血地指出这两者的差异。

根据"若非"原则，若铁路公司工作人员善尽责任，出面制止那两三位乘客勉强登车，装有爆竹的包裹便不会落地爆炸，进而造成对帕斯格拉芙太太的伤害。因此，若非铁路公司的疏失，已经买票的帕斯格拉芙太太就不会口吃乃至失声。铁路公司和她之间，事实上的因果关系非常明确。可是，卡多佐法官提出了"可预见性"的观点，来评估铁路公司的责任。他认为，当事人的疏忽和过失是相对于他的注意义务，而义务，是指"预见义务"（duty of foresight）。对于不可预见的事，就没有义务可言；没有义务，当然就没有疏忽或过失。对长岛铁路公司（的工作人员）而言，很难预料到他们对旅客的协助会使一包爆竹爆炸，并伤及月台上的乘客。

因此，虽然在事实上帕斯格拉芙太太所受的伤害和铁路公司人员的行为有关，但卡多佐法官却以"可预见性"作为检验因果关系是否在法律上成立的准则。从此之后，在类似的官司里，这个"可预见性"原则就成了美国许多法院援用的准则。

在这起官司的判决书里,持少数意见的威廉姆·安德鲁斯法官也提出了一个有趣的观点。他认为,一个人的行为责任,是对社会上所有的人,而不是只针对特定范围的人。只要被告疏忽大意的过失是造成原告伤害的最直接原因,被告就应当为原告所受伤害承担责任。这种立场刚好和卡多佐法官的见解相左。卡多佐法官认为,一个正常的、小心谨慎的人所感知的危险的范围,决定其应承担责任的范围。因此,这是有限的、局部的责任。

关于卡多佐法官的多数意见,有两点值得强调。一方面,传统见解的"若非"原则,主要是界定事实上的因果关系。他的"可预见性"原则,则是明确地指出法律上的因果关系。对于法律实践,这个原则提供了思考上的一个落点。另一方面,以"可预见性"来界定法律所处理的范围,虽然看似是纲举目张,但"可预见性"是一个主观的概念,本身没有明确的界限和范围。对于"可预见性"的内涵,不同的人很可能有不同的解读。

对于"可预见性"原则在法学里的运用,我们会在下一讲里继续探讨。

第三讲
因果关系"摸象"：责任和过失

这一讲里，我们继续探讨因果关系，所采取的方式是，从不同的角度探索，从而得到不同的体会。在论述和分析之前，我还是先描述大千世界里的几个实际案例，这有助于我们了解因果关系确实是一个很有挑战性的主题。

第一个案例，一辆运输管道的大货车，像往常一样运货到工厂里。过去都是由工厂里的员工来卸货，而那一天货比较多，货车司机还要赶下一趟生意，就主动帮忙卸货。结果，司机不幸从货物顶端失足跌落，头部着地，送医急救后还是不幸身亡。司机家属认为工厂要负责。那么，这起意外事件的因果关系该如何界定？

第二个案例，一个人无照驾驶一辆摩托车，在马路的转弯处超速越过中心线，突然发现对面车道还有来车。摩托车车主紧急刹车，车身打滑，不幸撞上了私家车。刹车和碰撞都发出了尖锐刺耳的金属声响，恰巧吓到了旁边路过的一位女性，致其心肌梗死而亡。这个意外事件的因果关系，又该如何解读比较好？

因果关系是否成立，有一个简单的切入点——责任，即对于某个结果（通常是意外），当事人是不是有责任。如果当事人有责任，因果关系就成立。当然，从另一个方向来描述也有帮助。如果在当事人的行为和结果之间，因果关系成立，当事人就要负法律责任。因此，责任和因果关系，这两者紧密相扣，有如鸡生蛋或蛋生鸡一般。

不过，仔细想想，"责任"只是一个抽象的概念。我们只有赋予这个概念更具体的内涵，才容易理解和操作。对于责任的认定，也经过长期的演变。举一个众所周知的例子：无论中外，在历史上有相当长一段时间，司法体系审理案件时，是采取"有罪推定"的原则，即假设被告是有罪的，被告自己有责任去证明自己是无辜的。而现代文明社会，绝大多数国家是采用"无罪推定"，即假设被告是无罪的。起诉的检方（或民事官司的原告）要证明被告是有过错的。对司法体系（和社会大众）而言，"无罪推定"和"有罪推定"两相比较，当然"无罪推定"要耗费比较多的资源，包括人力、物力和时间等。由此可见，"责任"的概念，也是在社会的发展中慢慢蜕变的。

21世纪初，对于责任的界定，法律上往往运用两个辅助性的概念——故意和过失。对于一个不好的结果，如果是因为当事人的故意或过失所造成的，他就要承担责任。故意和过失两相比较，故意的责任比较重，而过失的责任比较轻。

当然，这也就意味着，对于一个不好的结果，如果当事人既不是故意，也不算过失，一般情况下，他就无须承担责任。既不是故意，也不算过失，那么，不幸事件可以说是纯粹的意外。譬如，一个人好心拿香蕉给邻居的小孩吃，结果小孩不幸噎死。那个给孩子香蕉的人既不是故意的，也没有过失。这个真实的不幸事件纯粹是意外。

对于"过失"，我们还可以进一步运用辅助性的概念：如果某一个行为是"得注意、应注意、当注意"的，结果当事人疏忽而没有注意，因而导致不好的结果，这就是"过失"，要对不好的结果负责。有些国家也有类似概念，即"正常人原则"（the reasonable person rule）。也就是说，对你我一般的正常人通常会注意的事项，法律上就有注意的义务。

当然，细心的读者会发现，注意的程度并没有客观的标准。当事人是不是尽了注意的义务，法官有很大的裁量空间。不过，有一个微妙的差别是很明显的，而且一点就明：专业人士所要承担的注意义务，要超过一般的人。道理很简单，既然是专业人士，意味着这个人对相关的信息了解的较多，"得注意、应注意、当注意"的程度自然要比一般人来得高。

到这里，我们可以再回顾一下：我们先说明了因果关系和责任，彼此相依相行。接着，我们解释了"责任"的概念和"故意""过失"密不可分。最后，关于过失，我们又以"注意义务"来阐释。这些概念都是法学概念。然而，从经济分析的角度来看，其实可以一以贯之：一个人的责任和注意义务，对他而言，必须是"成本可堪负荷"的。如果承担责任和注意义务的成本很高，当事人无法负荷，那么，当事人就无须承担所要求的责任和注意义务。换句话说，在责任、故意、过失和注意义务等概念的背后，其实还有成本效益的考量。司法体系能够有效运作，必须是成本可堪负荷的。

再往前，回到一开始所描述的两个案例。在工厂卸货意外的案例里，货车驶入工厂，由工厂人员卸货，符合专业要求。货车司机对卸货过程中哪些是"得注意、应注意、当注意"的事项以及潜在的危险的了解程度当然比不上工厂人员。因此，发生意外事件，工厂不是故意的，但有过失。至于工厂要承担责任的比例，当然还要考虑其他相关的因素。在车祸巨响造成一名女性受到惊吓猝死的案例里，摩托车主不是故意的，却也有过失。他的过失就在于无照驾驶和超速，涉嫌危险驾驶。路人受到巨响的惊吓而猝死，是很难预料的极端偶然情况。然而，这个特殊的不幸，确实可以归咎于摩托车主的过失，他需要承担责任。当然，其他的因素，譬如意外猝死者的生理状态、离事故地点的距离等因素，也都要纳入考虑。

简单小结

这一讲的主题还是因果关系。我们从当事人的责任、故意和过失等概念的角度，间接分析因果关系是否成立。而且，我们特别指出，当事人责任的归属（也就是涉及因果关系的界定）问题，必须是"成本可堪负荷"的。

第四讲
是车撞人，还是人撞车

对因果关系的探讨，是传统法学里非常重要的一环。原因很简单，因为在处理原告和被告的纷争时，彼此的责任乃至最后的判决，都和事件的因果关系密不可分。

在法学论述里，对因果关系的分析几乎到了抽丝剥茧、巨细靡遗的地步，而且往往也相当具有启发性。譬如，有本书里的例子：两辆车都违规超速蛇行，一辆车运气好，没有撞上人，另一辆车运气不好，撞了人。两个司机在驾驶行为上几乎没有任何差别，可是在责任与对后果的承担上，却有天壤之别。这种差别是不是符合公平原则？相同的行为，不是应该得到相同的待遇吗？

法学论述中对因果关系的阐释，可以说是从普通人的认知出发，而后由法律学者在逻辑上做更严谨精密的推演。相形之下，对于因果关系，经济学者却有不太一样的解读。

科斯曾指出：因果关系往往是双向的，而不是单向的，也就是两者很可能互为因果。既然是互为因果，显然不容易决定谁是谁非。因此，他认为，界定责任可以不以因果关系，而以另一种指标——产值（或价值）的高低来决定。科斯举的例子之一——"炸鱼薯条店"的官司，我们在前文介绍过"炸鱼薯条店的气味是否侵犯邻家的权益"。实际上，这个纠纷的争执在于炸鱼薯条的香味和邻居确实互为因果。传统法学理论关于因果关系的观点，显然容易忽略整个事件的重点。同样的道理，如果车闯进行人的步行区，撞伤行人，车该负责。可是，如果行人闯进车道，被车撞伤，车未必要负责。

科斯对因果关系的阐释以及他所引述的例子，对我们有一些重要的启示。

首先，科斯不是以因果关系而是以产值的高低来处理纷争，在许多事例上确实有说服力。

其次，同样是车撞上人，在行人步行区里，主流价值是行人的安全；在车道上，主流价值是行车的安全。因此，决定车撞上行人的意义以及车和行人这两者的责任认定的，显然不是因果关系。关键所在，是不同的情境里，在主流价值的尺度上，车撞人这件事会有不同的刻度。抽象来看，主流价值可以是金钱所衡量的价值（譬如，房地产的价值或商业活动的价值），也可以是不直接由金钱衡量的价值（譬如，行人的安全或行车的安全）。当然，公平正义本身也是一种价值，也有高低之分，也可以是衡量事件意义和决定责任的尺度。

以主流价值作为参考坐标其实非常正常，在生活里几乎随处可见。譬如，在探讨牧场和农场的相对关系时，是牧场用栅栏把牛圈在里面，还是农场用栅栏把牛围在外面，哪种做法比较好？答案很简单，依主流价值来决定：以牧牛为主的区域里，牛多而农场少，以牛的价值为重，因此农场要围栅栏；在以农场为主的区域，情形刚好相反。

同样的观念，在商标法里，在同一个地区和同一个商品或服务类别里，相同商标只能有一家。譬如，在香港只能有一家"万福糕饼"。但是，如果是不同商品或服务类别，就不受限制。因此，不能有第二家"万福糕饼"，但是可以同时有"万福漫画"、"万福西药房"和"万福洗衣店"。

在这种情形下，维持各个行业里商业活动的秩序——不会有同名品牌鱼目混珠的情形，就是那个行业里的主流价值。在前文中，我们曾提到，香港的十字路口地面上漆的"望右"或"望左"的提示语。这个例子也再次反映了主流价值的意义：主流价值，通常是一个中性的概念，显示了某个环境里多数人所接受或所遵循的行为模式。

最后一点，无论是车撞伤人、炸鱼薯条店恼人的气味，还是其他行为的意义，事实上是由相关的条件和其他的因素所决定的。我们若是把焦点放在事件或行为本身的因果关系上，则可能产生偏误。

简单小结

一般人认为，因果关系是简单而明确的，但一些经济学者认为，因果关系其实是由环境里的条件所决定的。不同特定环境里的条件，会影响人们采用不同的价值判断和选择。

第五讲
明察秋毫：法学里的因果关系

这一讲里，我们延续对因果关系的探讨。先举两个例子作为讨论的前提：第一个例子，餐饮店经常有小偷光顾，老板在冰箱里摆了几罐饮料，里面装的是农药。小偷果然光顾，偷走饮料。小偷的朋友喝了饮料，中毒而死。谁的责任？第二个例子，甲、乙、丙三人到沙漠旅游，乙在甲的水壶里下毒，希望置他于死地，然而丙不知情，只是暗地里把甲的水壶倒干，甲最终渴死。谁有罪，谁无罪？

这些案例，有些是真实发生的官司，有些则是法学论述里的假设情况。但是，无论真假，一旦在法庭上出现，法官在判决里必须阐明理由。法官的理由当然和他认定的因果关系有关。

法学思维——NESS原则

卡多佐法官的"可预见性"原则，把法学思维往前推进了一步。可是，虽然这个原则在观点上有启发性，却不是万灵丹。

在餐饮店老板在饮料里下毒的例子中，也许餐厅老板可以预见小偷将中毒，可是他能预见小偷的朋友或小偷的朋友的朋友将中毒吗？根据卡多佐法官的"可预见性"原则，小偷的朋友或小偷朋友的朋友，可能都被排除在外。可是，根据安德鲁斯法官的"一般性"原则，餐厅老板必须对社会上其他所有的一般人负责，小偷的朋友或小偷朋友的朋友，显然就被包括在内。那么，责任如何判定呢？

在沙漠之旅的例子里，乙在甲的水壶里下毒，可以预见甲将中毒。可是，丙却把甲的水壶倒干，阻止了乙的过失。根据"可预见性"原则，乙有责任。根据"若非"原则，乙的行为和甲的死没有因果关系，因为若乙没有下毒，丙把水倒掉，甲还是会渴死。那么，谁对谁错呢？"若非"原则本身也有盲点。举两个例子，可以说明其中的曲折。

第一个例子，两幢房子分别起火，延烧到第三幢房子。房主对两幢房子的主人同时提起诉讼。可是，若非第一幢房子起火延烧，第三幢房子还是会被第二幢房子延烧。因此，根据"若非"原则，第一幢房子无须负责。同样，若非第二幢房子，第一幢房子的房主也会延烧到第三幢。因此，根据"若非"原则，第二幢房子的房主也没有责任。结果，两幢房子的房主都没有责任。

第二个例子，两个人去打猎，看到草丛有动静，于是他们同时开枪。结果，草丛里是一个人，他中枪蹒跚而出。受伤的人身中两枪而死，开枪的两人都有责任。（如果只中一枪，又无法做弹道比对，会是另一个问题。）可是，根据"若非"原则，分别来看，两人都不符合"若非"的条件。结论是，两人都无须负责。于情于理都说不过去。因此，"若非"原则本身也有操作上的盲点。

在法学研究里，关于因果关系的讨论，伊利诺伊理工大学芝加哥肯特法学院法学名誉教授理查德·W. 赖特（Richard W. Wright）曾发表一系列文章。他所提出的 NESS 原则（Necessary Element of a Sufficient Set），是指造成某种结果的"充分合理的必要条件"。该原则是到目前为止，逻辑上比较严谨的论述。简单地说，赖特希望通过 NESS 原则，可以明确、清楚、精确地决定因果关系，并且还可以避免"若非"原则所导致的谬误，以及卡多佐法官的"可预见性"原则的主观性。

我们可以用以下两个实例说明 NESS 原则。第一个实例，两辆汽车以高速行驶状态同时和一辆马车会车。汽车的声音、速度和排出的气体使马匹受惊狂奔，结果马车受损、乘客受伤。第二个实例，在河上游的 26 家工厂把污水和废料排放到河中，导致下游的一户人家的土地受到污染，土地几乎成为废土。

根据"若非"原则分别来看，即使没有这辆汽车，也有另一辆汽车使马匹受惊。因此，两辆车都没有责任，就像前文中的案例两幢房子起火延烧或两人开枪同时击中一人，两方却都没有责任一样。在土地遭到污染的例子里，也是如此。若非这家工厂，还有其他 25 家工厂会造成下游的土地受到污染。因此，这家工厂没有责任，以此类推。

根据卡多佐法官的"可预见性"原则，使马匹受惊的车辆可能都有责任，因为司机可以预见高速会车会使马匹受到惊吓。可是，在 26 家工厂的例子里，每一家工厂都排放微量的污染物，因此，工厂可以预见，排放将不至于造成污染，甚至使良田变为废土。26 家工厂，家家如此，因此可以根据这种推论，将特定一家工厂的责任撇清。

赖特的 NESS 原则正好可以一矫这些不合理推论的缺失。仔细来看，NESS 原则有两个部分：一是"充分集合"，二是"必要条件"。造成一种结果通常有多种不同因素，如：当时的空气、温度、国民收入、物价水平等。但是，其中有一部分因素是无关紧要的。譬如，两位汽车司机所穿的衣服，并不是造成马匹受惊的必要条件之一。

排除这些无关紧要的因素，剩下的就是引发结果的关键因素，而这些关键因素，可能同时有好几个组合。每一个组合都足以引发连锁反应，从而造成最后的结果。每一个组合，就是赖特所谓的充分集合。因此，起火的两幢房子、同时命中的两枪、疾驶而过的两辆汽车，都隐含两个"充分集合"，而任何一个充分集合，都足以导致事件最后的结果。

在每一个充分集合里，可以检验其中的"必要条件"。有了一个或一些必要条件，才会形成"充分集合"。也就是说，在每个充分集合里，可以运用"若非"原则，检视每个条件和所属集合的关联。在分别起火的两幢房屋、分别打出的两枪、高速行驶的两车的例子里,各有两个充分集合可以分别引发事件的结果;而在每个充分集合里,每幢起火的房屋、每一枪、每辆车都符合"若非"原则,都是集合成立的必要条件。因此,每幢起火的房屋、每一枪、每辆车都满足 NESS 原则,也就都符合造成事件的因果关系。

在 26 家工厂的案例里,足以使良田变废土的,可能是其中部分工厂所排放的污染物。因此,有两个"充分集合",而每一家工厂都是某一个充分集合里的必要元素。也就是说,分别来看,虽然每一家工厂污染的效果微不足道,但是从 NESS 原则来看,每一家工厂都是导致良田变废土的必要条件,应该对后果负责。

关于赖特的 NESS 原则,有几项优缺点值得强调。第一个优点是,就逻辑的严谨度而言,NESS 原则确实要比"若非"原则和"可预见性"原则严谨。对于思考法学问题,特别是千奇百怪的官司,NESS 原则有澄清和指引的功能。第二个优点是,NESS 的重要特色也正是赖特的出发点之一,即希望针对各种事实做平实的分析和推论。他希望讨论因果关系时,能避开主观因素,而停留在客观的范畴里。在这一点上,NESS 原则的操作在一定程度上避免了各种主观因素的考量。

当然,在某种意义上,NESS 原则的优点也正隐含了这个原则的缺点。第一,NESS 原则逻辑严谨,但一般人(包括陪审团、律师、法官,乃至经济学者)在面对问题和做出判断时,往往并不诉诸严谨的逻辑分析。譬如,在帕斯格拉芙诉长岛铁路案里,根据 NESS 原则,铁路公司(员工的)行为确实是"充分集合里的必要条件",然而,卡多佐法官的"可预见性"原则,虽然是以主观判断为准,却最终成为美国多数法官所援用的标准。第二,在法律上,对因果关系的讨论可以分成两部分。第一部分,在法律上,因果关系成不成立?第二部分,如果因果关系成立,当事人应各负多少责任?譬如,鞭炮使司机受惊,导致车辆冲入人群,造成死伤;听到朋友开玩笑说自己的爱猫遭遇车祸过世,猫主人心脏病发过世；某人走在人行道上，不小心被石头绊了一下，手肘撞到另一位路人的头，路人是"蛋壳脑袋"，因此受伤。根据 NESS 原则，这些事件的因果关系都成立，可是关于肇事者要负多少责任，NESS 原则却帮不上忙。当然，这种缺失不只限于 NESS 原则，其他如"若非"原则和"可预见性"原则等，也都有类似的缺憾。因果关系成立与否，以及成立时的责任问题是两回事。NESS 原则和其他原则，无须（或不应该）承担太多的责任。在某种意义上，确实如此。不过，这也反映了法学论述不容易一以贯之的特色。对于同一个主题，如因果关系，不可能仅靠同一种分析框架就做出全面而完整的分析。

在下一讲里，我们将继续探讨"因果关系"这个重要而有趣的主题。

第六讲
因果关系和法律的帝国

这一讲里，我们将继续探讨因果关系。这一讲的重点，是区分出"事实上"的因果和"法律上"的因果。从这个微妙又极其重要的区别中，我们也可以体会出真实的世界和"法律帝国"的差距。"法律帝国"确实充满了挑战和智识上的趣味。

开宗明义，"事实上"的因果，是指真实世界里行为和结果之间的关联。而"法律上"的因果，是指司法体系（特别是法院）对行为的原因和结果所做出的判断。两者之间的差别，我们可以先借一个真实的案例来反映。

在一个英属小岛上，发生了一件中毒致死案。部落首领的大老婆因为吃了首领给她的东西，口吐白沫而死。当地法院开庭审理，首领承认东西就是他给的。不过，他理直气壮地宣称，他完全是遵照族里的传统，毫无过错可言。根据族里的传统，如果怀疑某个人撒谎，就让对方吃一种东西，对方如果没讲谎话，吃了之后会安然无事；对方如果讲了谎话，就会遭遇不测。因此，他给大老婆吃这种东西，只是测试她有没有说谎而已。

这个特殊的事例涉及法律中跨辖区的问题。不同的辖区有不同的游戏规则。问题牵涉面很广，这里暂不做进一步的讨论。不过，就"因果关系"这个主题而言,这个首领测试大老婆是否说谎的特殊案例清楚地说明了:对因果关系的解读,并不只是逻辑上的问题,还涉及更深刻的文化和价值判断。

回到"事实因果"和"法律因果"这两个概念上,我们再举两个例子。第一个例子,几个朋友聚餐,其中一人讲了个非常好笑的笑话,大家哄堂大笑,但其中有一人笑得喘不过气来,倒地身亡。第二个例子,前文我有简要提到,有一个人爱猫如命,朋友开玩笑说,他的爱猫被车撞死,爱猫人听闻噩耗突发心脏疾病,倒地而死。

在这两个案例里,前面的行为(讲笑话和开玩笑)是原因,导致了后面的结果(都造成了死亡),因此,符合事实上的因果关系。就法言法,第一个例子里讲笑话的人,要不要承担过失致死的责任?相信大部分的人都会认定,这纯粹是意外,讲笑话的人无须承担法律责任。那么,第二个例子里,开玩笑的人是不是要承担法律责任呢?答案似乎就不是那么简单明确。由此可见,法律上的因果关系意味着法律上做出判断,涉及当事人到底要不要承担法律上的责任。

观念上,我们可以简单地划分:事实上的因果是中性的逻辑,法律上的因果是根据事实做出的价值判断。换一种方式区分两者:事实上的因果如无声电影,一幕幕的场景在眼前闪过;法律上的因果如有声电影,当荧幕上的画面一幕幕出现时,由旁白解读这些画面之间的关联。对于事实上的因果,法院无须发声;对于法律上的因果,法院却必须明确发声。如果因果关系成立,当事人就要承担法律责任。

当然,问题的关键是:如何区分法律上的因果和事实上的因果?或者,在哪种情形下值得承认或认定法律上的因果关系成立?在一般法学教材里,碰到这个敏感而关键的问题,经常援用更多的概念(譬如,相当因果关系、直接因果关系等)。对于这个核心关键的问题,我们会在下一讲里阐述。

第七讲
成本效益和因果关系

在这一讲里，我们将直接而明确地在成本效益和因果关系之间建立起联系。法学界的朋友们可以从一个不同、独特的角度来思考因果关系。

就法学里的因果关系而言，经济分析所能提供的主要考量，可以从"工具"的角度着眼。工具是人们为追求自身福祉所发展出来的各种方式、手段、做法。对于不同的问题，人们会运用不同的工具。当然，其中隐含了我们在取舍工具时，会有利弊得失（也就是成本效益）的考量。"因果关系"的概念，就是人们所发展出来的诸多工具之一。利用这个概念和相关材料，人们希望能有效地处理某些问题。当然，把因果关系这个概念看作工具，值得我稍作说明。

在原始社会里，人们钻木取火、结网捕鱼、劈石为刃。钻木、结网和劈石都是在寻找适当的工具。不过，这些都是具体的工具，眼睛看得到，手摸得着。当人类进一步进化后，有了语言文字。语言文字是外在的符号，而这些符号所对应的概念或思想，则是藏在人头脑里的材料。人们利用语言文字以及所对应的概念或思想来追求福祉。显然，在本质上，概念或思想和石刀、渔网一样，都是工具。

弄清了工具的意义之后，我们接着可以思考运用工具时的各种特性。在大自然里，达尔文提出"物竞天择，适者生存"的核心思想。在经济活动里，经济学者也提出类似的体会：人类活动，趋吉避祸、趋利避害。用比较精确的话来描述就是，人们的行为会反映"成本低、效益高"的特性。原因很简单：同样的成本，当然效益高比效益低好；同样的效益，当然成本低比成本高好。这不但有益于人类的生存与繁衍，而且能令人类更有效率地追求自身的福祉。

人们在运用各种有形的资源时，不仅会反映成本效益的考量，在运用其他抽象的概念时，自然也会展现同样的特质。关于因果关系的阐释和运用，当然也不例外。具体而言，对于生活里常出现的现象，一般人容易掌握清晰的因果关系。一般人当然包括法律学者、经济学家、法官、检察官，等等。对于生活里少见的经验，一般人不容易有明确的反应。这时候，只好诉诸其他类似的体验。然后，人们借着类比、对照的方式，希望对事物有某种程度的掌握。从成本效益的角度来看，这完全合情合理。对于经常出现的经验或现象，人们在脑海里认知和储存资料都很容易，即成本很低。可是，对于不常出现或过于曲折复杂的事物，人们要维持同样反应能力，成本显然变高。然而，生活里的经验，毕竟不完全是单一和重复的。当碰上偶发事件或复杂的情境时，人们除了通过类比和对照来认知，也往往会以成本低的方式来处理和因应，譬如，以直觉或经验法则来因应。

当我们把"因果关系"看成工具性的概念以及从成本效益的角度分析对工具的运用时，便可以具体归纳出三点特质。

第一，从成本效益的角度来看，处理直接的、局部的、短期的、主要的、明显的因果关系，成本较低；处理间接的、全面的、长期的、次要的、隐晦的因果关系，成本较高。根据需求定律"价量反向变动"的概念，成本高的少处理，成本低的多处理。因此，在法学里，司法部门会自然而然地倾向于处理成本较低的因果关系，卡多佐法官的"可预见性"原则就是明显的例子。而不可预见的因果关系，对当事人和司法体系而言，处理的成本都很高，所以暂时不按此处理。

同样，如果有两辆车高速蛇行，一辆撞上人，另一辆与其他车辆擦身而过。虽然两辆车的行为几乎不分轩轾，但所要承担的法律责任却有天壤之别，即一个是过失致人死亡，一个是违规驾驶。从成本效益的角度看合情合理，以"事后结果"来处理因果关系，司法成本较低。

事实上，当因果关系成立时，在善后的处理上，司法部门的做法也体现了成本效益的考量。对于常出现的、明确的、直接的、显著的权益，司法部门习于处理、也比较愿意处理；对于不常出现、模糊的、间接的、隐晦的权益，即使因果关系成立，司法部门都会谨慎、保守处理。

当然，比较抽象的考量，是因为善后难处理（司法成本高），所以可能连带影响对因果关系本身的解读。也就是说，因为事后难处理，所以可能在某些案例里，不承认因果关系，以降低司法成本。一个具体的事例可以体现这种考虑。二战期间，美国曾经集中管理日裔美国人，限制他们的行动。多年后，当年被隔离的日裔美国人及其后代提起诉讼，认为当年美国政府违法，侵犯基本人权。这一史实的因果关系非常明确，但是美国法院拒绝受理。最后，在克林顿总统任内，由美国国会通过法案补偿每位受害者大约2万美元。这是以政治手段来处理，而不是以司法工具来处理。因此，对于法学里的因果关系，经济分析的第一点重要体会是：因果关系的概念本身以及操作因果关系，都有成本效益的考量。

第二，在经济学者的眼中，对因果关系不同的解读就像采用了不同的游戏规则。而在取舍游戏规则时，重点往往不在于已经发生的官司，而在于哪一种游戏规则会在未来引导出比较好的行为因应和导致比较好的结果。因此，在认定眼前官司的因果关系时，法官不妨自问：以"向前看"的观点着眼，如何阐释因果关系比较好？

譬如，如果一位旅客因火车误点而投宿某旅舍，该旅舍又发生大火，旅客遭受损失。在这个例子里，影响铁路公司误点的因素，主要是交通状况、火车的机械状况、天气、突发事件等。旅客因行程被耽搁而引发的纠纷，即便让铁路公司负责，也不会影响铁路公司的营运行为，但是，铁路公司会把额外的负担转嫁到一般乘客身上。而且，以后法庭要面对各种奇怪的求偿事件，进一步增加了司法体系的负荷和司法成本。因此，基于"向前看"的观点，最好不承认这种因果关系。简单地说，对于因果关系，经济分析所能添加的第二点智慧是"向前看"的视野，即在斟酌因果关系时，评估不同的解读对未来的影响有何差别。

第三，有些官司所涉及的因果关系太过特殊，未来再出现的概率较小，这时候，显然"向前看"没有意义。因此，重点就得回到"向后看"，以妥善处理手上的官司为主要考量。

在英国历史上，曾有一个特殊案件：一个马戏团的大象意外踩死了全英国最矮的侏儒，尽管马戏团事先采取了防范措施，完全没有过失，但悲剧依旧发生了。就因果关系本身而言，马戏团没有任何疏失，因此无须承担这桩意外的责任。但法院裁定，即使马戏团没有过失，对于侏儒的家属，团方还是要给予一定补偿金，因为未来再发生类似事件的概率非常小。即使再发生，还是有很大的空间可以转圜裁量。因此，未来不重要，而当未来不重要时，重要的自然是现在。

简单地说，经济分析对因果关系的第三点启示是，关于极其特殊的事件：就未来再出现的概率太小，现在处置的方式有相当大的弹性，而无须受到为未来考虑的限制。

第八讲
因果关系的案例分析

谁该承担歧视的重担

这一讲里，我们将探讨一个具体的案例，从而进一步体会因果关系的曲折。案件中，表面上看起来无足轻重的细节，在法庭里却往往变成棘手的难题。

歌曲《龙的传人》里有这么一段歌词："黑眼睛，黑头发，黄皮肤，永永远远是龙的传人。"这首歌的曲调优美，歌词隽永，曾经风靡一时。然而，在真实世界里，当"黄皮肤"成为问题时，怎么办？台湾地区有许多英（双）语幼儿园/补习班，也雇用了很多外国人教英语。一般而言，英国人、美国人、澳大利亚人虽然英语发音不同，但对当地学童和家长而言，这些微小的差别并不重要。重要的是，除会讲英文之外，在外貌上外教必须像个"老外"——金发、蓝眼、白皮肤，或者至少是个白人。

一位黑眼、黑发、黄皮肤的美籍华裔人士来应聘双语幼儿园教职。他符合所有条件，唯一的问题是他皮肤的颜色不对。幼儿园诚实地告诉他，学童和家长期望任教的老师是"老外"，所以无法聘任他。他自觉不公，而且认为对方违反（台湾地区）就业服务相关规定，有歧视之嫌，因此，一纸诉状告上相关单位。这个社会事件意义如何？如果法院面对这个纠纷，要怎么判才不至于被批"法官思想老旧或缺乏同理心"呢？

在具体分析这个案例之前，我先介绍一下思想史上相关的背景。关于"歧视"这个主题，过去一向属于社会学者的研究领域。然而，20世纪60年代，芝加哥大学经济学者贝克尔在读博士学位时发现：歧视隐含着区别待遇。贝克尔认为，若市场里一向有区别定价的现象，那么，利用同样的概念，不是也可以用于探讨人际交往时的区别待遇吗？这个概念上的转折从此揭开了经济学新的一页。后来，经济学者进一步探讨社会学里其他的现象，也都有新的体会。贝克尔取得学位之后，留在了母校的经济系和社会系教书。他对经济学的贡献，后来也得到了诺贝尔奖的肯定。

回到就业歧视这个案例上，我们稍稍斟酌就可以发现：观念上简单的事，一旦成为法庭里的官司，往往就变得不简单。对用人单位而言，当然有相当的委曲：市场激烈竞争之下，生存是首要考虑。如果老师黄皮肤（不是"老外"），那么家长或学童接受度不高，自然不愿意上门。因此，即使观念上有歧视、理亏之嫌，现实考量不是理念人权之争，而是学校存亡所系。而且，不愿意付钱的家长或学童该承担责任，而不是小小的双语幼儿园。再进一步，歧视的本质其实就是区别待遇。我们对于生活里、工作上的人、事、物，很多都依个人好恶而对待：对于顺眼的俊男美女，我们多看两眼；对于故旧亲朋，我们软语和颜。区别待遇是常态，有谁对别人完全一视同仁呢？

因此，这就引出了问题的关键，也是矛盾所在：在个人层面上，区别待遇（"歧视"）是常态。在社会层面上，以法令排斥、消弭歧视，是社会进步的轨迹。在私领域和公领域里，采取不同的游戏规则。一旦两者有冲突，社会所揭示和追求的价值当然值得肯定，但对个人而言，无论施与受双方，到底要承担多少责任？

当然，仍有两点考虑也许值得人们作为参考：一是，台湾地区法律规定，各机构有责任聘用当地少数民族或弱势群体，但只限于超过一定规模（50人）的单位，因为承担社会责任要考量其负荷能力。二是，台湾地区还规定航空公司招聘乘务员，可以对身高等执行严格的要求，因为若乘务员身高不足，就不能帮乘客安置行李和有效应变，有碍飞行安全。

针对双语幼儿园的个案，在各种考量之下，也许我们可以找到不完善、但可以多赢的处理方式：黄皮肤的"老外"受了不公待遇，当然应该维护他的权益。至于赔偿部分，他大概也不希望在不友善的环境里工作。幼儿园该适当予以补偿，但是数额最好是形式重于实质。这么一来，法的精神也得到了维护，判决也产生了宣示效果，社会也往前移动了一小步。

简单小结

这一讲是通过具体案例，阐述"歧视"的问题。从因果关系来看，重点要考虑的问题有二：第一，歧视是不是成立？第二，如果（部分）成立，如何处理比较好？

好事变坏事

在这一讲里，我们将介绍另一个真实的案例。事情本身过程清楚而明确，只是放在因果关系的主题里，如何处理却令人颇费思量。

"通往奴役之路，常由善意铺成。"这是哈耶克的名言。哈耶克的警句，简单来说，就是"好事常常变坏事"。这种情形倒是所在多有，每个人都可以道来自己的故事。这里再举一例，案子发生在加拿大，情节曲折，过程有趣。通过这个案子，我们还可以总结不少人生智慧。

一切要从一个小女孩的好奇心开始说起。玛丽露是个10岁的小女孩，在加拿大魁北克省的圣热罗姆读小学。她走过学校的走廊时，发现垃圾箱上有个天好咖啡公司的咖啡杯，这家公司正在举行赠奖活动，得奖信息就印在咖啡杯的杯缘内侧。而垃圾箱上的这个咖啡杯，杯缘还完好如初。

玛丽露一时兴起，捡起咖啡杯，想卷开杯缘。可惜杯缘封得很紧，玛丽露打不开。刚好，玛丽露的一位朋友走过，她已经12岁了。玛丽露请朋友帮忙，12岁的女孩一使劲儿，把杯缘卷开，露出底下的字样——一部休闲旅游车。这是赠奖活动的头彩，价值28 700加元（约合人民币15万元）。

学校的行政人员知道之后，通知了两个小女孩的家长。先赶到学校的是玛丽露的爸爸，另一个女孩的爸爸也随后赶到。大家都很兴奋，决定要分享这个天上掉下来的礼物。大家也讲好，两家将轮流用这部车，一家一星期，而且两家还要一起开车去迪士尼乐园玩。两个爸爸一起去该咖啡公司，准备领取头彩。然而，领奖的表格仅限一人填写，也就是说只有一个人可以领奖。好事变坏事的转折于是出现。不知不觉之间，两个爸爸起了争执。一气之下，玛丽露的爸爸决定：将独享这个头彩，不理会另外那家人。

12岁女孩的家人觉得不公，认为自己好心没好报。于是，12岁女孩的妈妈打电话向当地广播电台寻求帮助，希望找律师帮忙，维护自己女儿应得的权益。经过报道，这个新闻传遍全世界。当然，这个故事还有个插曲——学校里的一位男老师出现，声称他才是头彩的得主。因为只有他常买该品牌的咖啡，全校师生人尽皆知。12岁女孩的妈妈接受媒体采访时表示："我们的不平之鸣，并不是为了自己。我们觉得自己的女儿帮了忙，该得到应得的一份报酬。"而玛丽露的爸爸有杯在手，有恃无恐，他表示："谁找到就属于谁，天经地义。"

如果双方家庭循司法途径，法庭相见，那么好事就成了坏事。法官该怎么处理才好呢？

首先，最容易处理的，当然是男老师的部分。自己把咖啡杯随手一丢，就等于自己放弃了机会。他随手丢掉的，不是一部休闲旅行车，而只是一个不起眼的咖啡杯。他声称自己才是得主，有戏剧效果，但是

400

不应该、也不会有法律效果。

接着,是处理两个小女孩家庭之间的纠纷。根据当地法律,10岁和12岁的小女孩都是未成年人,没有行为能力。她们的行为不具法律效力,而是由她们的法定代理人负责。然而,在这个例子里,两个未成年的小女孩愿意有福同享,双方成年家长却恶言相向。以成年人的举止为依归,不但奇怪,而且模糊了焦点。两个小女孩之间的曲折,其实并不复杂。关于奖惩和赏罚,可以针对彼此的贡献来思考。在原始社会里,一群人上山狩猎。一人先射中野猪,野猪负伤而逃,其他人相继出手,最后终于有人一箭撂倒猎物。最后射箭的人显然不能独享野猪,因为其他人也有贡献。同样的道理,过去以小艇人工射镖捕鲸鱼,也发展出类似的做法:最先射中鲸鱼的小艇,最后一定能分到一定比例的猎物。

那么,两个小女孩之间,谁的贡献较大呢?比较之下,当然是玛丽露,因为若没有她的好奇心,就不会有后来的发现。虽然12岁女孩卷出了头彩,但是她的贡献要小得多。她的贡献,只是举手之劳,帮朋友一点小忙而已。如果没有她,还是会有其他的小朋友路过并相助。因此,就贡献的大小而言,玛丽露无疑居首功。12岁女孩出手相助,应该得到报偿,但是在比例上,绝对不是平分。

当然,从这个好事变坏事的例子里,我们还能总结出一些抽象的原理原则。如果情境稍微调整一下:玛丽露请12岁女孩帮忙,12岁女孩努力了一阵,还是卷不开。这时玛丽露要赶着上课,就说自己先走了,不论中了什么奖,都送给12岁女孩好了。那么,当她说完并正要转身离开时,12岁女孩卷开了杯缘,中了休闲旅行车,怎么办?或者,那位男老师突然想起赠奖活动,也想起了他丢掉的咖啡杯,当他回来找这个杯子时,两个小女孩正卷开了杯缘,正在雀跃欢呼,怎么办?

类似的情境是巧合中的巧合,虽然有益智上的兴味,但是对法学思维的帮助不大。因为司法体系所处理的问题,通常能和一般人的生活经验联结。人们根据生活经验里的因果关系和利弊得失,思考如何处理所面对的问题。太过于罕见的情节，正常的生活经验中碰不上，自然也就不会衍生出对应的思维判断。这种体会其实正呼应了美国著名大法官霍姆斯的名言："法律的本质，是经验而非逻辑。"对于小麻烦，西谚云："是茶壶里的风暴。"对于咖啡杯引发的纠纷，《论语》说："虽小道，必有可观者焉。"

最后，我留下一个问题请你思考，也可以算是一个挑战，我自己还没有想到合适的答案。各种法学教材和考卷里，经常会出现一些极其罕见又复杂的问题，作者和出题单位往往会提供"标准答案"。然而，这些假设性的情况，在真实世界里出现的概率小之又小。那么，我的问题是：对法学教育和学子而言，情况有多复杂和诡谲就够了？有没有界限，界限何在？

无心之过，谁负责

在这一节我们将仔细分析一个经典案例。对于这个案例的分析，一方面，我们能展现经济分析的特殊视角以及简洁而有效的分析技巧，另一方面，我们将提炼出可以藏诸名山的智慧结晶。

案情本身其实并不复杂。1905年左右，美国有位职业摄影家从纽约出发，经过长途跋涉、舟车劳顿，到喜马拉雅山拍了很多漂亮的照片。回到纽约之后，他就把底片交给一家冲印店，希望冲洗照片之后，能够将其卖给杂志社。假设他拍了200卷底片，而冲洗费是每卷0.5美元，那么，冲洗费总共是100美元。但非常不幸，冲印店在冲洗照片的过程中发生失误，不小心把底片都曝光了。冲印店承认过失，也愿意赔偿摄影家的损失。

摄影家明确表示，他要求的赔偿不是照片卖给杂志社所能获得的金额，而是他来回的旅费5万美元。冲印店表示，自己小本经营，5万美元几乎是天文数字，如果赔这个金额，小店可能只好关门大吉。双方谈不拢，只好打官司解决。有两点事实非常清楚，双方都无争议：第一，底片毁损，就是冲印店的过失和责任；第二，摄影师来回旅途花费的单据都在，就是5万美元。

案情简单，损失具体，责任明确。那么，法院怎么判比较好呢？你不妨想一想，你觉得冲印店赔多少钱适合？在我教授的培训课程里，当我提出这个问题，各种答案都有：有人认为就赔5万美元；有人认为不只赔5万美元，还要赔底片卖给杂志社所能得到的利润；有人认为不该赔5万美元，因为摄影家在旅途中也享受了沿路的美景；有人认为打对折好了，赔2.5万美元；有人认为冲印店是小本生意，赔1万美元好了；还有人认为冲印店收的费用只有100美元（200卷乘以每卷0.5美元），就赔100美元好了……可能的赔偿方案，就像光谱上的点，有很多种可能。那么，哪一种比较合理呢？理由又是什么？运用哪种分析方式处理这个官司呢？在这个官司里，又涉及了哪几方的利益呢？对于这些问题，我们一一处理。

让我们再次利用"时间轴"的小技巧，不过稍稍有点变化。请你在脑海里想象一个时间轴，由左往右展开。在这个时间轴的中间，有一个点是t_0，表示"现在"。t_0的右边，依次是t_1、t_2等，都表示未来。t_0的左边，依次是t_{-1}、t_{-2}等，都表示过去。在大部分传统的法学教育里，都是强调：站在这个时点t_0，事情已经发生了，要妥善处理。善后，就是一种"向后看"的观点，即由t_0往t_{-1}和t_{-2}这个方向看。

然而，从经济分析的角度看，却是采取另一种截然相反的观点。我在教法学院的学生和一线公检法在职人员时，强调的是：目前站在t_0的时点上，事情已经发生了，我们的眼光和思维要向t_1、t_2这个方向看，这是一种"向前看"的观点。为什么要"向前看"呢？其实道理很简单，一点就明。

回头看，事情已经发生，损害已经造成，如同一块饼的大小已经确定，那么，如何善后，就是如何切这个饼。原告、被告得到的利益会有或多或少的区别。然而，对整个社会而言，其实并没有什么差别。相对而言，为什么"向前看"是比较好的观点呢？原因非常简单：虽然事情已经发生，损害已经造成，但是法院如果做出好的判决，会带来好的激励和诱因，人们将来的行为会受到好的影响，社会的"饼"会越来越大。如果法院做出不好的判决，就会带来不好的激励和诱因，人们将来的行为就会受到不好的影响，社会的"饼"会越来越小。

在司法体系里，经常提到一种观点：希望法院的判决能够达到政治效果、社会效果和法律效果的统一。可是，怎么做才能达到三者统一呢？这种观点从"向前看"的角度很容易理解和阐释。如果法院做出好的判决，产生好的激励，将来社会的"饼"越来越大，自然而然就达到了三者统一。这个观点可以用一句话来总结："我们处理过去，是为了未来。"

关于"我们处理过去，是为了未来"这句话有两点值得强调：第一，对个人而言，前文曾强调，人是理性和自利的。懊恼、悔恨等情绪，看起来只是放不下过去。其实不然。人对过去的记忆、解读、情绪上的起伏，可以有积极而正面的意义。适当的处理，有助于个人更好、更有效地面对未来。第二，对一个社会而言，通过各种典章制度，才能够保障世世代代民众的福祉和长治久安。法律无疑是典章制度中非常重要的一环。司法体系不断地处理各种民事或刑事案件，看起来是在处理过去已经发生的事，然而，如何妥善处理过去已发生的事，其实要着眼于未来。也就是说，长远来看，哪种方式会给社会带来比较好的结果，就以哪种方式来处理。胡适曾有一句名言，庶几近之："要怎么收获，先那么栽！"

那么，在这个毁损底片的官司里，怎么处理对未来比较好呢？让我们从法院的角度来考虑两个可能的方案：第一个方案（A），是依原告（摄影家）的要求，赔偿5万美元。第二个方案（A'），是以冲洗费100美元为标准，判决赔偿金额为两倍（200美元）。这两个方案，我们可以简单明确地表示为：A-A'。我们分别考虑，基于"往前看"的观点，A 和 A' 对未来会产生什么影响？很明显，焦点是原告和被告（摄影家和冲印店）未来的行为。

若考虑第一个方案：如果依原告（摄影家）要求，赔偿来回旅费 5 万美元，并且法院也支持原告请求，那么，请您考虑：将来这个摄影家（以及潜在的、其他的摄影家）再把底片拿去冲印时，会不会先提醒冲印店："我的底片很珍贵，请小心处理，我愿意多付费用。"答案是：当然不会。如果这次法院判冲印店全额赔偿，下次冲印店再出状况毁损底片，摄影家会再打官司并要求赔偿。因此，在这种判决下，将来摄影家的行为不会改变。

而冲印店的反应可能有两种：第一种，关门跑路了事。第二种，赔钱并继续经营。但是，以后收费采取两种收费标准：贵重的底片，每卷收 0.5 美元，其中 0.2 美元去买保险，万一再有类似的情况，可以保护自己。不贵重的底片，还是收每卷 0.5 美元。但是，收费 0.5 美元，万一出了问题，还是可能被法院判巨额赔偿。为了自保，冲印店在冲洗照片时会小心翼翼，因此，冲洗店的工作效率必然会慢下来。结论是：如果法院判赔 5 万美元，那么，将来摄影家的行为不会改变，而冲印店的行为必然改变。

若考虑第二个方案：摄影家要求赔 5 万美元，但法院判决只赔偿 200 美元。5 万美元和 200 美元之间，明显有很大的差距。法院判赔偿 200 美元的理由又是什么呢？主要的理由有两点：一是，摄影家清楚地知道，自己花了 5 万美元拍的这 200 卷底片十分很珍贵，但这个信息只有他自己知道，而冲印店并不知道。二是，摄影家本可以在一开始就告诉冲印店，底片花了很多时间、心力和金钱，务必小心处理，保险起见最好能分开处理，自己可以额外付费。也就是说，摄影家可以用成本很低的方式，把重要的信息提供给冲印店，而他并没有做到。既然没有得到事先提醒，冲印店就当作一般的底片来处理。一旦出了问题，根据一般服务性的契约，通常就是赔所付服务费的简单倍数。

如果法院判的是赔偿200美元，那么，将来对双方的行为会产生什么影响呢？对摄影家而言，花了5万美元，结果只赔了200美元，他是倒了大霉。但是，吃一堑长一智，以后他的行为必然会改变，对于重要的底片，他会先提醒冲印店，务必小心处理，并且他愿意付额外的费用。对于冲印店，只赔200美元，所以能够继续经营，不需要关门，也从这件事吸取了教训。以后收费采取两种收费标准：贵重的底片，一卷0.5美元，其中0.2美元去买保险。一般的底片，还是收一卷0.5美元。这也是关键所在：既然收的是一卷0.5美元，万一出了问题，只赔200美元，冲印店承担有限的责任。因此，以后在冲印时，冲印店还是能快速冲印，维持原来的流程。结论是：如果法院判赔200美元，"向前看"，将来摄影家的行为必然改变，而冲印店的作业流程不会改变。

两相比较，在这两种方案（A-A'）里，长远来看，哪种方案比较好呢？站在"向前看"的立场，根据第二种方案（A'），摄影家花了5万美元，而法院只判赔200美元，他是倒了大霉。然而，一位法学院教授曾打过一个生动的比喻：法院的重要功能之一，是在某些情况下，有意地制造"倒霉鬼"。因为制造了今天这个"倒霉鬼"，可以避免将来更多的"倒霉鬼"。在摄影家和冲印店的这起官司里，让这位摄影家成为"倒霉鬼"，将来反而不会有更多的"倒霉鬼"出现。因此，第二种方案（A'）是比较好的判决，而这也正是当年美国法院的判决。

到这里为止，对这个案子如何处理较好，我们已经做了清楚的分析。然而，我们可以再往前推进，试着让分析更为完整而全面。在这个案件里，利益攸关的主要是双方当事人（摄影家和冲印店）。我们不妨把焦点稍微放大一些，有没有其他人的利益也值得考虑呢？稍微琢磨一下，法院本身其实也有利益牵涉在内。试想：如果法院判的是摄影家胜诉，冲印店赔5万美元，以后类似的案子还会陆续出现在法院里，法院要斟酌相关证据，到底赔多少合适。不仅要耗费法官的心力和时间，而且会增加他们的工作量。相对而言，如果法院判的是冲印店承担有限责任,只赔200美元。摄影家因为事先自己没有尽到提醒责任,以后类似的案件不会再进入法院,因为是非已经很清楚。如此一来,法院的工作量自然减少。因此,从法院的角度着眼,第二种判决(赔200美元)更符合本身的利益。

在这个案件里,法院做出好的判决,不仅符合本身的利益,其实也符合社会大众(纳税义务人)的利益。法院的工作量增加,判决的稳定性受影响,而且工作量增加,可能也要增加人力、物力,纳税义务人势必要多缴税。所以,结论很简单:"向前看"的思维方式,长期而言,对社会好、对法院好、对纳税义务人也好,能够带来多赢的结果。

阶段性回顾

对于"因果关系"这个主题,我们已经花了相当的篇幅从不同的角度进行探讨。这里我将针对前面几讲做阶段性的回顾和总结。

第一,对法学而言,关于"因果关系"这个概念,最基本而重要的区分是"事实上的因果"和"法律上的因果"。事实上的因果,是指真实世界里,一连串的行为环环相扣、先后发生,符合"原因"和"结果"之间的关联。法律上的因果,是司法体系(主要是法院)在评估各种因素之后,做出价值上的判断和取舍,即在"事实上的因果"环节里,有意地只截取其中一段,构成"法律上的因果关系",当事人需要承担法律上的责任。

第二,"法律上的因果关系"是否成立,可以针对行为者(当事人)的责任加以解释,如果当事人的行为含有故意或过失的成分,就应当(或倾向于)承认法律上的因果关系。如果当事人既不是故意的又没有过失,不幸事件只是纯粹的意外,就不应承认"法律上的因果关系"。

第三,在考虑法律上的因果关系时,当事人的行为和结果之间的关联,如果是直接的、具体的、范围小的、时间差距小的,就应当承认。相对而言,当事人的行为和结果之间的关联,如果是间接的、抽象的、范围大的、时间差距大的，就不应承认。

第四，在考虑"法律上的因果关系"时，最好时刻记得"向前看"的观点，即今天在法律上承认这个因果关系，对未来会有什么影响？如果会产生好的激励效果，就应当承认；如果会带来不好的诱因，就不应承认。当案件难以取舍的时候，"向前看"的考量特别重要。

终 章

第一讲
再度回首来时路：终场盘点

在这一讲里，我们将再次回顾并思考前文的意义。我们将着重在两方面：一是法律经济学的意义，二是本书的意义。此外，我们也将做一些引申，供大家进一步探索时参考。

首先，关于法律经济学这门学科，有几点值得强调。众所周知，我们也在本书里多次说明，法律经济学这门学科，是从经济分析的角度探讨法学问题。该学科发轫于美国芝加哥大学法学院和经济学院，萌芽于20世纪60年代。主要的奠基人物是经济学者科斯和法律学者波斯纳等人。

经过半个世纪的快速发展，这个学科已经由青涩逐渐走向成熟。在美国主要的法学院里，现在至少有一位或更多的法律经济学者担任教职。而且，有的法律经济学者早已走出校园，进入法院担任法官并开始影响司法实务。经济学已逐步与政治、社会、法律、历史等学科相结合，而且在这一过程里，法律经济学无疑是最成功的成果。

法律经济学成功的原因，在诸多文献上也有讨论。这里仅提出两点，供各位读者参考。

第一，在法学里，官司是重中之重。原告和被告之间谁是谁非，引发了历来无数仁人智者的思考。原告与被告之间的利益冲突，如何切割取舍，令无数法官和学者头发花白。相形之下，在经济分析里，买卖交易当然也是重中之重。买方和卖方之间利益直接冲突，如何切割取舍，是两百多年来经济学者始终研究的议题。由此可见，无论在法学还是经济学里，两方（原告与被告、买方与卖方）之间的利益冲突，都是探讨的重点。抽象来看，在研究的主题（探讨的问题）上，这两门学科有极大的共通性。

第二，在法学里，千百年来众谋佥同的目标是追求正义。正义，是唯一的、至高无上的量尺。一切的一切，都是设法提升在这个量尺上的刻度。有趣的是，在经济学里，也有一个众谋佥同的目标，就是效率。一切的一切，也都是设法提升资源运用的效率，设法在效率这把量尺之上，把刻度往上移动。

因此，在法学和经济学里，都有一个各自接受的核心价值。两门学科探索的重点，都是在各自的量尺上谋求改进。我们不妨想一想，在社会学里或政治学里，似乎没有众谋佥同的各自追求的核心价值。法学和经济学能紧密地结合，核心的单一价值，无疑是这两门学科重要的共通性。

然而，在法学和经济学这两门学科之间，也有一些明显的差别。就方法论而言，法学所依靠的理论，基本上是道德哲学。历来的哲学家为法学提供了丰富的理论基础，也许形式内容有些差别，但本质上是道德哲学，不分轩轾。相形之下，经过200多年的发展，经济学的理论基础已经很明确地立足于真实世界的人和事。以真实世界为材料建构理论，再援用理论来解释社会现象和预测未来。

经济分析的框架简单明确、一以贯之。经济学者早已长驱直入法学、社会学、政治学和历史学等学科，凭恃的就是方法论上的优势。经济学在方法论上的特色（优势），为其他社会科学提供了基本的分析框架。经济学被称为"社会科学的皇后"，并不是妄言或过誉，而是对事实的描述。

以上，我们简单总结了法学和经济学这两门学科之间密切的关联。以下，我们再简单总结一下本书包括的内容和意义。

和其他法律经济学的著作相比，本书有几点特色。

第一，在本书一开始，我们就简要地介绍了经济分析的基本框架，包括四个构成的环节，分别是：分析的基本单位、行为特质、加总和均衡、变迁。

第二，"权利"和"道德"无疑是法学里两个极其重要的主题。自然法和天赋人权是西方法学界的主流。然而，我们通过大量的材料，阐明在真实世界里，不是"天赋人权"，而是"人赋人权"。而且，人不仅赋予人各种权利，人也赋予动物乃至植物某些权利。把权利的来源从抽象的道德哲学转移到真实世界，并对权利能够"知其然"，而且"知其所以然"。

同样，在一般法学论述里，通常把道德作为前提。相形之下，在本书里，我们追根溯源，把道德的来源、性质和功能阐述清晰，即道德是一种工具性的安排，具有功能性的内涵。

第三，对于"因果关系"以及"正义"这个概念本身，我们都从经济分析的角度，提出了完整而合情合理的说明。我们深信，"道理可以浅中求，真佛只讲家常话"，援用浅显的案例和晓白的语言，也可以阐明深刻的道理。

第四，借着大量的事例，包括中外和古今的案例，本书希望阐明：经济分析的理念和技巧不是空中楼阁，而具有相当的实战性。简洁有效的分析技巧，如果得以灵活运用，也可以处理很多棘手的案件。

当然，这本书是法律经济学的通识读物，强调的是对法学能有基本、精确且深入的掌握。部门法的内容以及技术性的法律知识，不是本书的重点。大家不妨多看几遍这本书，多想多思考，然后试着总结出自己对法学和经济分析的体会。

第二讲
法律经济学的说服力

这一讲里,我们将阐述法律经济学的特质,并且尝试说明这门新兴学科的魅力所在。

首先,我们把焦点先放在经济学上。这门学科被称为"社会科学的皇后",主要原因不是经济活动是社会的主导力量(之一),而是经济学的分析框架适用广泛。本书曾多次强调:经济分析,有一套简洁而完整的分析框架,其除了探讨经济活动,也可以有效地探讨人类的其他活动。事实上,自20世纪60年代开始,经济学者带着他们的分析工具,进入其他领域一试身手,成果斐然。

贝克尔获得诺贝尔经济学奖,是因其在社会学领域里开创性的研究。布坎南获得诺贝尔经济学奖,是因其开创了一个崭新的研究领域:公共选择,即用经济分析探讨政治过程。还有,广为人知的科斯,不仅是法律经济学的奠基者,也得到了诺贝尔经济学奖的桂冠。这些都是极为具体的事实。它们清楚地反映了经济分析的框架,且有广泛的应用范围,在研究"非经济、非市场"的活动时,也可以大展身手。

而且,在经济分析向外扩大的过程里,进入法学之后的成果最为璀璨。法律经济学不但成为西方法学院里的重要课程,而且以法律经济学为主题的学术期刊,至少已有十余种。随着该学科的发展,分工越来越细,目前,法律经济学已经慢慢划分出两大方向:法律的法律经济学和经济的法律经济学。前者,重点在法学,参与者主要是具有法学背景的学者;后者,重点在于经济分析,参与者主要是具有经济学背景的学者。这些事实都意味着,用经济分析探讨法学问题,早已过了探索、尝试、敌对、排斥的阶段。在学术领域里,法律经济学早已是一个众谋佥同、没有争议的研究领域。

相对而言,在我国,法学界对法律经济学的了解还相当有限。即使是知名学者,也难免经常看到一刀切的否定。譬如,"这种现象,怎么是经济学'理性人'假设能解释的"?

我们不妨再次简单回顾一下,当代法学(法律经济学)大家波斯纳教授的人生轨迹。在大学时代,他的专业是英美文学,后进入哈佛大学法学院,他的表现极为优异,不仅担任《哈佛法学论丛》的主编,还以第一名的成绩毕业。他曾短暂地担任法官助理,之后到斯坦福大学和芝加哥大学任教,并接触了经济分析,同时认识了斯蒂格勒、贝克尔、科斯等经济学者。他发现经济分析很有说服力,便潜心苦学,论作不辍,后来成为当代最重要的公共知识分子(之一),并在法学和经济学这两个领域里做出重要的贡献。

波斯纳大学时的英美文学背景使他在接触法学和后来的经济学时,能够有旁观者清、兼听而聪的胸怀和纵深。而我国法学界的学者,大多是从大学本科时期开始攻读法律,研究生阶段继续读法律,较少有机会接触或消化其他学科的内容。两相对照,我国法学界的朋友们(特别是年轻学子们),或许可以得到一些启示:窗外有蓝天,欲穷千里目,更上一层楼。

当然,由经济学的扩展和波斯纳的人生轨迹,就自然而然地引出两个问题:为什么经济分析的框架能够一以贯之,无入而不自得?为什么经济学和法学的结合,最为紧密和成功?

经济学有一套明确而扎实的理论,被称为"行为理论"。我们在前文里归纳出四个环节：分析的基本单位、行为特质、加总和均衡，以及变迁。这个简洁的框架，不只能探讨经济活动和经济现象，也能分析其他社会现象。因此，经济学者容易进入其他社会科学的领域，在相关学院里任职（贝克尔在芝加哥大学社会学院任教、科斯在芝加哥大学法学院任教，都是很好的例子）。相对而言，其他学科的学者不容易有反向的学科交流，也就不容易在经济学院任职。这个现象间接而具象地反映了经济学在理论上的特性。

至于为何经济学和法学结合得最紧密成功，可以从两方面来体会。一方面，前文中曾介绍：在探讨的问题上，抽象来看，经济学和法学有很多共通性。经济学探讨的是买方和卖方的对应关系；法学所探讨的官司，也是原告和被告之间的对应关系。在经济学里，效率是最高的价值；在法学里，正义是最高的价值。另一方面，买卖双方或原被告双方，属于微观层面上的问题。相形之下，社会学所探讨的家庭、社区、宗教、社会变迁等，属于中观层面上的问题。同样，政治学所探讨的重点，如选举、政党、族群、意识形态等，也属于中观层面上的问题。经济学里，约略分为微观和宏观（就业、通货膨胀等问题），微观是经济分析的强项，宏观其次，而介于两者之间的中观层面上的问题，并不是经济分析擅长的。

因此，法学主要处理的是微观层面上的问题，也正是经济分析的强项。经济分析和法学结合之后，大放异彩。政治学和社会学所侧重的问题，并不是经济分析的强项。经济学对政治学和社会学的冲击，远远比不上经济学对法学的冲击。

第三讲
终点和起点：法学和经济学的结晶

这一讲是本书最后一讲，既是这门课的终点，也是起点。我们再次回顾这本书的主要结论，思考一下珍珠般的智慧结晶。我们将在三个层面上做出总结：经济学、法学和法律经济学。

针对经济学，我们有四条智慧结晶值得简要回顾。

第一，人是理性而自利的。理性是指人能思考判断，自利是指人总是希望增添自己的福祉。理性自利是分析的起点，放诸四海而皆准。

第二，存在不一定合理，存在一定有原因。当我们看到社会现象，先不要做价值判断，而要尝试分析其中的原因，思考为什么会有这种社会现象，即使看起来很奇怪。分析的技巧，是从社会现象往下深入，尝试去捕捉主要的支持条件是什么。如果现状不理想，要进一步考虑：手中有没有资源能松动支持的条件？如果没有，就表示现在的"低度平衡"将延续下去，可以先暂时把注意的焦点转移到别的事情上。

第三，好价值的出现是有条件的。这一点体会，刚好和上一点体会相对应。要支持好的状态（高度均衡），不能仅停留在理念上的论对，而是要在现实的环境里，小心营造相关的条件，从而支持我们所希望出现的状态。

第四，一个事物的意义是由其他事物衬托出来的。事物本身是中性的，事物的价值（包括是非、善恶、对错、美丑等），都是由人所赋予的。既然价值是由人所决定的，我们就应该在脑海里琢磨：自己所依恃的参考坐标是什么？为什么援用这个参考坐标，而不是其他的参考坐标？

接下来，让我们总结一下关于法学的主要体会，也可以分成四点。

第一，先了解社会，再了解法律。目前法学院的教育，并没有基础的课程让学生先对社会有了解。通常的做法，就是介绍（西方）的法学理论，然后是民法、刑法等部门法。对于法律的来龙去脉、前世今生，大多数学生并不了解，其结果是，学生对法律往往知其然而不知其所以然，像是在学解释法条的句读之学。因此，从根本上改进法学教育，就是对社会现象先有基本的认知和解读。

第二，让证据说话。虽然法律讲究证据，但是在法学论述里，很多都是基于道德哲学。如果立场不同，无法验证，只能诉诸权威或比谁的声音大。让证据说话，不应该仅是口号，而是在每一个论述的环节上，都能恪守这个要求。

第三，法律的功能未必在追求公平正义，而是在处理价值冲突。法学界人士往往把正义放在嘴边，但对于正义的概念由何而来、功能如何、内涵如何，往往没有基本的了解。其实，从原始社会开始，正义就是处理冲突所逐渐发展出的概念，是一种工具性的安排，具有功能性的内涵。处理原告与被告、双方当事人之间的纠纷，就是在不同价值之间做出取舍。

第四，法律的功能，过去是以除弊为主，而今后是以兴利为主。在稳定而重复的环境里，法律的主要功能在于维持现有秩序，即消除偶尔出现的麻烦，也就是"除弊"。21世纪初，地球村的变化日新月异，新科技的发展都需要相应的法令规章。这些法令规章的作用，是让人们能更充分地享受科技的成果，这不是除弊，而是兴利。

接着，让我们试着总结法律经济学的重要体会。相对于本书里其他已经做过的整理总结，以下的总结是从另一个维度展开的。关于法律经济学，也可以浓缩成三点重要的智慧结晶。

第一，法律即规则（law as rules）。法律不是天上掉下来的，而是由人类社会发展出来的。在原始社会里，人类在共同生活、人际互动中自然而然地发展出各种规则。从规则的角度体会法律，是一种中性的态度，可以剥掉（至少是暂时）浓厚的道德情绪，比较平实地检验各种规则（法律）所发挥的作用是什么，以及是由环境里的哪些条件所支撑的。

第二，规则即工具（rules as tools）。群居的社会总有冲突需要善后。同样，人际相处中也需要规则，有利于互动。因此，规则兼有除弊和兴利的功能，并且在不同的情形下，两者的比重不同。既然有除弊和兴利的作用，我们就可以把法律看成一种工具性的安排。那么，我们在众多可能的工具里，该选择哪一种工具呢？理所当然，应选成本低而效益高的工具。因此，对于法律，可以从经济分析的成本效益角度来检验，而不一定要基于道德哲学。

第三，概念也是工具（concepts as tools）。司法的运作需要法律，也需要对法律的解释。法律里的论述，要通过语言文字来表达。这些都意味着，在司法体系里，概念有着非常重要的地位。正义被奉为最高指导原则，是最直接的例子。不过，各式各样的概念，本身不是目的，只是我们援用的工具。从这个角度着眼，我们可以探讨各种概念的内涵和边界。对于工具的分析，我们也可以从成本低、效益高的角度来检验。由此可见，经济分析一以贯之，可以处理法学里层次最高的问题。

最后，这一讲虽然是这本书的终点，但也可以是你下一段法学之旅的起点。希望这书的内容，能帮你开启未来更丰富而充实的旅程。